藏书家

主编／宫晓卫
执行主编／韦力

第14辑

齊魯書社

图书在版编目(CIP)数据

藏书家·第14辑/齐鲁书社编. —济南:齐鲁书社,2008.6

ISBN 978-7-5333-2025-6

Ⅰ.藏…　Ⅱ.齐…　Ⅲ.藏书—文集　Ⅳ.G253-53

中国版本图书馆CIP数据核字(2008)第067281号

藏书家·第14辑

齐鲁书社 编

出版发行	齊魯書社
社　　址	济南经九路胜利大街39号
邮　　编	250001
网　　址	www.qlss.com.cn
电子邮箱	qlss@sdpress.com.cn
印　　刷	山东新华印刷厂
开　　本	650×960 / 16
印　　张	12.625
插　　页	2
字　　数	176千
版　　次	2008年6月第1版
印　　次	2008年6月第1次印刷
标准书号	ISBN 978—7—5333—2025—6
定　　价	**17.00元**

目 录

我与《书目答问》

来新夏

上世纪四十年代初,我考入北平辅仁大学历史学系。那时,允许跨系选课,所以我除选历史系课程外,还选读了中文系的“目录学”。我之所以选“目录学”,一则初入大学殿堂,感到这是一门既生疏而又新鲜的课程,是前所未闻的学问,一定有许多值得探寻的知识奥妙;再则,住入宿舍后,有几位中文系高年级的同舍生告诉我,这门课的主讲者余嘉锡(季豫)先生的目录学造诣极深,足称近代目录学大师,使我为这种盛名所震。我又从同舍生借给我读的余师所撰《目录学发微》一书中读到如下一段话:“目录之学,为读书引导之资。凡承学之士,皆不可不涉其藩篱。”我既想走学术之路,无疑应涉目录学的藩篱。于是选修了“目录学”。从此,古典目录学便成为我学术历程中的重要组成部分,并与我同时专攻的历史学、文献学和方志学等其他学术领域起着相辅相成的作用。

我第一次在课堂上瞻仰到季豫师的风采时,他虽已年逾花甲,但仍然精神矍铄,了无老态。他讲课操湖南乡音,手不持片纸,侃侃而谈,如数家珍,使人若饮醇醪,陶醉于这形似枯燥而内涵丰富的学术领域之中。这门课规定以《书目答问》为基本教材,季豫师要求我们准备《书目答问补正》作读物,分两年按四部秩序讲授。这是我第一次接触到《书目答问补正》这个书名。当时,我幼稚地以为由此就可以进窥古典目录学的堂奥。孰知展卷一读,只是一连串鳞次栉比的书名,彼此毫无关联,读之又枯燥乏味,昏昏欲睡,但还是硬着头皮通读一遍。1943 年 3 月间的一个风沙天,我到柴德赓先生家去请益，谈到读《书目答问》的困难时，柴先生把所藏贵阳本《书目答问》借我，并告我比读二书当能得益。回舍后，我先校读《著述姓名略》，纠谬补正，果有所得，兴奋之馀，即于我那套《书目答问补正》书后写一小跋云："癸未三月二十七日，京师尚有风沙，走访柴青峰先生寓，借其贵阳雕版之《书目答问》，返舍手校《著述姓名略》，正其纰缪，补其不足。校竣，识于后。"

这是我第一次比勘异同的校勘实习。隔了一段时间，全书比读完毕，自以为略有心得，想进一步深求，便冒昧地登季豫师之门问业。季豫师听了我的读书情况后，很严肃地指导我做三件事：一是讲了三国时董遇"书读百遍，其义自见"的故事，要我继续读《书目答问补正》，并特别注意字里行间。二是要我再读一些与《书目答问》有关的著作。三是要我利用假期为《书目答问》编三套索引，即人名索引、书名索引和姓名略人物著作索引。季豫师还说，这三点做到，《书目答问》就算初步读懂了。这一点一拨，似已为我祛除迷雾而看到了入门之阶。我也是逐项按着老师指点去做的。

首先，我曾反复读《书目答问补正》，注意字里行间的只言片语，果有所得。如在史部正史类注补表谱考证之属后就读到小字附注说："此类各书为读正史之资粮。"这不仅了解了这类书的性质，也掌握了读正史时主要参考书的书单。从而领会了目录学对治学的作用。其次，我借到了《书目答问》的第一个笺补本，即江人度的《书目答问笺补》(光绪三十年江氏刻本)来读。《笺补》在各书下有笺，各类后有补。所笺涉及版本、分类、辨证、计数及评论诸方面；补则增补所不足之书目。此书有益于开启思路，拓展眼界，但书很难得，遂录其笺补部分，装订一册，可惜在"文革"初起时，这本小册子就被我曾经教过并知道"目录学"一词的勇士们非常潇洒地扔进了家门前正在熊熊燃烧的那堆"封资修"的"黑货"中，我只有目送片片纸灰随风飘去。所幸在二十世纪八十年代，我又重得一复印本小册子，差堪自慰。此外，我还读了《四库全书简明目录》和《标注》、《读书敏求记》和《郑堂读书记》等目录学名著，依稀地窥知治学的门径。第三，我利用 1943 年入大学后的第一个暑假为《书目答问》编了三套索引，并用墨笔写成一册。一本书经过三次反复编排搜检，两千多部书名和撰者都能基本记住，输存到我的大脑资讯库中。我想对任何一部书或任何一种学问，如果都能做一次反三复四的工作，都会收到应有的效果。只是这种方法太笨，肯做的人不多而已。我掌握了这套基本书目后，明显地感到对于读书治学、开辟领域、转换方向都颇有左右逢源的美感。并且由于有了基本书目，便能很快地扩大书目储存量，而书目恰恰又是研究学问的起跑线。这正是我后来能多涉及几个学术领域的原因之一。这本索引在十年浩劫中也与其他一些书籍衣物一起被席卷而去，可能因为这是我亲笔墨写的“秘本”，也许能从中搜寻点我见不得人的“罪行”证据，最后大概无所收获而颇感失望，便随手扔到无人收拾的废纸堆中，幸而我的一位老学生孙香兰在被派清理查抄物资时，从废纸堆中看到此索引而善加捡存，直到七十年代后期落实政策后即送还给我。

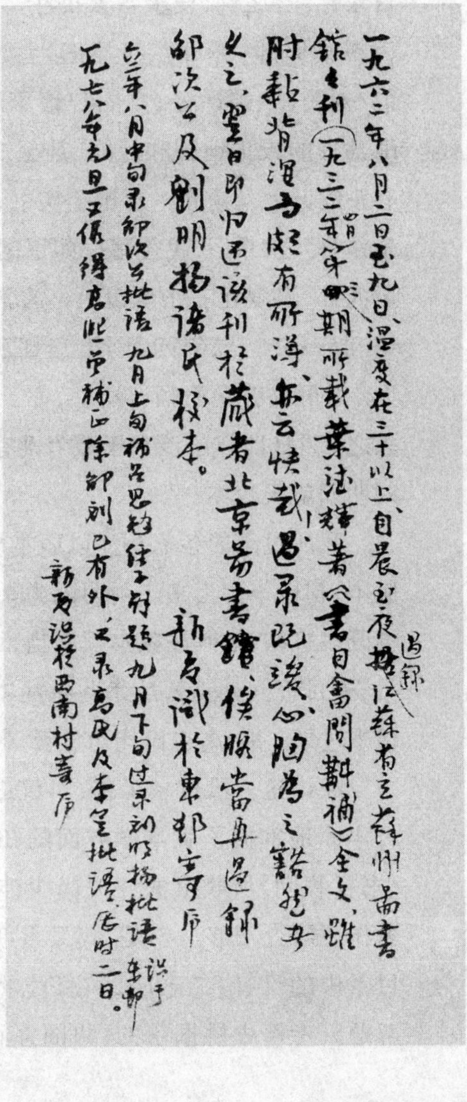

经过上述三方面的努力，我似乎感到已奠定了古典目录学的入门基础，再读其他目录书也不感到十分枯燥而能从中捕捉到自己需要的资讯，钻研学术也没有无所措手足

的苦恼，自信能在学术迷宫中得到曲径通幽的乐趣。可是从五十年代以来，一方面我工作繁忙，要从事新的教学与研究工作；另一方面，“目录学”这类课程很难排入课表而渐渐被人遗忘。我对目录学虽然旧情难忘，也只能原地踏步而无所进展。

上世纪六十年代初，我处在一种无事可做的闲散境地，长日无聊，难以排遣。我没有什么爱好，只能寄情于读书。于是，重理旧业，又对目录学温故而知新。1963 年春，我偶然想到，何不仿《四库简明目录标注》之例，搜求各家批注，为《书目答问》做汇补工作，于是先后在我那部《书目答问补正》上过录有关资料，如将叶德辉、邵瑞彭、刘明阳、邵次公、高熙曾诸家所标注内容一字不遗地过录于我那部书的天头地脚和行间，甚至夹纸黏条。每毕一家，都在抑郁的心头绽开一丝欢乐。乃振笔疾书，题跋于书尾，录之以见“学海无涯乐作舟”之“乐”。我曾写过如下的工作记录：“一九六二年八月二日至九日，温度在三十度以上。自晨至夜，过录江苏省立苏州图书馆馆刊（一九三二年四月）第三期所载叶德辉著《书目答问斠补》全文。虽肘黏背湿而颇有所得，亦云快哉！过录既竣，心胸为之豁然者久之。翌日即归还该刊于藏者北京图书馆。俟暇当再过录邵次公及刘明阳诸氏校本。”

我所过录的各家标注以版本居多。叶德辉为版本名家，所补以版本、刊行年代为主。刘明阳为天津名藏书家，经眼甚富，所藏明本书既多且精，他所注版本颇精当，可惜人亡书佚，徒留雪泥鸿爪于所批《书目答问补正》，后来此批注本又不知流落何方，幸我早自书肆借来过录。邵、高二氏均为学者，各有所知所见，而高则尚间有考证。

经过这一段过录工作，不仅进一步熟悉《书目答问》，而且也比较牢固地掌握了版本学方面的知识和著录版本的方法。但是，对《书目答问》所收书的评说尚少涉及，对《书目答问》以外的目录学著作还研究不够。于是，我又重新精读若干种目录学名著，如史志目录中的汉、隋二志序，私家目录中的《郡斋读书志》和《直斋书录解题》，专著中姚振宗的《快阁师石山房丛书》以及汪辟疆的《目录学研究》和季豫师的《目录学发微》等书，并检读这些著作所连及的一些著述。经过这阶段的研读，加深了我对目录学的认识和扩大了我进一步研究这门学问的基础。与此同时，我正在读清代的各种杂书，时见有评论典籍的条目，其中也有评骘《书目答问》所收各书的。每有所遇，辄录入我的《书目答问补正》中。

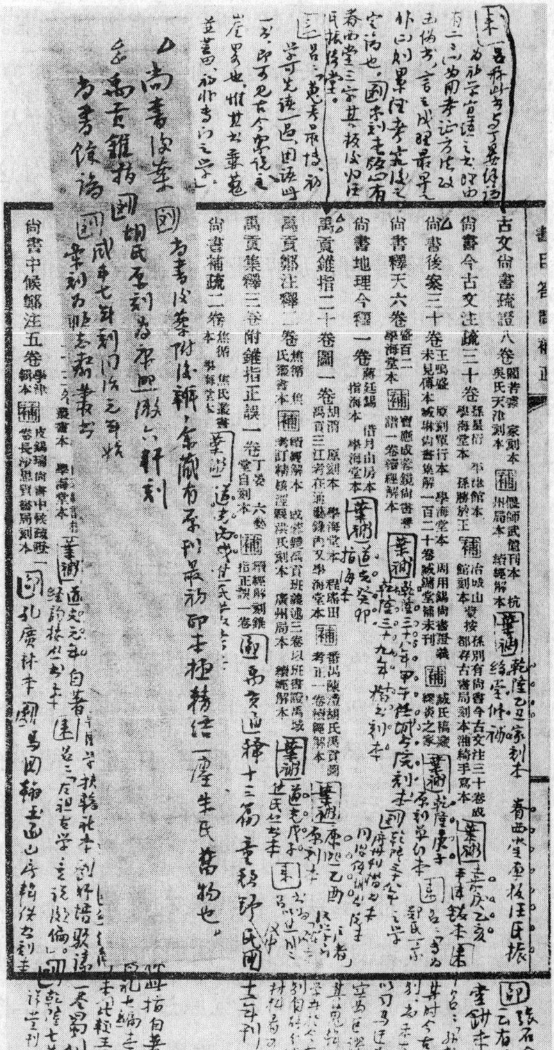
書目答問補正
古文尚書疏證八卷
尚書今古文注疏三十卷
尚書後案三十卷
尚書釋天六卷
尚書地理今釋一卷
禹貢錐指二十卷圖一卷
禹貢鄭注釋二卷
禹貢集釋三卷附錐指正誤一卷
尚書補疏二卷
尚書中候鄭注五卷

做了这番功夫后，我的这部《书目答问补正》已是满目疮痍，天头地脚，字里行间，无不充盈墨笔小字，更有夹纸黏条，几难使外人卒读，而我则视其为私藏中之瑰宝。我对藏书外借素不吝惜，唯此二册绝不外借。我曾想集中一段时间，进行整理增补，成《书目答问汇补》一书以利己利人，并且不自量力地在撰者、补正者后面用毛笔添写上“来新夏汇补”字样，作为对自己的鞭策。不意在动乱年代，我的藏书不是籍没归公，便是在门前付之丙丁。我十分关心这两册书是否也未逃此厄运！真是皇天不负苦心人，几年后认领抄家物资时，可能这两本涂写得乱七八糟的破书未能引起好货者的兴趣，所以才能物归故主。全书未太损坏，只是也用毛笔把那行“来新夏汇补”的字样涂抹掉。看来这是一位有点知识的勇士所为，也许还是曾受业于我的人，否则哪能鉴定我不够作《汇补》的资格而予以涂抹呢？此后我对这部书仍在不时添注。如果有人问我，你的藏书中，你最珍惜哪部书？我会毫不思索地回答说：我最珍惜的是那两册与我相伴半个世纪，并曾同遭劫难的《书目答问补正》。

上世纪八十年代初，历史进入一个新时代，政通人和，目录学之类的“三基”学问，已经不再归于禁区。宽松的社会氛围不能不引发我要重整《书目答问》的奢念，期望在有生之年完成二十多年前的宿愿。可是我却已步入人生的晚年——年逾花甲，身体精力已不如昔。甚至当年自己在书上批注的那些墨笔小字也因目力不逮而模糊看不清。因此，一方面珍藏我的批注本，不使再受损伤；另一方面随时物色可信托的中年学者共同合作，编纂成书，贡献社会。

随着新世纪的到来，我已近八十高龄，虽然一切都尚在等待，但我一直充满着必能成书的信念。德不孤，必有邻。我终于在耄耋之年，幸运地获得上天助我。先是 2003 年，天津图书馆历史文献部主任李国庆君看到我的过录本，了解到我整理的困难，当即提出帮我整理补充，决定在我原有过录本为底本的基础上，更就所知，向有关藏者，广予搜求。历时四年，先后经眼《书目答问》不同刊印本达五十馀种。其间发觉原过录本为国学图书馆印行之《书目答问补正》本，多有缺漏，于是改用光绪五年王秉恩贵阳校刻本为底本。经过搜求采录，先后共得江人度、叶德辉、邵次公、刘明阳、伦明、孙人和、高熙曾等十数家。又于 2005 年，在初稿将成形之际，得忘年至好韦力君鼎助，以其所写存私藏古籍著录成稿，入我《汇补》。兴奋之馀，不禁念及我与《书目答问》的因缘际会，这部融入我六十年心血的《汇补》，不仅由此而更完备和完善，而且有些批注者也会因是书而不再没没无闻，则幸甚幸甚！而今可欣慰的是，《汇补》即将由中华书局出版。

一片冰心在玉壶

——怀念潘景郑先生

沈　津

去年是著名古籍版本目录学家潘景郑先生诞辰一百周年。回想往事,历历在目。2003年11月,我自美返沪探亲,在飞机上即在想,找个时间去探望胡道静先生和潘景郑先生。因为前一年的差不多时间,我也是在一个下午的雨天,先看胡先生,再去看潘先生的。他们两位都住在虹桥,所以顺道。可是,我到沪的次日清晨,在和上图旧日同事通话中,却意外地获悉胡先生已在一个多星期前仙逝了,而潘先生也在二天前御鹤西归,这对我来说,实在是意想不到的事。对于潘先生,我自1990年离沪去港赴美后,每年返沪,都会去拜见他,有时还会打个越洋电话去问候致意。每次见到先生,大多是卧床,由于家都夫妇的精心照料,所以先生的饮食睡

潘景郑先生与作者合影(1999年)

眠都算正常，毕竟是九十多岁的老人了，以静养为上。然而先生在9月15日却因一场感冒而入医院治疗，二个月后，又因肺部感染而衍发重症，医治无效，于11月15日溘然长逝，终年九十七岁。

潘先生追悼会前的一天，我约严佐之教授见面，在饭桌上，我们都对潘先生的去世表示惋惜。我说，潘先生这一走，就意味着三十年代成名的中国版本目录学家凋零殆尽。因为在此之前，七十年代王重民、王大隆先生，八十年代赵万里、周叔弢、瞿凤起先生，九十年代又有顾师廷龙先生，就连五十年代成名的冀淑英先生也在潘先生之前走了。

光绪三十三年(1907)8月10日，潘先生生于苏州的一个书香门第中。潘家，其先于清初迁至苏州，乾隆时，始以科第贵显。高祖潘世恩，由翰林院修撰，官至太傅、武英殿大学士，赐谥文恭。曾祖潘曾玮，官兵刑两部郎中。祖父潘祖同，为钦赐进士、翰林院庶吉士、封光禄大夫、户部侍郎加三级。父亲潘亨穀，为光禄寺署正、附贡生。然而先生家世虽属簪缨，且一族中有三十五人金榜题名，既有一甲一名之状元公，也有一甲三名之探花郎，但潘先生的一生却行同寒素，早已忘其为仕宦之裔了。

潘景郑先生，原名承弼，字良甫，号景郑，又号盉宀，别署寄沤。幼承庭训，颖悟夙成，雅嗜图书，博通经史。谙音律，精词曲，长于鉴别、训诂、考证之学。他的学问除了自己的努力勤奋外，是有所师承的。老师就是国学大师章太炎、词坛宗师吴梅。潘先生尝说："弱冠以还，略识为学之径途，馀杭章师，诏示经史之绪；霜厓吴师，导游词曲之门。"

什么事情都得讲缘份，潘先生能成为章门弟子中的佼佼者也是有缘。1931年春，二十五六岁的潘先生为研究《说文解字》而校理沈涛之《说文古文考》，被同盟会的前辈李根源先生看见，极为赞赏，以为年青学子能有如此业绩实属难得，即向太炎先生推荐。章回信说："潘景郑年在弱冠，文章业已老成，来趣吾门，何幸有是！"从此，潘先生由太炎先生亲自"诏示经史之绪"，又悉心精研，尽得其奥秘，学业大进。1934年,章氏在苏州创办章氏国学讲习会,潘先生被聘为讲师。讲习会的刊物《制言》,章虽挂名主编,但具体作事负责的则是潘先生、朱季海等人。章氏去世后,章夫人汤国梨女士即率诸门生在上海办太炎文学院,潘先生则仍任教其中,直至文学院被汪伪政府强行停办。先生曾与人合编有《章太炎先生著述目录》及《后编》。

太炎先生门下弟子众多,听其课者即在五百人以上,但章却非常看重潘先生。1933年11月,章太炎致潘札有云:"东原以提倡绝业自任,门下若膺、怀祖、巽轩,可谓智过其师。仆岂敢妄希惠、戴,然所望于足下辈者, 必不后于若膺等三子也。""明年定当南徙吴中,与诸子日相磨礲,若天假吾年,见弟辈大成而死,庶几于心无欿,于前修无负矣。"戴震门下的弟子段玉裁(若膺)、王念孙(怀祖)、孔广森(巽轩)都是乾嘉重要学者。章氏此札可以窥见其寄希望于潘先生将来在学术领域有所成就,并对于文献学、文字校勘学等方面有较大的贡献。

苏州,山温水软,绿畴绣野,灵秀所萃,人文蔚兴,自古即得天时地理之利,故人聪物华,士民俊秀,且历代都为文人墨客荟萃之地、士宦退隐之乡,所遗撰著之多,雄冠东南。私家收藏图书,蔚然成一时风气,其中又有著名学者专家,所藏之书多与其读书治学密切结合,故学术著作于研究贡献甚大。潘先生是藏书家,也是当代中国具有精深造诣的版本目录学家之一, 他和其兄潘承厚继承了祖业,也得到祖上竹山堂藏书,并在此基础上发扬光大。

先生于版本鉴定独具只眼,功力绝非一般。先生尝自云:"余生薄祜,十二丧父,上袭先祖馀荫,有书四万卷。稍知人事,颇喜涉猎,自经史子集以逮百家杂说,辄复流览,贪多务得,每为塾师所非斥,而余怡然自乐,未尝以他嗜少分其好。弱冠以还,节衣缩食,穷搜坟典,于时求备而已。秘册精椠,不暇计及。先兄泥古善鉴,与有同嗜,力所未及,辄为援手,积累二十年,藏箧卅万卷,列架插签,虽不敢自比于通都豪富之藏,然以之考览优游,无阅肆借瓻之苦。"(《陟冈楼丛刊》序)又云:"学艺而外,耽嗜图书金石。才十五六龄时,便节衣缩食,有志穷搜遐方绝域,尽天下古文奇字之志。自壬戌(1922)迄丙子(1936),十五年中积书三十万卷,石墨二万通,簿录甲乙,丹黄纷披,甘老是乡矣。”

先生弱冠起即购书,随着时间的推移,经眼之书也多,赏鉴能力也随之增强。二十年代后期,先生即与苏州藏书家邓邦述、徐乃昌、宗舜年、丁初园等人结识,晨夕过从,获闻绪论,纵论今古,乐谈版刻,赏析奇书。甚至与老辈藏书家角逐于书林,偶见一奇帙,辄相争取,而书贾从中居奇,互相射覆。那时先生年方弱冠,而诸老皆皤然耆彦,引为忘年之交。也正是先生通过和多位老丈的沟通交流,而获得了书本上所没有的知识和经验。先生曾告诉我说:和老辈们在一起,听到的都是闻所未闻的事。他还说,那时买版本书也有鉴定错误,没有看准的,那就会请老辈们看,想怎么会上当的,然后总结教训,以求少犯错、不犯错。先生的版本鉴定学问全凭水滴石穿之苦功,非长年累月之积淀,决达不到此一境界。如此说,是因为此门学问无捷径可走,全凭所炼就的一双眼睛。

1937年,日寇侵华,苏州文物备极蹂躏,狼藉箧衍。藏书家老成凋谢后,遗笈飘零,流散市廛者不知凡几。丁初园、孙毓修小绿天、莫氏铜井文房、曹元忠笺经室、顾公鲁、徐氏积学斋、许氏怀辛斋藏书相继流散殆尽。沦陷区之不少文献故家,又以生活日渐艰困,所藏珍本古籍,无力世守,也纷纷流入市肆。在抗战正酣的那个年代,以个人的力量去大规模抢救古籍善本、保存传统文化是不可能的,先生尽管衣食困迫,无复购书馀力,但仍以抢救传统文化为已任,访旧搜遗,择尤选萃,尽可能地去保存一些乡邦文献、故家遗物及明末史料。先生认为中华典籍文化乃前贤精力所萃,即使一般学人稿本也应保存。如诸仁勋《后汉书诸侯王世系考》一书,此稿经乱,由繆城流徙沪肆,鲜有过问及之者,先生独惜其文字之湮灰无传而留之。

有些稿本流入市肆,估人莫审谁稿,一时无人问津,但先生识得手笔,急欲为故人存留纪念,如吴大澂《吴窓斋先生手校说文》、宗子岱《尔雅注》残稿等。先生还曾在市肆乱书堆中,发现劳权手抄《云山日记》,黏贴在兔园册子上,先生知道是焚燎之馀,购下后觅工重装。又如像陈鳣手校本《五代史补》及《五代史阙文》,既无陈氏印记,又无署款,贾人不识,先生亟收诸箧笥。有的书流入印匠之手,破碎几罹覆瓿之厄,如《姚秋农说文摘录》稿本。先生尝叹云:“锋镝馀生,情怀抑郁,重以衣食困顿之际,癖嗜未解,嗟嗟吾生,徒自苦耳。”那个时期,先生在苏州还协助郑振铎搜集明清总集及清人诗文集,曾代为购得罕见本多种。先生在保存古籍方面,功不可泯。

王佩诤《续藏书纪事诗》中有一首是咏潘先生的,诗云:“滂喜斋溯收藏富,金薤琳琅旧雅园。渊博当今刘子政,玄著超超七略存。”先生费尽辛苦,多方搜集,累藏珍本数万册,均藏于著砚楼中。“著砚”者,以藏宋代王著之砚也。先生很多藏书,都有函套,红红绿绿的颜色,我曾问过先生,为什么要用这种颜色。先生笑着说:那都是用被面做的,红白喜事时,亲朋好友们送的,太多了,又没有什么用处,所以就用来糊在马粪纸上做成书函套, 这叫废物利用。先生藏书虽说未丰,但孤本秘籍往往而在,是犹千狐之白,所重者以精不以多也。

书籍藏弃,鲜有百年长守之局,自古皆然。先生是过来人,兴废变迁看得实在太多。抗战胜利后,先生遄返检书,三十万卷所存已十不一二矣。1950 年,先生在沪,又悉故乡所存之书为其侄论斤斥卖以尽。固知聚散飘忽,但及身而见,仍怆然之至。“第念三十年来,箧衍所存,一毁于兵火,再罹于胠箧,其仅存者比悉论斤于犹子之手,历劫荡然,固不免恋恋怅怅。”(《著砚楼书跋》序)1956 年在上海时,尚有宋元明刻本、抄校稿本千馀种,但十馀年中,生活困难,不能敷给,往往出以易米,其时,亦去十之四五。

先生深感守书不易,恐旦夕间往往所聚者容或失之,乃将所贮悉数捐赠图书馆保存。前几年我在写《顾廷龙年谱》时,就发现潘先生在四十年代赠给“合众”不少书,也包括元刻本。先生跋《大阜潘氏支谱》云:“比岁旅食沪上,不暇顾及故居,家中长物悉被论斤称担,荡然无存。此书之成,与余齐年,环顾沧桑,冉冉将老,缅怀终岁饥驱,焉能长护斯籍耶?残岁检籍得之,亟捐藏合众图书馆,俾异日犹可踪迹焉。”

先生捐出的书很多,有些比较重要,如 1947 年将叶昌炽手稿本《缘督庐日记》捐给苏州图书馆。1949 年末,将清人传记资料以及其他书籍约三百馀种捐献合众图书馆,并编成《吴县潘氏宝山楼书目》。1950 年,又将不少宋元刻本捐献北京图书馆。由于先生对保护传统文化有功,且捐献了不少稀有罕见的古籍善本给国家,1951 年 6 月 7 日,文化部副部长郑振铎在上海设宴,宴请捐献文物图书给国家的人士,包括潘世兹、丁惠康、潘景郑、瞿凤起等人。

先生收藏中最可观的是金石拓本。弱冠时,先生思辑《苏州金石志》,搜拓石墨,即一县所得,已千馀种。并曾鸠工编拓虎丘刻石,纤细靡遗。先生所辑《虎丘题名全拓》,较之《虎阜石刻仅存录》、《虎丘金石经眼录》又增益十数种,并装成大册捐赠“合众”。先生后来又从孙伯渊处购得刘氏聚学轩所藏七千种金石拓片, 内含叶昌炽五百经幢馆拓本、拓片计三千六百八十一种。叶藏以题名造像为多,分地凡八十馀处。先生经二十年之殚心搜罗,所聚逾一万七千种,也悉数化私为公,捐与“合众”,而今珍藏于上海图书馆。

潘先生是从事图书馆工作的资深专家, 早在 1940 年 4 月,合众图书馆总干事顾师廷龙先生即深盼潘先生能来相助。这也是叶景葵先生之意。据顾先生是年 4 月 21 日日记,“揆丈意,将来须主金石一部,则景郑尤为相宜,实为图书馆中难得之真才,与龙意见融洽,合力为之,必能薄具成绩,非为私也”,“但独木不能建大厦,然得人之难若登天。”潘先生自己也说,抗战时,叶景葵创办合众图书馆于沪上,“招余从事编校之役,先后逾十年,因得尽窥枕秘,纂录藏书提要十馀册,并与校勘藏目之役。”由于潘的加盟,顾师如虎添翼,潘先生也是如鱼得水。从 1940 年 8 月 1 日在合众图书馆上班始,直至 1988 年从上海图书馆光荣退休止,共计四十八年之久。

原“合众”的藏书基础,首先是几位发起人所捐献的家藏,他们将数十年甚至毕生搜集的珍藏无条件献出,并各具特色。如张元济将数十年收藏的善本及旧嘉兴府著述与海盐先哲著作、李宣龚将近时人的诗文别集和师友手札、叶恭绰将收集的山水寺庙专志及亲朋手札悉数捐出，而潘先生捐赠的是清人传记、大宗金石拓片、清代科举考试硃卷约一万份。数量可观。“合众”的藏书目录大部分是潘先生所独立编竣，如1946年10月编的《海盐张氏涉园藏书目录》，1948年8月编的《番禺叶氏遐庵藏书目录》，1951年5月编的《胡朴安藏书目录》，1951年9月编的《李宣龚藏书目录》、《周氏几礼居藏戏曲文献录存》等等。

1958年10月，上海市历史文献图书馆并入上海图书馆，自此先生就一直在上图善本组工作，一直到退休。他的工作主要就是为善本书编目、编辑《上海图书馆古籍善本书目》。上图那一万四千种善本书，包括宋元佳椠、明清善本、抄校稿本等等，就是在1961年至1965年时，由先生和瞿凤起先生编完的。

文化大革命，对于中国人来说是一场大灾难，潘先生理所当然地受到冲击，没有逃过此劫。1966年夏，他即作为“封建地主阶级的孝子贤孙”，处境日艰，压力日甚。不久，上海图书馆造反派又抄了先生的家，部分图书梱载而去，馀下者全部封存在柜。先生1975年跋《敝帚存痕》云：“七八年来，囊箧屡空，笔墨顿废，虽未皈心空门，视世间文字都如嚼蜡矣。”

之后，先生每日都在“牛棚”集中学习，并参加一些适当劳动，先生在这种困难处境下，从无怨言，乐天知命，忘怀得失。那种随遇而安、豁达从容、悠然自得的态势，使我感触到常人难以达到的境界。1968年初，上海市文物图书清理小组要求上海图书馆上报在“文革”初期所接收的重要文物图书清单，那时上图有两批极为重要的图书，多宋元明刻本以及名家批校本。一即1966年夏，自刘洁敖教授家抄得其岳丈陈清华先生所藏善本；一即1967年春，自张子美先生所在单位中所得清末朱氏结一庐藏书。为将这二批善本书编目整理，并遴选出一二级藏品，我和当时馆内某负责人商量后，请顾师、潘先生和瞿凤起先生在上图东大楼306室整理，这项工作大约二个月后才结束。三位老先生各自就所编目的一二级藏品，亲笔用复写纸一式三份写了简单介绍，一份由我保存至今。先生1971年还参与清查盛宣怀档案中的钓鱼岛材料。

《中国古籍善本书目》是一部全面反映国内各图书馆、博物馆、文化馆所藏中文古籍善本的专目，它的编辑意义无须我再赘述。潘先生古稀之龄，毅然参与这项伟大而艰巨的工程。我还是挑几件重要的事来叙述吧。

1978年11月上旬，上海图书馆古籍组为配合《中国古籍善本书目》的准备工作，在顾师廷龙先生的提议、指导下，编辑了《善本书影》。从上图善本藏中选出宋元明清刻本和抄校稿本共三十种，略具简说，汇编书影，以应急需。挑选和简说主要是潘先生所为，我追随先生之后，获益亦多。这本书影从酝酿到见到样本只用了一个星期。

1979年，潘先生被中国古籍善本书目编辑委员会聘为顾问，当时被聘者还有赵万里先生，次年五月，周叔弢先生也受邀聘为顾问。这三位先生都是中国最重要的版本目录学家，对于古籍善本的搜集、鉴定、整理、出版都有卓越的贡献，他们应聘为顾问，实至名归。可是，没有多久，赵、周二先生先后辞世，这对编委会和版本目录学界是重大的损失。只有潘先生是长寿者，他在1978至1980年间，即开始校核上海图书馆藏善本卡片，回答编委会对一些善本书中的著录疑问的咨询。1981年4月，他又以七十五岁之高龄，与主编顾师廷龙先生前去南京，参加《中国古籍善本书目》主编工作会议，就如何复审、定稿而提出了不少好的建议。1983年8月，《中国古籍善本书目》的定稿工作在上海图书馆进行，先是经部、继而是史部卡片的复审工作，参与工作的有编委会主编顾师廷龙先生、副主编冀淑英先生、潘天祯先生，潘先生，还有沈燮元、任光亮和我(当中短期参与者有丁瑜、陈杏珍先生)。此项工作持续了好几年，而潘先生每天都到办公室审阅卡片。

《中国古籍善本书目》经部终于在1986年10月由上海古籍出版社出版，潘先生拿到样书后非常兴奋，按捺不住喜悦之情，专门写了一首《赞成功》，词云："百年大计，簿录新容，搜罗珍秘一编中。

克成遗愿，群策群从。妙哉四库，遮莫喻隆。今日高会，看奏奇功，俊贤毕集兴怀浓。快披鸿袂，万紫千红，低首折服，寰宇皆同。一九八六年十月二十三日，潘景郑为中国古籍善本书目经部发行作。”从七十二岁到八十三岁，潘先生为这一国家重要的大型书目矻矻终日，克尽厥职，不辞劳瘁，奋力工作。而这一工程竣工出版后，他又功成不居，劳不矜功，这与当今学术界中某些好大喜功、沽名钓誉之人和事完全相反。

先生书法在学界有一定影响，但他从来不以“书法家”自居，他自己就说过：我不是书法家。但先生却是1961年4月成立的“上海中国书法篆刻研究会”首批八十七位会员中的一位，当年的成员有沈尹默、沙彦楷、潘伯鹰、朱东润、王个簃、顾廷龙等。潘先生书法笔取中锋，含蓄温润，清雅绝伦，自成一家，深得学者之喜爱。先生尤善行书，流畅圆润，秀逸平淡，从容而追求洒脱。学者书法能臻入此境者，实不多见，这完全是先生学识修养，通过笔毫而流于纸上，故内涵蕴厚，绝无矜持造作之态。明项穆《书法雅言》云：“资分高下，学别浅深。资学兼具，神融笔畅，苟非交善，讵得从心？”所以“资贵聪颖，学尚浩渊”。也就是说学术成就高，人的境界也就高，笔下自有常人难及之韵律，地位及成就往往在职业书法家之上。先生不轻易为人作书，然人得其尺牍、诗文，即使是片纸只字，皆视如珙璧，珍若鸿宝，什袭而藏。广东著名收藏家王贵忱先生即将先生手札汇为一编，影印传世。

先生弱冠即亲文字之业，偶有采获，多寄情于笔墨之间，不光是写跋作词。据我所知，早在三十年代，先生仅二十九岁，著名的江南词人谢玉岑即慕先生名，并函索先生填词书扇，以订缟纻之约。1983年2月15日，顾师为《中国古籍善本书目》工作汇报事致笔者函，云：“专家无回音的，拟去函催询。你便中拟一稿，要情意迫切，措词宛转。不知你以为何如？这种文笔，潘老优为之，你可一学。”顾师的文章，写就后多请潘先生润饰，如《跋徐光启墨迹刻石》、《章太炎篆书墨迹序》等，就有信嘱我送呈潘先生推敲校正。而我在七十年代末和八十年代所写的文章几乎全部都呈请潘先生修正，我尚珍藏的还有潘先生、顾师修改的《进瓜记》、《关于四库全书总目提要稿本的新发现》等文稿。

《明代版本图录初编》，是先生与顾师廷龙先生在上海成为“孤岛”后联袂编著的研究明代版本之准绳。自清末杨守敬编《留真谱》，至民国间公私藏家编撰的图录约十馀种，然多宋元书影，明代版刻一直处于空白。潘顾二师以为“惟朱明承先启后，继往昭来，传递之迹，有所踪寻，而其精粗高下，尤足以觇文献之盛衰”。有鉴于此，顾师“实综大纲，发凡起例”，潘先生“摄影撰说，历时两年”，克服了搜辑不易、瓻借维艰等困难后，终于得成。以往各种图录之编纂，虽多出专家学者之手，但并无特色。《初编》类别十二，影逾皕叶，不仅存一代雕椠之程式，且每种皆有略说，以藉明原委，每类前之文字概括简明，图文相辅，纲举目张。张元济先生在审阅《明代版本图录》原稿后，即有信致顾师，云：“大著《明代版本图录》捧读一过，琳琅溢目，信为必传，自渐谫陋，不能赞一辞。”而徐森玉先生则告蒋复璁先生，顾潘所编之“《明代版本图录》乃为研究所得，非一般收藏家之书影”。此实为有真知灼见之语。编图录易，撰解说难，如若没有坚实的版本学根柢，断难肩荷这样的工作。近几十年来国内所编各种善本图录，惟此书及《中国版刻图录》最具学术价值，其它图录虽然在印制装帧上华丽非凡，但在学术上却没有一本能望此二种之项背。

潘先生是一位极重感情的人，对于章太炎、吴梅先生的遗著，他在书肆是见到必收，如太炎先生稿本《广论语骈枝》一卷，1938年经乱散在吴市，因斥重值购置。在百物腾贵的年月里，又节衣缩食出资印了他们的好几本集子。1940年，为吴梅刻印《霜厓词录》时，因北平文楷斋所刻工劣，未遑传布；先生又于1943年6月，重写一本授诸墨版，以告慰其师在天之灵。1985年，潘先生将珍藏的太炎先生手写底本《訄书》，交上海古籍出版社出版，并在跋文后附词《凄凉犯》，云：“师门暗忆人天远，星霜卌载递隔。迷离旧梦，乡魂久绕，寸怀翅翼。江干旅食，风雨流光暗掷。早琳琅，成散席，片羽作珍泽。追念名山业，馗迫留痕，立言盈笑，景星阅世。渺初桀，莫寻鸿迹。蒲柳惊心，待长护，淹迟旦夕。乞垂芬，化影千编慰欲臆。”

1988 年初，我非常想做的几件事中有一件是想为顾师廷龙先生、潘师景郑先生做录音，那是 1986 年我在美国哥伦比亚大学访问时，了解到唐德刚教授曾为李宗仁先生、胡适先生完成口述历史工作，对我有很多启示。我也想记录顾、潘二师过去的工作，如潘先生如何追随章太炎、吴梅学习文字学、词曲的过程、二十至四十年代与耆宿遗老交往之轶事、其时沪苏两地书肆情况等等。遗憾的是，当我提出此项计划后，领导却以没有经费购置录音设备及人力支持而否决。

潘先生是我在上海图书馆杖随三十年的老师之一，我永远也不会忘记他对我业务上的指导和提携。四十多年前，我在辑录清代乾嘉年间学者翁方纲的资料，准备编写《翁方纲年谱》。那时的我，只是一个初涉版本目录领域的年青人，什么都不懂，但这项工作，时时得到潘先生的帮助，潘先生将他在四十年代抄录的不见于《复初斋文集》及《集外文》的题跋等，大约有数十种，都交给我，让我补入。他还将年青时买到的抄本《覃溪碎墨》(未见著录，有容庚、潘先生跋)送给我。1988 年，我见到了台北文海出版社出版的《清代稿本百种汇刊》，里面收有翁方纲的《复初斋文稿》二十卷《诗稿》六十七卷《笔记稿》十五卷《札记稿》不分卷，总共一百三十八册(缩印为二十八册)，是“中央图书馆”的珍藏之一。然而这部价值极高的手稿本，却因书中之字大都是行草书，台北学者无法阅读。我虽熟悉翁氏的书法，经眼也多，但还是有不少字辨认困难。我将晚上识不了的字用小纸条夹着，次日上班前请教潘先生。而潘先生就从字里行间辨识，对照语句，最终也就冰解雾释了。后来，《翁方纲题跋手札集录》的稿子全部请先生审读一过。不然的话，这本书是难以面世的。

尺牍中的字，有不少是行草书写，那是书写者率性所为，收信人如相熟，大致知道所言之事，那就不难理解。反之，则要花工夫，视文意猜测。潘先生的认字功夫十分了得，如没有深厚的学术底蕴，以及早年在书法上的临池所得，那就根本无法释读。1961 年间，上图请来早年任职商务印书馆的文书高乐赓、项平甫先生抄写《汪康年师友手札》,《手札》六十巨册,七百馀人,三千馀通,对研究中国近代政治史、文化史、经济史都有重要参考价值。这批手札多为行书,间有草书,有些字不易辨认,高、项二人都临帖数十年,基础虽好,但有些字也无法识得,必须请益潘先生方得冰释。

我的著作中最早出版的是《书城挹翠录》,潘先生专门作了一首词以代序。后来所辑录的《翁方纲题跋手札集录》,则是潘先生作的序。如今我珍藏先生的手书,除翰札外,尚有先生赠我的三首词,第一首是七十七岁时所作的《赞成功》,词云:"盛年奋志,点检琳琅,书城长护作梯航。廿龄精业,明眼丹黄。几多锦字,纷留篇章。徙倚图府,晨夕相商,多君才智证高翔。苏斋碎墨,收拾珍囊,摩挲老眼,欣看腾芳。"那是先生为鼓励我完成《翁方纲年谱》及《翁方纲题跋手札集录》而写的。第二首是七十九岁时所作的《西地锦》,词云:"廿载同舟图府,更几多风雨。琳琅点检,丹黄共理,勤奋堪数。壮志鹏程,高步万里登云路。期君放眼归来,日展经纶芳杜。"那是1986年初,我将赴美任访问学者,离沪前先生书此以志别。第三首是八十四岁时所作的《减字木兰花》,词云:"清才高艺,壮志凌云称拔萃。流略精治,海外名扬树一帜。同舟卅载,图府论文深契在。振翅重飞,离别情怀盼后期。""沈津大兄远志港行,骊车在迩,赋以赠别。"那是1990年4月,我要移居香港时所写。如今展对先生手书,摩挲遗泽,能无山阳邻笛之感?能无山颓之痛!

先生所写题跋有千篇之多,六七十年来,所至官私库藏,列肆冷摊,靡不恣意览阅,耳目闻见,籍记于册。五十年代出版的《著砚楼书跋》,仅收先生所写跋文四百三篇,那是掇三十年藏见所记,掇拾丛残,十存二三。而前几年出版的《著砚楼读书记》,在《书跋》的基础上略加补充,虽可以视为潘先生的历年所写文章之总集,但这只是先生著作的一部分,还有不少文章都没有被收入,如《章门问业记略》等。津在先生去世后之次年,曾应潘家都之约去了虹桥潘寓,细细看了存放先生文翰的六七个大纸箱,并将先生历年的日记、题跋、诗词，以及小笔记本、杂件等作了区分，我曾将十多本先生手书题跋和《读书记》稍作比对，发现不载之跋甚多，或俟之将来，再加订补。

先生人格的纯洁几乎是有口皆碑的。这位恂恂儒雅、敦厚和蔼的长者学问深厚，但不张扬，他从来没有恃才傲物、顾盼自雄之态。他的床头上挂着一幅金山高吹万(燮)先生写的"无事此静坐，有福方读书"对联，这是他最喜欢的联句，淡泊而有味，令人暇思无穷。是啊，如今淡泊名利，视富贵若浮云的名士又有多少呢?我的记忆中，先生似乎从来就没有胖过，也从没有穿过什么新衣服，他是那么地朴实无华，那么地平凡，没有人推崇他的所作所为，但他的学谊行谊，皆可窥见学术精微，实足为后世所楷则。我时时想起先生那精神矍铄、面容清癯的形象，他手夹着最廉价的工字牌雪茄，那一口轻侬细软的吴语似乎还在向我诉说着什么。有时还会浮现出六十年代初，先生教授我和吴织及二位修补组的青年同事古文和吟唱唐诗的形态。想得多了，真觉得先生须眉謦欬，一一如在目前。回忆当日追随顾师廷龙、潘师景郑、瞿师凤起三公杖履，获承教益，赏析之乐，恍在目前。

潘先生退休后没二年即卧病在床，此后就再也没有起来。每年我返沪探亲，必定要去探望先生，问候饮食起居，拍几张照片。潘先生走了，听潘家都说，老人走的时候很安然，没有什么痛苦。潘先生长眠了，他去了一个很远很远的地方。对于这样一位温润敦厚、知识渊博、学贯九流才一艺的老人，现代最先进的医疗条件也无法留住他。先生是当代重要图书馆文献学家、目录版本学大家中最长寿者，王重民、王大隆、赵万里、瞿凤起、周叔弢、顾廷龙、冀淑英诸先生都走在潘先生之前。而今，像潘先生这样广纳百川、触类旁通，既渊博而又精深的版本目录学家恐怕最近这数十年之间不一定再会出现。

潘先生枕耽典籍，和书相伴一生，他走完了极其平凡又极其有意义的一生。他无愧于自己，无愧于他所热爱的事业，也无愧于这个社会。

与施蛰存先生的一段书缘

宫晓卫

上世纪八十年代初，我在施蛰存先生门下求学三年，亲聆教诲，于先生的人品、学识、处世态度诸方面均获益良多。在我的藏书经历中，和先生有关的图书交往，也不乏可记者，特从中拈其一二述之。

《唐诗百话》 施蛰存先生一生可谓著作等身，他曾说自己一生开了四个窗口：东窗是文学创作，南窗是古典文学研究，西窗是外国文学翻译和研究，北窗是金石碑版之学，先生于此四方面均有丰富的著述。我个人以为《唐诗百话》既是先生古典文学研究方面最重要的著作，也是他最为重视的个人著作之一。原因大致有三：其一，施先生在大学讲堂曾长期教授唐宋文学，这是先生多年唐诗教学心得的汇总。这部书最初的一些文字，来源于先生课堂教学用的讲稿，所以书名初定为《唐诗串讲》，后来先生认为那些文字讲稿味太浓，且涉及面偏窄，又重加修改，并补充甚多，使全书贯穿唐诗始终，其中既有对诗人风格的分析、具体作品的品赏，也暗含了唐诗发展的主线，因之成为一部新型的诗话；其二，它又是先生用力最深的著作。从上世纪七十年代开始撰稿，其中1978年曾用全力来写它，直到1985年完成，历时八年，大约是先生著作中用时最久的；第三是这部书稿最后竟然是在先生大病后完成的，更显其难能可贵。1983年先生患直肠癌，在上海

华东医院就医，手术后已是行动不便，1984年秋出院回家，大部分时间只能坐着。耄耋老人且重病初愈，对身体影响之大可想而知，而先生却说这倒给了他安心写文章过日子的条件，就用主要精力撰写《唐诗百话》，直到1985年6月写满一百篇。先生说这“总算大功告成，放下了一个重负”，可见他对这部著作的看重。

1982年到1985年我随施先生读研究生，期间正经历了先生身体大的变故和《唐诗百话》的撰写。先生不仅学问贯通中西，也是优秀的出版家，他很重视书稿的整洁规范，感到自己一些旧稿修改较多，稿面显得挺乱，有的新稿也有此类情况，需要誊抄清楚。那时限于条件，一般都是人工抄写，他说我们师兄弟三个中我的字编辑好认，就把部分书稿誊抄之事委托了我。那一段时间我往先生家跑得很勤，交抄好的稿，取待抄的稿，特别是1985年上半年，先生在其《昭苏日记》中写到我去他家，其中凡是没有与师兄兴康、文江同行者，则多是为此或个人毕业论文事。誊抄先生书稿，既学习了先生的文风，先睹为快地感知了先生这样大师级的学者，且是优秀的古典诗词创作者对古人诗歌的理解和把握；也熟悉了先生的笔迹，所以我始终认为自己对先生的笔迹是认得比较准的，翻阅过这些年出版的一些先生的著作，中间偶见文字的失误，大都是整理者对先生笔迹辨认错误所致。先生这部书稿1985年6月完稿，我也在这个月底毕业离开了上海。这部书1987年由上海古籍出版社出版。1988年初我收到先生寄来的签名赠书，在回信感谢后，先生来信谈了他的赠书情况(见书影)。因了与《唐诗百话》上述这层特殊关系，我对先生的赠书又别有一种感情。

《唐诗百话》于我的另一影响是其装帧设计。收到先生书不久

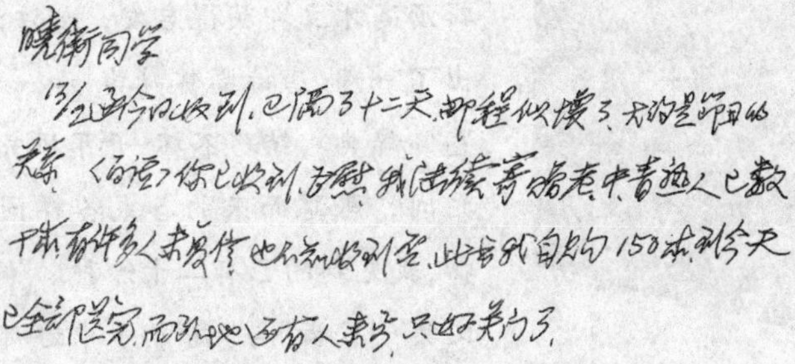
晓衡同学
13/2函今日收到，已隔了十二天，邮程似慢了，大约是节日的关系。《百话》你已收到，甚慰。我陆续寄赠者中青年人已数十本，有许多人未发信，也不知收到否。此书我自购150本，到今天已全部送完，而现在还有人索书，只好关门了。

我去沪出差，到先生家拜望，说起《唐诗百话》，先生就该书的装帧设计讲他特意让出版社把书脊的字作得很大，因为现在很多书的设计不注意书脊，书放在架子上书名看不清，不醒目，并说"你搞出版，也得注意这个问题"。《唐诗百话》书脊用字之大在当时几乎是独一无二的，因此放在书架上十分扎眼，让人印像深刻。近二十年来，我一直从事出版工作，要求本单位出版图书的装帧设计时，总能感到先生当年的影响。

《唐诗鉴赏辞典》 日本东京堂出版公司昭和五三年(1979 年)第 11 版，其初版时间为昭和四五年，前野直彬编。这部书虽然在国内很少，但其自身的版本价值并不算珍稀，因我两次去日本，在旧书店里都曾见过。但我手头这部则有些独到的意义。此书是先生 1984 年送我的，当时上海辞书出版社出版的《唐诗鉴赏辞典》正在热销，十分轰动。一天在先生家，见先生案头放着此书，颇为好奇，与先生聊起来，先生说："我听说日本有这种辞典，不知是什么东西，就托人从日本给捎了一本。上海辞书出版社的汤高才知道了，从我这儿拿去，受了启发，他们也编了一部。这是汤高才还我的，你学的是日语，送给你吧。"此书前有"施蛰存藏书章"印，后有编者前野直彬的印鉴。如此说来，这部书由施先生引进，竟是后来国内风起云涌地各类

鉴赏辞典编写出版热的开端。先生后来在文章中写道："日本一家出版社印行了一本《唐诗鉴赏辞典》，由他们的许多学者分任撰稿，译释几百首唐诗，汇编成书，皇皇一巨册。上海辞书出版社编辑汤高才立即获得启发，如法炮制，编出了一部《唐诗鉴赏辞典》和一部《宋诗鉴赏辞典》，销路不坏，开了风气。几年之间，跟踪而来的各式各样同类出版物，我见到的已有二十馀种。"(《北山散文集·"贝齿"与"袠"》)手中这部引领了

一代风气的书，不是很有点非同一般的意思么？

施先生还送我一部日文原版书，是日本上世纪三十年代出的版画集，精装封面虽已破损，切口刷金仍灿然如新，方异型十六开本，铜版纸印刷。那是1984年先生家一间大房得以返还，家里需稍事整修，暂将其所藏碑拓及部分书籍运往华东师大一临时房间存放，整理书时先生特意将其留出送我的。可惜在我刚回山东工作，居无定所时，书籍一般都放在办公室书橱里，被喜欢的同事发现索要去，今已不知下落。曾读过先生《买旧书》一文，写他在旧上海滩忙里偷闲，很喜欢驻足于马路边的旧书店或旧书摊，有时在杂乱的书堆里翻得两手乌黑觅得一本悦意的书。真不知这册版画是否如此得来？先生珍藏数十年历经磨难未失，而我却逞一时慷慨将之转送，真是懊恼不已，悔之晚矣！

附：到今年，已是恩师施蛰存先生仙逝第五个年头了。2003年11月19日上午，我正在出差途中，接到师兄王兴康电话，称先生在九时左右走了。先生已是百岁老人，且已久卧床榻，对此消息，自己应该是有心理准备的，然突闻噩耗，仍大为震惊，悲从中来，一路无语。当时曾拜托兴康，先生遗体告别时间一经确定务必及时通知我，届时自己一定赶到上海。没过几天就收到华东师范大学寄来的讣告。然而11月27日的追悼会我却最终因社务纠缠未能去成，以致成了自己终生的遗憾。这期间见媒体多有关于先生去世消息的报道和纪念文章，作为先生的学生，自然也很想写点什么，但对先生林林总总的记忆，一时竟不知如何下笔，一拖至今。尽管先生是个豁达之人，相信老人家在天之灵不会因此怪罪弟子的不恭，但个人心里总有着一丝抹不掉的歉疚。去年春天我曾到上海福寿园先生的墓地祭扫，在向先生的座像奉上一束鲜花之时，脑海里蓦地涌出了太多的回忆：读书时为人治学的循循善诱，毕业后书信往来的关爱有加，以及每次去沪出差，到先生家探望，师生畅谈之情景，往事历历，忍不住已是泪眼婆娑。师恩难忘，谨以这篇小文聊为纪念。

来燕榭书跋（续十二）

黄　裳

出塞诗

此康熙刻《出塞诗》，徐芝仙撰，渔洋山人门弟子也。卷首一诗即“马后桃花马前雪”，余儿时即知之，后不复忆其为何人作，不图二十馀年后得其原集，快何如之。收藏印记亦出清初旧人，拣得于古书店楼上。披沙检金，往往得宝，快事亦幸事也。丁酉闰月初四日记。

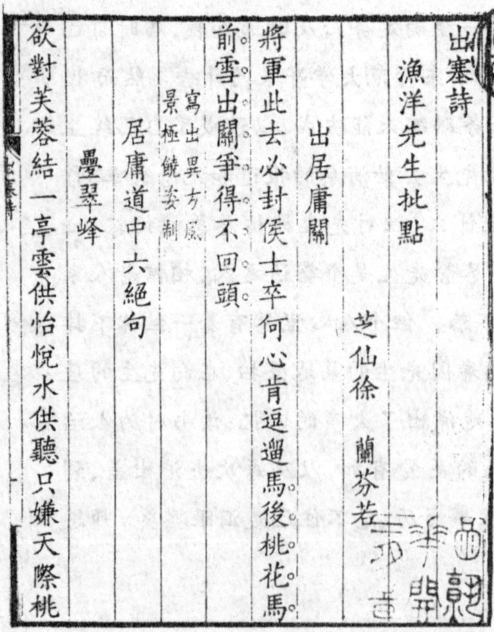
出塞詩
漁洋先生批點
芝仙徐　蘭芬若
出居庸關
將軍此去必封侯士卒何心肯逗遛馬後桃花馬
前雪出關爭得不回頭
寫出異方風景極饒姿制
居庸道中六絕句
疊翠峰
欲對芙蓉結一亭雲供怡悅水供聽只嫌天際桃

《出塞诗》，芝仙徐兰芬若。渔洋先生批点。康熙刻。十行，十九字。上下黑口，左右双边。前有王士禛序，戊寅姜宸英序，万斯同序，卷尾有新安汪灏后序。收藏有“酒熟花开二月时”（朱方）。诗后每附小注，“阴山”一题下有“阴山考”，长数千言。“鼮鼠”题下亦有考释千馀言，皆有关名物故实。始“出居庸关”，迄“瀚海”。

忆旧游诗话

湖上有旧肆名拜经，主人常收书于绍兴萧山，颇有佳本。然余从未得一册书也。此次又过之，于案头检得此册。洎问更有何书，乃绝不肯出，且出恶声，双目如蛙，遂辞出。杭估每每类此，漫识之以当一笑。癸巳八月十九日。

此丰华堂杨氏故物也。其家颇有善本，年来零散尽矣。曾见所藏崇祯刻《海陵逸史》二卷，附精图，后为黠估所持，未能得之，意甚惘惘。此册付装毕，因更记之。癸巳十月廿六日，黄裳。

乙未芒种后一日阅一过。文字简洁，琐琐有致。多记民生俗信，亦颇有补史乘处，间有荒诞不经处，然语意诚挚，亦可喜也。不失清人诗话佳品。流传甚罕，可珍重也。小燕。

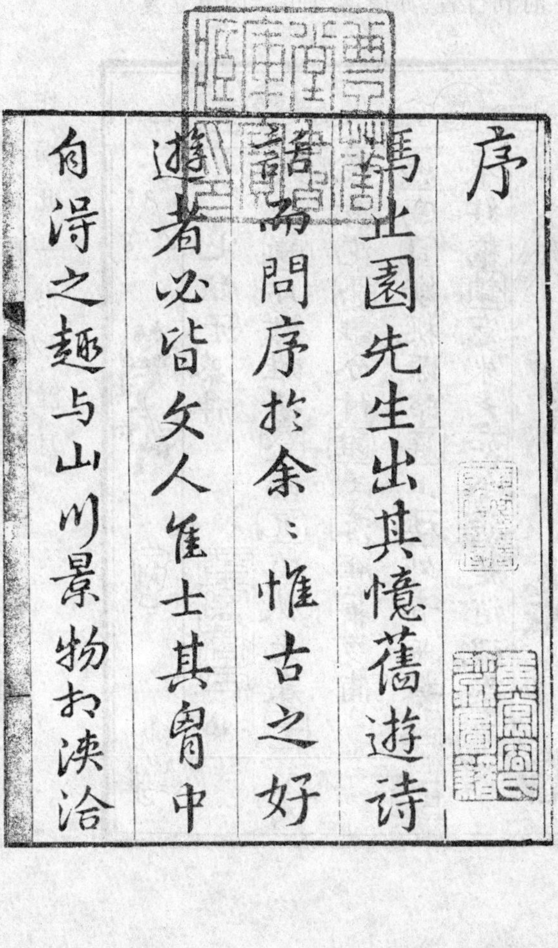
序
馮止園先生出其憶舊遊詩
話而問序於余〻惟古之好
遊者必皆文人雅士其胸中
自得之趣與山川景物相浹洽

《忆旧游诗话》二卷，钱唐冯一鹏止园著。乾隆刻，九行，十八字。白口，单边。板心下有止园二字。前有乾隆十五年年姻侍生同里沈廷芳序，乾隆戊辰长洲马璞序，龙眠张若霁序。次目录，自日月山、青海、吐鲁番、西宁、武威、敦煌、玉门、青塚、山海关至宁古塔。知所经历之大凡。收藏有“丰华堂书库宝藏印”朱文大方印。

红萼轩词牌

丙申立夏前三日，重收复本。槧印俱精，至可爱玩。黄裳小燕夫妇记。

丙申五月十二日装毕。检书入库，挥汗记。

此书余旧有一帙，缺失数番。近又见此，与顾天石《草堂嗣响》同收得之。首尾完具，大是快事。此本之见于著录者，皆不敢定刊刻时代，只题清刻本。余收孔顾两家词集，皆是康熙原刻，知此本亦同时刊行者，亦康熙刻也。丙申立夏。

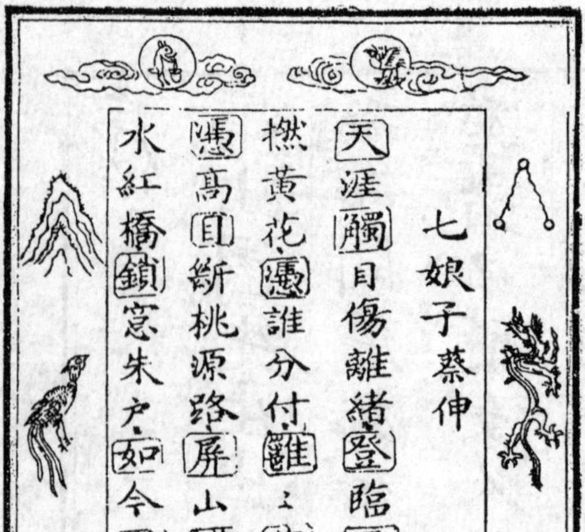

此本所选皆绝妙之作，虽戋戋小册，读此一编，唐宋词之精粹毕具矣。此书原订三册，付工重装一册，用旧朱红洒金笺作书衣，盖取自元刻林尧叟《左传》原装书衣者，亦乾隆前物矣。装讫记，丙申五月十二日挥汗书。

《红萼轩词牌》，康熙刻巾箱本。每半叶双套边。内框外围以花草图案，叶各不同。精雅极矣，每半叶录一词。前有扉叶，题“词坛雅致”四字。次阙里孔传铎振路甫

“诗馀牌引”，东吴顾彩湘槎“红萼轩词牌序”。

岁寒堂读杜

余年来颇收杜诗异本，元明以下旧刻钞笈约十馀种。清人注杜之书甚富，有数十种，此《岁寒堂读杜》却不多见。纸印明丽，见之三马路扬州曹氏书肆，索直殊昂，亦遂买归，不更惜此买书钱矣。曹名家驿，设肆数十年，自藏旧本，不以示人。终日端坐座中，一夕，于座中颓于地，遂卒。其子绝不知书，乃取乃父所藏陈于肆中，各标重直，此其一也。实亦无甚异本，只明初刻柳待制一集为最佳也。余向其肆买书甚少，因少记其人端末于此。丙申春上巳日黄裳记。

忆曹氏所藏尚有原刻《石研斋集》，亦是佳书，然索重值，遂不能得。其家尚有明刻附精图本《节侠记》，后归余斋。己未残腊重展记。

此本罕传，诸家著录皆未尝见。虽刻于道光中而实稀若星凤也。板存苏州范祠，太平之役，当已化作柴薪矣。刊刻极疏朗，抚印更初。余于有清一代刻本，初仅好写刻书，继乃更好宋体字刻本，以气息肃穆，雅韵反浓也。而道咸以还，恶刻渐出，康乾旧范，渺不可追。似此刻之清俊者，乃不得数数觏。原书精整，仅加书衣，遂亦楚楚可观矣。丙申四月廿一日，来燕榭记。

戊戌十月十二日，自青浦力耕归来七日矣，始得少暇，漫检所藏，阅之遣日，更书卷耑。黄裳记。

前跋言力耕者，实即大跃进时，余首次下乡，适逢吃饭不要钱之盛而大病。然青浦之老来青信是美物，以余之弱而不善啖，犹尽三器。是可怀也。己未岁晚，黄裳记。

《岁寒堂读杜》二十卷，嘉兴范辇云楞阿辑，男玉琨校。道光刻。十行，二十二字。白口，左右双边。扉页后有牌记三行，“道光二十四年刊，版存苏州范氏家祠后乐堂”。武威张澍序，道光二十四年仪征后学吴廷飏序，唐书文艺传。每卷前有目。收藏有“京口华山湾飞白轩藏书”（朱文套边，白文各半行长方印），“曹家禄印”（白方）。

城守筹略

《城守筹略》五卷，存卷一之三。崇祯甲申刊。半叶九行、廿二字，白口单边。卷首大题，次行属“武水钱栴半村氏辑”。前有甲申夏日自序，次目录。收藏有“瑞轩”朱文方印。卷一先事豫防（凡四条），保甲仓储训练城堡。卷二闻警设备（凡二条），备城外备城内。卷三临敌固守（凡三条），定志申令周防。卷四凭城决战（凡三条），战前临战战后。卷五制器御敌（凡二条），火器杂器战器守器。案，此实四条。列目凡九十三。自序云：

国家以科目取士，群天下异敏才捷之士，尽精竭思，相率为无用之文。一旦离绳枢，弃铅椠，佩印绶，登堂皇，其于牧民守圉治兵理财诸事，直瞠目视而已。阛阓荒，士伍散，城隍颓废，仓廪空虚。卒然有变，贤者坐敝，不肖者委而去之。凡其所为，未乱则有致乱之蘖，已乱则无救乱之术。今亦大创矣，犹朝野怡然，将何底极！余所以詹詹于城守之书也，圣天子中兴，志在夷难雪耻，主忧如此，臣子有不饮泣怒发者乎？顾往者晋之南也，守优于外，而屈于内，故扬豫荆益封疆不甚促，而往往有大藩之患。宋之南也，守优于内，而屈于外，故名将劲旅，兢兢束于法制，乃国日削而即于衰。晋之守，恃形而忘其实；宋之守，求密而失之疏。方今守卫之计，大而方镇，小而万家之邑，简练所

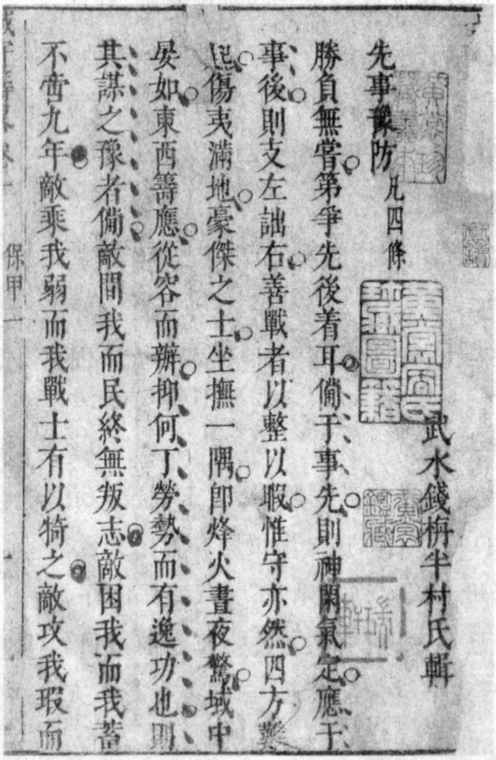
城守籌略卷一

武水錢栴半村氏輯

先事豫防 凡四條

勝負無常第爭先後着耳備于事先則神閑氣定應于
事後則支左詘右善戰者以整以暇惟守亦然四方難
思傷夷滿地豪傑之士坐撫一隅即烽火晝夜驚域中
晏如東西籌應從容而辦抑何丁勞勢而有邀功也則
其謀之豫者備敵間我而民終無叛志敵困我而我蓄
不啻九年敵乘我弱而我戰士有以犄之敵攻我瑕而

保甲 一

宜预，近而辇毂之下，远而边戍之间，其蚤作夜思，孰者可忽哉！逋寇未灭，强虏方张，自淮以北，皆当贼垒，楚氛未靖，沿江千里，莫不有上流惧。建国旧京，江南诸郡，皆畿辅重地，又岩疆也，即远而闽粤，内蠢所在蠕动，一不戒便启戎心。故今日乘障之事，无地可以或缓。朝廷疆土，万姓身家，皆系乎主者之一人。忠义诚奋，孱卒可强，众心既坚，绝地可生。然形均则先乘者利，力均则整暇者胜，物均则精良者尚，虽气张志一，无藉外辅，而应变临机，尤资豫蓄。余所以詹詹于城守之书，而列为五类：辑先事志绸缪也，辑闻警志难乘也，辑固守志无再计也，辑决战志可奋也，辑器械志有所资也。有意之士，苟率是编而精之，先为不可败以观衅于敌，保江淮，宁徐豫，于以歼虏殄寇，光复燕秦，踰晋轹宋，何难哉！儿子默当为令，因付之梓，使其遍告同事地方者。甲申夏日，半村氏钱栴题。

此本戊子冬日得之姑苏护龙街书肆，竹纸二册，出洞庭山中。卷一书名大题及下藏书印记，俱裂去。禁书目不载，惟见于千顷黄氏目中。卷一末有敌台城堡图式。卷五制器凡列九十三目，其火器有噜蜜铳，西洋铳，小佛狼机火箭，一窝蜂喷筒，燕尾炬，西瓜炮，自犯炮等，所记名色，远富于同时兵家著作。书虽亡而目尚存，亦幸事也。栴字彦林，复社中人，为夏完淳外舅。丁亥同死。默字不识，崇祯癸未进士，知嘉定县。乙酉五月弃城遁，后削发入黄山。正半村序中所斥为不肖者也。

文　薮

唐皮日休《文薮》十卷，正德刻本，半叶十一行、二十字。白口，左右双边。卷前序大题下低三字，署衔名如京使金紫光禄大夫检校司空兼御史大夫上柱国河东县开国伯食邑九伯户柳开撰。次文薮序，题唐皮日休撰。次目录。黄棉纸初印。有漱石山人朱文圆印，周印如玺白文方印，歙鲍氏知不足斋藏书朱文方印，鲍以文藏书记朱文长印，思适斋朱文方印，顾涧薲藏书朱文长印，小绿天藏书朱文长印，孙毓修印白文方印。有李柯溪跋：

此本《文薮》，曩为张幼溪指向遗经堂求，计七折六两，买卖者皆视为宋刻也。余虽审定明初刻，然无所徵。三十年来，又获于吴门吴氏。阅其印，知不足斋藏本，质诸鲍丈，亦不知所出。先是获万历许元祐刻本校之，藉此本补正一字。有正德袁表跋，称弟褧摹本，同诸弟衮袠勘校锓梓，则许本为此本之水蓝。袁氏刻有小说、《文选》，皆精善。在明时已佚其跋，以乱宋本。益徵余之精赏而喜得有所据也。喜而识之。甲戌八月二十日，宏信书。

此本庚寅冬得之梁溪孙氏，椠印明丽，是袁刻而失跋尾者。柯溪一跋，别纸书之，粘附卷首，文不甚通。小李山房主人设肆越中，往来吴下，于所跋可见乾嘉老辈亦不深究板刻之事，徒以时世昇平，见书多耳。甲戌当是嘉庆十九年，入思适斋当在此后。千里有《文薮跋》云，于坊间得汪启淑藏万历本，校正德袁板无异同，但不如彼行款古雅耳。袁序在末，余所钞阙，藉此补之（在《思适斋书跋》中）。跋当书于万历本后。千里得此本，别录一本，而易去原刻，故云所钞阙也。《文薮》尚有一万历十行廿字本，长卷头，中缝只题“皮”字。日休集传世当以此为最旧矣。

中兴间气集

《中兴间气集》二卷，明缮宋本，十行十八字，白口，左右双边。卷首大题次行属“渤海高仲武集”。卷首有姓氏一叶，次目录。收藏有“寐翁”朱文方印，“梵持”白文方印，“海日楼”白文方印，“逊斋居士”朱文长印，“旡”朱文方印。卷尾有沈子培墨书一行云：“天一阁藏书，甲寅季夏归于海日楼。寐叟记。”下钤植字小方印，朱文。又郑孝胥墨书五行云：

辛酉正月万寿节，冯煦、王秉恩、沈曾植、邹嘉来、余肇康、吴庆焘、朱祖谋、郑孝胥、王乃徵、章梫、杨锺羲、胡嗣瑗、陈曾寿、陈曾任、沈颎同观。孝胥书于海日楼。

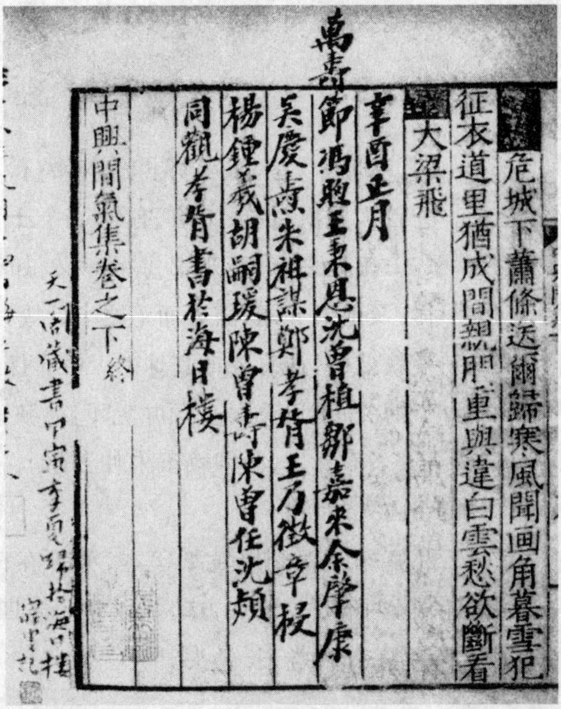
危城下蕭條送爾歸寒風鬪画角暮雪犯
征衣道里猶成間關月重與達白雲愁欲斷看
大梁飛
辛酉正月
萬壽節馮煦王秉恩沈曾植鄒嘉來余肇康
吴慶坻朱祖謀鄭孝胥王乃徵章梫
楊鍾羲胡嗣瑗陳曾壽陳曾任沈頫
同觀孝胥書於海日樓
中興間氣集卷之下 終

河岳英灵集

《河岳英灵集》三卷,明缗宋本,十行十八字,白口,左右双边。卷首大题,次行属“唐音诗”(三字顶格),“唐丹阳进士殷璠集”。卷首有殷璠叙,次集论,次目录。于大题殷璠衔名后第三行起,低五字书书林牌记六行,仍宋本之旧,而去其堂名者:

切见诗之流传于世多矣。若唐之《河岳英灵》、《中兴间气》,则世所罕见焉。本堂今得此本,编次既当,批摘又精,真诗中无价宝也。敬录诸梓,与朋友共之,四远诗坛,幸垂藻鉴。谨启。

次姓氏一叶,长卷头,三卷通七十三番。收藏印记有“海日楼”白文方印,“逊斋居士”朱文长印,“驾浮阁”白文方印,“一盦审正”朱文方印,“兀”朱文方印。卷首有沈子培手跋:

宣统甲寅三月,借得傅沅叔新得《河岳英灵集》,校于毛刻本上,字句异同颇多。其间亦有毛不必非,宋不必是者。宋刻误舛显然,固不少也。六月中复得此明本,乃知毛氏分卷实祖于此。此前有刻书人小启,则覆宋本也。文与宋本不同者,往往与宋本所注一作者合,是此祖本,尚在傅本之前。以此两本合校,而后毛氏改窜之处乃碻然可指。毛氏藏书家,见本多于后人,亦有未可轻诋者耳。逊翁。(下钤植字朱文小方印。)

卷前序末有吴庆坻同观题记,与前书郑题略同。二书己丑始秋得于海上,出杭州王氏。

真珠船

《真珠船》八卷,嘉靖刻本。半叶八行、廿字。白口单边。前有目录。卷首大题次行,低二格,有《小序》云:

王徽之有云:观书每得一义,如得一真珠船。余每开卷有得,及他值异闻,辄喜而笔之。日熼月撷,间参独照,时序忽忽,爰就兹编,遂总谥曰真珠船。虽非探之龙颔,颇均剖之蚌腹,概于博奕,良以勤矣。顾井见不广,疵纇实烦,鱼目混陈,贻笑蜑子,采而择之,尚仰赖于朱仲云尔。嘉靖戊申八月之望,关西蒙谿山人胡侍。

此嘉靖陕西刻厚黄纸印本,甲午春日得之甬估,有"四明卢氏抱经楼藏书印"白文大方印。以卷一之四为五十五番,卷五之八为五十六番,作二卷,长卷头。

粤西奏议

《粤西奏议》,明钞本。半叶十二行、三十二字。前有目,首题"弘治六年钦差巡按广西监御史祁奏疏三卷"。凡二十疏,始"弘治陆年伍月贰拾日为猺贼聚众劫江请调官军征剿疏",迄弘治六年八月初八日题"为乞怜分豁冤枉疏"。卷尾题"钦差巡按广西监察御史祁奏疏三卷终"。是此册为第三卷。卷首收藏印记有"祁汝霖印"朱文方印,"镜湖渔人"白文方印,"山阴祁氏清玩"朱文方印,"圣尧后裔"白文长印。按此山阴祁宗规撰。宗规字司员,成化进士。祁承㸁稿本《两浙古今著述考》著祁氏著《粤西奏议》二卷,只书祁而不名,知为其先世著述。《淡生堂行实》记高祖梅川公以进士为名御史,殆即其人。汝霖字秋宇,国子生。见八千卷楼旧藏原写本《淡生堂藏书谱》、《淡生堂集》、《行实》及承㸁、彪佳乡试原卷,则云承㸁父名汝森,字肃卿,号秋宇,然则汝霖殆初名也。此册壬辰晚秋得于山阴梅市。

五世书香(二)

——周学熙与师古堂

周启晋

艰难的八年抗战终于胜利了,两个月后的一天,在雾濛濛的长江上,一条从战时陪都重庆开出的货轮搁浅在沙洲边,船上挤满了急于返乡的人群,而其中最焦急的莫过于已届临盆又确诊为难产的家母沈又南女士。最后船总算开动了,经过了十八天苦难的航程到达南京。与此同时,身在天津、北京的亲人则更为紧张。当时先曾祖止庵公(周学熙)、先曾祖母刘温卿已年届八旬。老人们对四世同堂的热切期盼,让先伯祖周明泰、先祖父周叔迦弟兄们决定,此次即便生的是女孩也要抱养个男孩,然后报知老人家以满足他们最终的心愿。笃信佛教的先祖父还为此在雍和宫作了佛事。所以最后当我艰难的头上脚下地来到这当时充满内战气氛的世界时,大家都松了一口气而皆大欢喜。在学熙公所著《止庵诗存》有《冬月初四日绍良得男是为第一曾孙:大雪后一日有进冬至阳生之象,取名启晋以志之》诗:"大耋曾孙始见之,同堂五世待期颐。自昭明德方言晋,三接天庥岂怨迟。"

说句题外的玩笑话,在我的一生中多次被人问及"启晋"二字和山西的关系,而当年上山下乡时,又确在山西一住便是十年,我想这可是学熙公当年为我起名时所万万没有料到的。

近年来,伴随着历史界对近代史研究的深入,周学熙的名字也屡屡见于各种书刊,甚而是中学的历史课本,有的学者更将他列为某经济史分届期的代表人物。也许因为我是他在国内仅存的两个曾孙中年长的一位,近日凤凰卫视也来舍下采访。说来惭愧,对于先曾祖平生事迹,我却是所知甚少。我印象中的学熙公,便是宗祠中有着慈祥笑容的老人磁画像,儿时,每至年节及冥寿、忌日行礼如仪而已,这种仪式一直持续到1965年。

我们这一代人生于战乱,长于忧患,青少年时期最忌讳的便是谈及自己的出身及家庭,昔聂绀弩伯有诗曰"文章信口雌黄易,思想锥心坦白难"。听到"资产阶级"四字避之犹恐不及,遑论名列民国初年中国两大豪门之一的"北周"了。那时的我真有恨不得自己最好是生于什么连地图上都找不到名字的山沟里, 家里一穷二白才好。

从学熙公抱着我"抓周"的那一刻起,这六十年的光阴真快的像闪电,而整个社会和家庭的变化也同样可谓之天翻地覆,以致目前家中所存祖上的遗物简直少的可怜, 所存大概只剩一副对联和几本书而已。所以当时我与凤凰卫视的记者所谈及的并非周学熙在历史上的重要地位以及他作为近代北方工业之父的事迹, 而主要是关于至德周氏的家庭传统。

学熙公幼从当时著名学者孙毓汶(后任清末兵部尚书、军机大臣)及会稽李莼客问学,在《越缦堂日记》中有记载曰"光绪十四年六月二十七日,周生辑之来,生颇究心算学,言:近阅代数疏,已能得其奥交,与之论金元疆域及东北边地沿革之略,亦能了了,少年俊才也。"由此可见学熙公在举世埋头于八股试帖之时,独能究心于数学地理, 其志趣自幼年固已不凡。学熙公自光绪癸巳年中举被诬,而发生科场案后,一生追求所之,便是中学为体西学为用,兴办实业报国富民。从其力争从外商手中收回开平煤矿到其手创的京师自来水(今北京自来水公司)章程中明言拒收外资强调降低利润以利百姓等事迹,无一不体现其民族自强之心。学熙公于官场上,亦坚持原则,不畏强权。至德周氏与袁世凯本为世交又结为儿女亲家。但在《八十三天皇帝梦》一书中,有这样的记载,即袁称帝之前曾进行过一次"预演",百官皆穿着洪宪制服,唯独两任财长的周学

周學熙

字緝之號定吾行四同治乙丑年十一月二十六日吉時生安徽池州府建德縣民籍廩貢生己丑科挑取謄錄工部候補郎中都水司主稿上行走會典館校對

始祖 諱訪 唐貞觀中舉孝廉仕荊州刺史
始自婺源遷居建邑周家山
始祖妣氏汪
六世祖 諱繇 唐咸通十三年進士仕檢校御史中丞始捨周家山宅爲唐山寺遷居邑城東紙坑山與許棠張喬等號咸通十哲事蹟

胞高伯祖禮儀 禮信
胞曾叔祖樂慶 承嗣高伯祖禮信 樂祥
嫡堂曾伯祖樂震 樂霆
胞叔祖光術 承嗣曾叔祖樂慶 光徵 承嗣曾叔祖樂祥 貤贈光祿大夫
胞叔宗馨 候選州同承嗣叔祖光徵
胞姑再三 長適監生從九品楊諱斌蔚

熙一人肃然长袍马褂，表示其反对袁称帝的态度，故后来被袁软禁于北海见心斋达一年之久。其间他写了《丙辰正月二十一日感怀(去年此日被命再长财政)》诗：“误染缁尘又一年，江湖回首倍依然。女娲炼石天何补，精卫衔山海岂填。落落孤云闻唳鹤，茫茫远水堕飞鸢。莼鲈那及桃花鳜，剩欲乘春放钓船。”表达了他淡泊明志的思想。

在我儿时成长的北京城西老屋及天津的三多里家中——那是学熙公的故宅，几无一件红木家具，无任何名贵文玩，作为一位曾经是中国两大巨富之一的老人，其朴素之风可见一斑。

正是这淡泊朴素的思想，使他在民国十三年甫及六十岁，就辞去所有本兼职务。从此吟诗刻书，课读子孙，奠定了至德周氏“良”字辈学术大师辈出的基础。

学熙公晚年所编《师古堂丛书》达数百卷。其中有手自编定者，有延通儒编制、而自为勘定者。所编《圣哲学粹》四十四卷，由姚永朴、李大防、陈朝爵、范迪襄、刘宝慈等主其事，集古圣先贤微言大义，固儒家传灯录也。更选集《古训粹编》十二种，为修身淑世之本，布帛粟菽之谈。其念当日学子既不能读全经，因刊经传简本，都十三馀万言。又有《论语分类讲诵》。其关于文学方面，则有《文辞养正举隅》及《八家闲适诗选》，皆以培养道德、陶冶性灵为主，而不专以文字词藻为尚。

先父绍良先生逝后，检点遗书，见有《周氏师古堂课选》(下简称《课选》)，民国戊寅聚珍版，线装一函四册。此书甚有趣，亦可谓之为研究至德周氏家族史之重要资料。其卷首有汪曾武序曰：“周止庵先生……既谢时政归，思传家法，继承先绪，集群弟子于师古堂，延师讲授，月试课艺，……自丙寅迄丁丑阅十二寒暑，岁得一卷。”即说明此书为周氏子弟十二年中的学习成果。其后又列“规则”八条，规定每月举行两次课试，“远方弟子有愿应课者按次邮寄”，课卷齐后送请各寓塾师轮流评阅批定，奖品开单按住址顺序传观。其塾师列名为王武禄、武鹤翔、唐兰、赵元礼、朱士焕、俞寿沧、汪曾武，俱一代名家。据家母回忆，塾师的束修月致二百银元，以当时的物价，这可谓一笔巨资。

周氏師古堂課選名齒錄 丙寅年
家長
學熙字緝之號止菴年六十二
學淵字立之號息菴年五十
學煇字實之號晦園年四十五
正課生
暹字叔弢年三十六徵之公第三子
進字季木年三十四徵之公第四子
明泰字志輔年三十一止菴長子
明焯字志俊年二十九止菴第二子
明夔字志和年二十八止菴第三子
明藩字价臣年二十七息菴長子
明和字介然年二十七晦園第二子
明恩字志厚年二十三止菴第四子

在《课选》的名齿录上正课生第一名即叔弢，其后有季木、明泰、志和、一良、绍良……，共三十二人。弢翁后成为全国著名的藏书家、曾任全国政协副主席；季木为居贞草堂主人，金石大家；明泰即《几礼居丛书》著者、戏曲史专家；志和即先祖父叔迦先生，佛学大师；周一良、周珏良、先父周绍良等，无不为当代著名学者。在《课选》中记录了大量他们早年的诗文，并塾师的评语。我想先辈们之所以有如此宏大的学术成就,论其渊源,学熙公所设立的师古堂应功不可没。

此外更为重要的是《课选》中所录以上诸先辈的诗文,俱无单刻本传世,皆赖《课选》以存。从这一角度来看,《课选》又可算是近代文学之珍本了。

学熙公平生亦好藏书,《止庵诗存》中有《藏书叹》二首,其一曰:“勋业文章志已虚,形骸土木卧蜗居。签题万轴皆尘封,悔不终身作蛀鱼。”其藏本中最著名者即孤本宋刻《王状元集百家注编年杜陵诗史》——后赠其妹丈刘世衍者,刘氏玉海堂有影刻本传世。学熙公的藏书存天津周氏宗祠周家花园之藏书楼,上世纪五十年代全部捐赠天津南开大学。

凤凰卫视在探访时,曾问及我是否还存有学熙公手创的北洋银元局所铸造的“光绪元宝”龙洋。我报之以苦笑曰:无。但在我的小书斋的书架上,二十馀年来静静地摆放着老人生前所摄的最后一张全家福照片。照片下端其亲笔题字:“八旬双寿,止庵暨夫人刘氏花烛重谐之庆。”照片背面又有题诗一首曰:“六十年间事,都如过去烟。红妆犹在眼,白发已盈颠。祖荫重重茂,孙枝节节鲜。簪缨虽已矣,藜藿且欣然。”

1947年学熙公故世后,葬于北京八宝山田村周氏宗茔,“文革”中遭破坏,随着近年来京城的大兴土木,今已不知踪迹,而从来将所有的一切无偿地捐献给国家且低调行事的周氏家族,也并未要求恢复。此刻当“白发已盈颠”的我默默坐在书桌边,静思六十年来的往事时,脑海中浮现的亦只有止庵老人的绝笔《示儿最后诗》:“祖宗积德远功名,我被功名累一生。但愿子孙还积德,闭门耕读继家声。”

芸草飘香垂后世

——湖北藏书家冯永轩收藏小记

李玉安

论及藏书家,按照地域分布,首推江浙,齐鲁次之,再次岭南、闽赣。中原大地,尤其是楚天境内,亦为中华文明的发祥地之一,历代文人墨客显要,不谓不多;藏书之举,数量不谓不丰。关于近现代湖北籍的藏书家,较为著名的如武昌(今鄂城)柯逢时(1845~1912)、恩施樊增祥(1846~1931)、宜都杨守敬(1839~1915)、沔阳卢氏兄弟(卢靖(1856~1948)、卢弼(1875~1967))、潜江甘鹏云(1861~1940)、赤壁张国淦(1876~1962)、武昌徐行可(1890~1959)、罗田王葆心(1864~1944)、沔阳黄立猷(?~1929)、黄冈刘卓云(?~1940)和王基磐、黄陂(今属武汉)陈毅(1873~?)、孝感徐焕斗(1873~1949)、荆州田吴炤(生卒年未详)、襄阳杨立生(1874~1944)、枝江张继煦(1876~1956)等。这些藏书大家的藏书事迹与学术贡献,在藏书界已经耳熟能详。除了部分藏书大家之外,湖北籍的学者藏书家,也比比皆是,近现代如学者藏书家黄侃、方觉慧、刘永济,官员藏书家洪良品等。拙作《中国藏书家通典》收录的湖北的学者藏书家冯永轩,则是独具一格,藏书界知者不多。

冯德清(1897~1979),字永轩,一字永宣,后以字行。湖北黄安(今红安)人,出生于县城城关附近冯家畈的一个农民家庭。中学毕业后,入河南第三师范学习,由于成绩优秀,破格任教中学。1923年,入武昌高等师范学校(武汉大学前身)学习,得文字学家黄侃先生(1886~1935)指点,由此得入文字学、训诂学门径。1925年,考入清华大学国学研究院,受业于国学大师梁启超先生、王国维先生。清华研究院毕业后,返回武汉,任职于武汉中学,与同乡董必武(1886~1975)共事,交谊甚厚。以后任西北大学等大学教授。

他的收藏生涯在国学研究院就读时就已经开始了。良好的收藏意识和自然形成的收藏习惯,使他对书画收藏独具慧眼。对于名家的只言片字,一丝不会放过。在梁启超、王国维等大师指点下,在聆听王国维等人的教诲时,随手记录导师与他交谈的史料,如"保塞之民"、"冉闵杀匈奴"等。这张随手记录的纸张和书目单,他一直舍不得丢弃,悉心保藏了几十年。

1939年日寇侵占武汉前夕,他举家迁往黄冈山区避难。其生活用品尽量缩减,而藏书及字画等文物悉数带走。在乡居七年中,因日军反复"扫荡"鄂东山区,历经多次"跑反"逃难,衣物、家什等抛却不少,而藏书、文物则始终保存完好。据冯天瑜先生提供的史料,当时鄂东地方武装中有一个叫李显军者,土匪出身,惯于打家劫舍,又识字不多,然这位草莽豪杰,却很敬重读书人,过年时率部挑着酒肉前往私塾,见到永轩先生,纳头便拜。日寇袭来时,李还派部下帮其转移藏书、文物。亦一"盗亦有道"之例也!

在此期间,他与湖北方志学家王葆心先生,时常切磋鄂东史地及楚史研究诸问题,其长篇论文《论"五水蛮"》,即积累素材于抗战期间的鄂东乡间。由此正式开始了他的楚史研究。

抗战胜利后,全家返回武汉,木船所运物品,主要是藏书和文物。不久,出任国立西北大学历史系教授,继续从事西北史地研究,其所著《西北史地论丛》,多成稿于此期。西安乃千年古都,二十世纪四十年代中后期,古籍文物、书画碑帖尚遍于城中街坊店铺,价格也较低廉,冯先生常徜徉于小巷的旧书摊前、骨董店内,收获颇丰,藏品得于此者不少。

建国后,在武汉师范学院(今湖北大学)历史系任教授,得以较系统地从事楚史研究,收藏古籍文物的情志也有增无减。经常出入于古董和古籍店铺,他的工资半数耗费在购置书籍、字画上。

"文化大革命"初期的"扫四旧"运动,数次被抄家,其丰富的藏书,被一再扫荡,其中一些善本、孤本或被撕毁,或被充作街巷妇人糊鞋样的废纸。苦心撰著多年的《楚史》稿本也不知所终。

在冯天瑜先生的寓所,有幸看到部分书画的原作,如梁启超所书的"遥山向晚更碧,秋云不雨常荫",左宗棠的篆字书法诗笺等。家中所遗古籍仅存数十种,大多有冯永轩先生的藏书印。如《重刊章氏遗书》,留白处多有冯氏的校勘和读史心得;陈邦彦在康熙五十三年的摹抄本,虽书名已经不全,但是字体清晰,书法功底极厚。钤有"黄安冯氏珍藏"的《史微》、《老学庵笔记》、《古书疑义举例》、《古书疑义举例补》等书,多有冯永轩先生的点校记和评语。

值得一提的是所藏稿本《近农居掌故文稿》,初定为民国学者陈屺怀先生的书稿。陈屺怀(1872~1943),本名陈训正,字无邪,又字屺怀,字天婴,一作玄婴,浙江慈溪(今属宁波)人。历任浙江省政府委员、杭州市市长、浙江省民政厅代理厅长,西湖博物馆馆长、国民政府参事等多职。民国二十一年(1932)夏,应蒋介石之邀,修纂《国民革命军战史初稿》。另著有《天婴室丛稿》、《晚山人集》、《天婴诗辑》、《论语时训》、

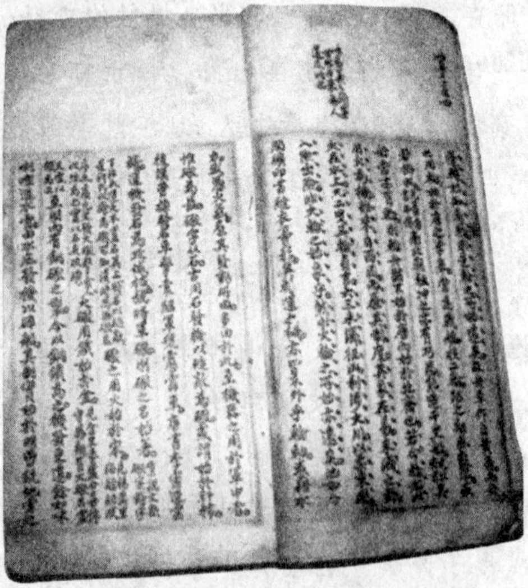

稿本《近农居掌故文稿》书影

《甬谚名谓考》、《伣言》等，并主持修纂有《定海县志》、《掖县志》、《鄞县通志》等地方志。堂兄陈训恩，号布雷，为民国政府秘书长。本文稿所著内容，疑为未定稿本，其中如《机器原始》、《西藏风俗物产考》、《石炭考》、《跋海国闻见录》等二十馀篇，多未见。

据冯天瑜先生回忆，“文革”开始，其家藏书遭受厄运，一生省吃俭用、采自各地相当丰富的藏书，被抄走又退回，又听说将有一次更彻底的查抄，兄弟与父母商量，决定抢在查抄者来之前，将藏书捐给省图书馆，以免珍贵文籍损失。湖北省图书馆派人用几辆板车将书拖走。因其散乱厉害，又加上当时省图书馆也处于造反阶段，无人过问，等到收拾时，完帙已经不多了。为此，冯天瑜先生在《长江日报》副刊撰文，记其于“八十年代初，听说省图特藏部中还散置不少盖有‘冯永轩珍藏’等藏书章的书籍，我几次想进去看看，并想建议省图办一个诸如‘冯永轩赠书专架’之类的专区，但念及当时所捐的几千本珍贵文籍，早已风失云散，这种请求也只得强咽下去了”。直到1977年，家中所藏的“二十四史”等大型史籍数千册，亦捐献给湖北大学图书馆。目前，从湖北省图书馆中的藏书中还能偶尔看到冯氏的藏书印，如“红安冯氏图书”、“冯德清字永轩”、“永轩珍藏”、“永轩所藏”、“冯永轩”等。

笔者曾访问过冯天瑜先生，追问其家藏图书、字画等藏品有无目录可寻，冯先生答曰：藏书均被抄走，即使有其目录，当被和藏书一起扫地出门了。倘若编有目录，连字画卷轴一起，当有万卷之多，总藏书量当有万册以上。芸草遗墨垂后世，缥缃万卷益今人。若这些古籍特别是其中诸多善本书，倘若还留在人间，亦是可造福于后人学者，亦不枉永轩之一生节衣缩食之功矣。而从冯永轩坎坷多艰的藏书经历，又从一个小小侧面映照出中国现当代史的曲折与悲壮，更是中国藏书史的一个缩影。

书里人生亦怆然

——贾植芳旧著谈往录

韦 泱

年逾九旬的贾植芳先生，是我国现代文学史上著名作家、翻译家、学者。其人生饱经磨难却著书不辍。每次到贾府聊天，话题最多的依然是书。贾先生自上世纪四十年代至五十年代初出版了十馀种著译。而从1955年反“胡风集团”开始的历次政治运动，他都难逃厄运，家中所有藏书一次次被抄，包括书信、手稿、照片等荡然无存。时光漫过半个多世纪，我每每淘得他的旧著，就持请先生过目。凝视故物，犹如见到久别的亲人，先生既惊喜又感慨，且将诸书写作出版往事娓娓道来。

未识“杨力”成憾事

在贾植芳的旧著中，《人生赋》是我在旧书肆较早获见的一书，著者署“杨力”，起初觉得这名字陌生，既没有立即购下，亦未放在心上。当得知杨力即贾植芳笔名时，为时已晚，《人生赋》已遍寻不着。《人生赋》为贾植芳的第一部文学专著，系短篇小说集，由上海海燕书店初版于1947年4月，列胡风主编的《七月文丛》。此书收小说七篇，创作于1936年至1946年。收在集子中的第一篇小说《人的悲哀》，写于1936年，其时作者尚在日本留学，他课馀遛达到位于东京神保町的内山书店，看到“学习与工作丛刊”中的《二三事》、《原野》等，其编者即是与鲁迅关系密切的冯雪峰、茅盾、胡风

等。贾植芳对此心向往之，把以自己第一次监狱生活感受为素材的小说《人的悲哀》投寄去，不久刊于第四辑《黎明》中。同辑还有艾青的诗作《黎明》、《煤的对话》，以及端木蕻良散文《腐蚀》等。胡风在《校后记》中写道："人的悲哀是一篇外稿，也许读起来略显沉闷罢，但这正是用沉闷的坚卓的笔触所表现的沉闷的人生。没有繁复的故事，但却充溢着画的色调和诗的情愫，给我们看到了动乱崩溃的社会的一图"。这是胡风对贾植芳作品第一次作出的评价。由此，贾植芳结识了胡风先生。在给《人生赋》署名时，胡风说，上海政治情况复杂，还是用个笔名好些。胡风得知贾植芳的母亲姓杨，便脱口而出：那就叫"杨力"吧。并随手拿起火柴杆写下了这个遒劲的名字，这字就印上了《人生赋》的封面。之后，贾植芳的思想与创作受到胡风的深刻影响，并在胡风帮助下，更加勤勉地投身写作。

说起《人生赋》，现代文学史料专家朱金顺曾回忆道，由于政治、历史原因，在公私藏书中怕是不多了。上世纪七十年代末，贾植芳赴京与会，会后到朱先生家小坐。临别，朱先生取出两册旧书相赠，贾先生收下《人生赋》，另一册《论报告文学》让朱先生留下纪念，并作了题签。八十年代出版的《贾植芳小说选》，主要依据的版本就是这册《人生赋》。贾植芳现在手头上的一些旧著，大多是友人这些年来赠与的。

因不识"杨力"何人，我与《人生赋》一书失之交臂，成为淘书憾事。错过初一，岂能错过十五，后在旧书肆遇到署名"杨力"的散文集《热力》，我就没有让它从眼前消失。《热力》由文化工作社出版于

1949年6月,为《大公报》副刊编辑刘北汜主编的“工作文丛”第一辑之一。这些散文写于1936年至1947年间。1948年冬天的上海,显得十分阴冷而潮湿。贾植芳因被诬为“社会败类”“共产党走狗”,刚从国民党中统特务机关的监狱放出来。他觉得“这真是对外战争的沉闷期中,一直鞭策我鼓励我,我尊敬的一个友人来信说,就当作悲哀的玩具那样的写一点什么罢,这种在无可奈何中获取一点什么罢的悲寂心情,直使我感泣。……所以一边我不禁悲哀地想,这本小书又算什么呢?我想命名做‘悲哀的玩具’,就是出于这点抱歉而黯然的心情的,但有的朋友说,这不行,虽然活在失色的生活里,我们做人不能失色,应该有点火力才行,那么,就叫‘热力’罢,我只好黯然的微笑着这样同意了”。贾植芳在《后记》中的这段话,大致说出了《热力》的出版背景。当时上海是无法久留了,他决计离开,却凑不齐足够的路费。文化工作社的老板韦秋琛就给了他十五块大洋,说给你出一本书,这是预支的稿费。贾植芳心里明白,韦先生是个讲义气的穷书商,原在重庆办中兴出版社,后迁到上海改名文化工作社,他虽是老板,却里里外外一个人忙着,老婆给他帮衬点,是名副其实的“夫妻老婆店”。这样就由贾植芳的朋友尚丁、刘北汜、逯登泰帮助寻找发表过的旧作。尚丁在中华职业教育社编《展望》杂志,利用黄炎培开办的鸿英图书馆查了大量旧报旧刊,共得贾植芳旧文十七篇,交给韦先生。之后,贾植芳来到刚获解放的济南,住于在洋行任买办的伯父家里。《热力》在上海出版后,韦先生把样书寄至济

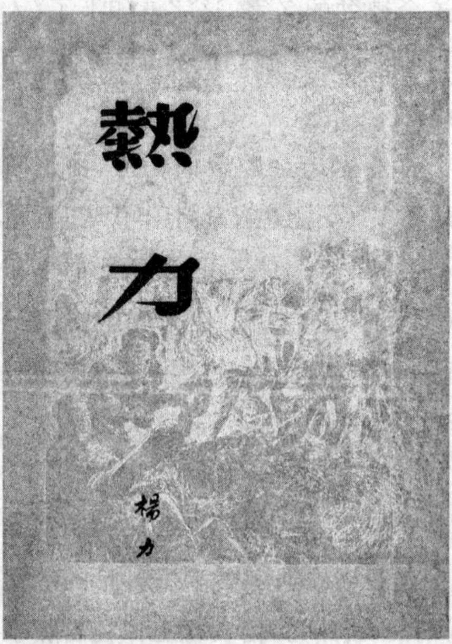

南,伯父看到书的封面署着“杨力”的名字,弄不清怎么回事。贾植芳说这是个笔名,伯父一听他用笔名写书,勃然大怒,说“我出钱供你读书,就指望你光宗耀祖,你出版书是扬名的机会,怎么不用自己的真名呢,倒去用外婆家的姓,他们杨家又没出钱让你读书”。伯父的一番话令贾植芳哭笑皆非,无言作答。只是,以后贾植芳出书,再也不敢用“杨力”了,他把印着真名的书一一寄给伯父,博得了伯父的笑意。

1949年初夏,贾植芳结束了流亡生活,回到刚解放的上海,把印出的一大摞《热力》分赠给朋友们。然而到了八十年代,贾植芳再一次从监狱中出来,由“鬼”变成人后,有家出版社计划重印《热力》,贾植芳却遍寻不着原版本《热力》。不仅他自己的藏书遭到灭顶之灾,那些受他赠书的友人们,有的因为这一缘由被株连,列为同案;有的赶紧上缴,以明心迹;还有的则暗自销毁,销匿罪证。为了生活,为了环境所迫,这些都不难理解。还是他的复旦大学中文系留学生、日本友人今富正巳先生,从日本国寄赠一册《热力》的复印本,帮助他解了这个难题,使重印得以实现。而原书正是贾先生五十年代的赠本,扉页上还留有作者题签呢!在《新版题记》中,贾植芳写道:“时间虽然已经过了四十个春秋,但我仍然保持了对文学事业的那点纯真的追求、信念和向往。”

当年《热力》编定后,尚有一些馀稿,包括一部《卡列尼娜·伊凡诺维娜》译稿,已与商务印书馆谈妥出版事宜,因战争爆发而搁浅。这些手稿贾先生寄存在友人的香港亲戚处,后历经艰险终于将手稿邮回上海。此时贾先生已入狱。妻子任敏收到后，赶快用床单包裹起来赶往胡风家，情急之际，下车后竟忘了取包裹，待胡风问起，奔下楼去，黄包车早已不知去向。在场的许广平提议去《新民晚报》登寻物启事，亦杳无音讯。贾植芳在青岛还写过一部以自己监狱生活为素材的回忆录《人的证据》第一部，用的是纪实小说笔法。不幸遭到军警搜查，急中生智，他叫妻子把手稿拿到屋后灶间，扯碎了放入火中一烧了之。在济南他凭记忆将烧毁的纪实小说第一部重写。回到上海将书稿交给开书店的朋友陆宗植先生，以新潮书店名义印行。后来写了第二部一个章节，以《人的斗争》为题，在《大公报》上连载；正当第三部撰写之中，风云突变，"反胡风运动"席卷全国，这些书稿全部难逃没收的命运，之后永远消失了。

译书都为稻粱谋

1950年秋天起，贾植芳在上海震旦大学当教授，讲授苏俄文学专业课程。接着全国大专院校调整，他被调到复旦大学任教。为了配合当时"镇压反革命"形势需要，他写了一篇政治性小说《以血还血》，在《文汇报》发表后，引来一些非议，说作者坚持小资产阶级立场，宣扬资产阶级反动人性论和人道主义等，令他无所适从，由此开始冷观现实，取不介入态度，这篇小说也成了他文学创作的"封笔之作"。在"大写工农兵"的年代里，他不熟悉那种生活环境，创作已无可能。那么，为了教学上的需要，也为了增加养家糊口的收入，贾植芳将自己的文学活动重点转到了翻译上来，真如他所说"避席畏闻文学祸，译书都为稻粱谋"啊。

青年时代的贾植芳，多受俄国文学影响。此时，结合教学，他根据能找到的英、日文资料，翻译了前苏联契诃夫研究专家巴鲁哈蒂的《契诃夫的戏剧艺术》，此书他仍交给值得信赖的文化工作社老板韦秋琛，作为"译文丛书"之一，于 1951 年 7 月初出版。译者写有简短的《译后记》，在对译本的母本来源、附录作了交代后，特别提到:"作为附录之二的方典先生的《关于契诃夫与艺术剧院》一文,可以帮助读者深入一步地研究,使我们对问题更加深思。承他的允诺准把他的研究成果附印在这个拙劣译本之后,我是很感激的。"贾先生要感激的这个方典,就是著名学者王元化先生的笔名,他们的友情保持了半个多世纪。

契诃夫在贾植芳心目中具有崇高的地位。为纪念契诃夫逝世五十周年,1954 年 7 月,贾植芳在《解放日报》上发表了《用爱和信念劳动》一文,全面分析了契诃夫的思想和艺术成就。他写道:"作为艺术家的契诃夫,始终是一个热心的社会服务家。他的天才的强大发挥,正是他热爱生活和热爱人民的结果。我们永远尊敬这位心地朴实、正直、乐观和勇敢地尽了自己的生活责任的俄罗斯的伟大现实主义作家。"其实,贾植芳的遭遇与他的思想,与契诃夫是那么的契合,他的身上,有着契诃夫的影子。

1953 年 5 月,贾植芳仍然在文化工作社出版了译作《契诃夫手记》,列入"未名译丛"之一种,这是契诃夫的夫人、前苏联著名演剧家奥尔加·克宜碧尔·契诃娃整理出版的一部契诃夫的遗著。当年印了五千册,十分好销。时过三十馀年,八十年代初,贾植芳平反后, 带着比较文学专业的研究生, 经常出席各类全国性的文学活动。一次会议上,巧遇在浙江人民出版社工作的老友夏钦翰先生,当年夏先生也是胡风主编的《七月》、《希望》杂志撰稿人,解放后供职《浙江日报》时,常约贾植芳写些文章。谈起贾植芳在五十年代初出版的《契诃夫手记》早已绝版,夏先生说他们出版社愿意重印。可是,贾植芳的旧译本,以及当初所依据的日文原版本,参考过的英译本都经多次劫难,不见踪影。最后,贾植芳从图书馆的内部书库中找到一册旧译本,如获至宝,又借来一本新英文译本,重新认真校阅一遍。同时请他懂俄文的学生江礼炀据俄文原版又校对一次。此书连印两版,印数近五万册,销售一空。足见当时经过"文革",文学园地一片干涸,人们极其渴求知识的滋润。夏先生后来有机会去苏联旅游,带去了经他编辑出版,贾植芳翻译、修订的这册《契诃夫手记》中文版，赠给“契诃夫纪念馆”，作永久馆藏陈列。时至九十年代末，天津百花文艺出版社谢大光先生，又将《契诃夫手记》重印一版，贾植芳以《我的三个朋友》为题，将译著的来历与内容作了详细的交代。他最后写道：“这个译本的命运也是我的生活命运。”

从解放初到1955年因“胡风事件”牵涉再次入狱前，贾植芳在这段时期中的教书之馀，勤于译著。除了上述两书，还翻译出版了《俄国文学研究》、《论报告文学》和恩格斯《住宅问题》等。值得一提的是，他将在青岛流亡时翻译的英国传记作家奥勃伦的《晨曦的儿子——尼采传》一书译稿，寄给好友刘北汜先生，由他转交给韦秋琛。韦先生赶紧将此书排出清样，按规定送往市《解放日报》(当时私营出版物都要到党报登广告，类似审批)，报社出版部的一位干部模样的人看了清样稿后对韦说：“现在都什么时候了，怎么还印这种吹捧法西斯的书！”韦先生是厚道人，无奈地自认倒霉，只得将原稿和清样还给了贾植芳。

尽管这部三十万字的《尼采传》译著最终未能出版，但贾植芳对韦先生依然心生感念。文化工作社为贾植芳出版了多种译著，是尽心又尽力了。几十年过去了，垂垂老矣的韦秋琛居住在虹口四川北路一条弄堂内，贾植芳仍常登门看望他，藉此叙叙友情聊聊天。可见贾植芳十分念旧重情，总是不忘别人曾经给予他的帮助。

贾植芳的另一部译著《幻灭》的遭遇就更惨了。这是匈牙利作家E·维吉达的一部多幕剧。当时贾先生穷得连稿纸都买不起，找了一些乱七八糟废纸进行译作，手稿装订起来大小不一，很不整齐。这部书稿由刘北汜转交给文化生活出版社，一直石沉大海，似乎无疾而终。

关注社会甚文学

贾植芳曾说：“我当时并不把文学创作视为职业，也未订定去当专业作家这条路，我关心人生社会甚过文学。我在写作中探索人生的意义，思考中国历史与社会。”1935年，贾植芳参加著名的“一二·九”学生运动，热血沸腾地行进在游行队伍中，喊口号发传单，唱《义勇军进行曲》。十九岁的他，第一次感受到为真理而战的人生快感。然而，他的行为不受学校所欢迎，几天后他被校方开除了。不久，他以“共党嫌疑”等罪名被捕。这是他一生中四次被捕入狱中的第一次。两个多月后，由贾植芳的伯父花钱将他保释出狱。为了不让贾植芳再惹事生非，伯父又花钱送他去日本读书。在日本，贾植芳考入日本大学经济系，后又转入社会学系，师从园谷弘教授。这位日本教授是中国问题研究专家，尤其对中国的社会经济结构与性质，有独到的见解与建树。由此贾植芳受他老师潜移默化地影响，开始关注收集有关中国社会、经济方面的资料。为了完成学业，贾植芳一直未有更多时间，对感兴趣的课题作深入研究。

时间转瞬到了1947年，贾植芳为《时事新报》编《青光》副刊。《青光》被封后，他又与尚丁、耿庸等创办《诗与杂文丛刊》，只出版第一集《犯罪的功劳》，又被禁止了。无奈，贾植芳与妻子暂栖虹口义丰里。在这个日侨区，还住着内山书店老板、鲁迅先生的日本友人内山完造先生。贾植芳常去串门聊天。一天，内山对贾植芳说：“书店开不下去了，我准备回国。这里的书，有用的你拿去吧。”这些日文书，对贾植芳日后写作颇起作用。不久，贾植芳夫妇又被特务以“煽动学潮罪”戴上镣铐，投入监狱。第二年，胡风找到贾植芳的留日同学、香港海燕书店经理俞鸿模，才将贾植芳保释出来。出狱后，贾植芳夫妇暂时隐居在沪西法华镇上一间农房的阁楼里。这时，贾植芳才有时间构思早就计划撰写的《近代中国经济社会》一书。蛰居在只有七个多平方米的小阁楼上，贾植芳向房东借了两个箱子作为书桌，开始全力以赴伏箱撰写此书。他在日本学的知识用上了，内山先生赠他的书籍用上了。还需要什么资料，则由妻子任敏出门为他借来。贾植芳两个多月足不出户，夜以继日地写，竟因阁楼空气窒息，又常常熬夜而累得昏倒在地。书稿即将写完的一天，有不速之客打上门来，正巧贾植芳夫妇有事外出，躲过一劫。贾植芳知道，他又被特务盯上了，此地不宜久留。他决定去青岛伯父那里暂避一下。然而，他们囊中羞涩，连去青岛的路费都凑不齐。他们想到棠棣出版社的朋友、任经理的徐启堂。一见面说明来意，徐启堂二话没说，当即取出两万金元券(相当于五两黄金)，对他说："稿子先摆下，你先拿上这些作路费要紧。"这样，他们远走高飞去了青岛。等他们再回到上海，已是 1949 年 1 月，正值《近代中国经济社会》一书付排，贾植芳赶写了《前言》，说明此书是"从事研究作为史的形象的清代经济社会构成，是意图解释并搜求清代经济社会的意义所在，侧面则在批判地说明了一个政权的兴亡的必然性法则"。并说："清代，这近代的中国，实在教育了我们，启发了我们，在和我们血肉相联的这前一代中我们汲取了勇气和希望——这才是笔者写作本书的最大企图和意义所在。"

这年 11 月，新中国刚诞生不久。时客居苏州的贾植芳，得悉《近代中国经济社会》将再版，即写下《再版序言》，开头便说："本书竟能在出版一个多月中销售一空，足见在人民的时代里读书风气之旺盛，同时更说明了作为一个作者的责任的重大！"1950 年 9 月，此书又印了第三版。此书成了当年大专院校历史系和国际政治系学生使用的重要参考资料。然而，到了"胡风事件"后，《人民日报》、《学习》杂志等发表评论文章，说这书有"法西斯倾向"云云。时光转到新世纪初，辽宁教育出版社打算重印此书，商

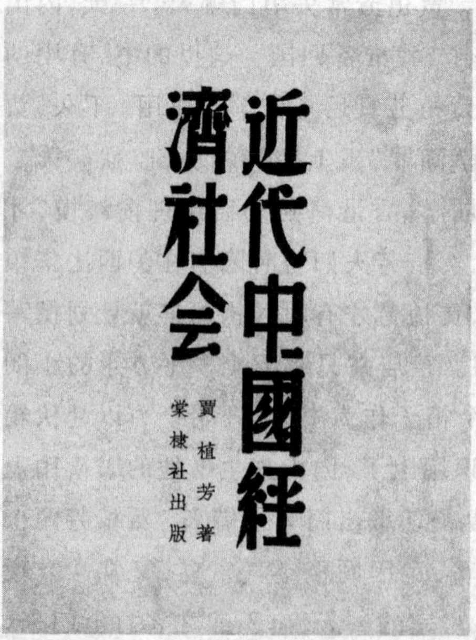

与贾植芳先生，却找不到此书的旧本，贾植芳解放前后出版的多种译著，在屡次劫难中无一幸免。远在宁波的“七月派”诗人孙钿先生，与贾先生是留日同学，又同在1955年因“胡风事件”而落马。他知道贾先生需用《近代中国经济社会》一书，立即寄赠贾先生。孙钿是“老上海”，祖居沪上老城厢。去年我在宁波拜望孙钿时，孙老操着一口上海话对我聊起此事，说宁波当时是小地方，离风暴稍远，家中虽入困境，却还是将朋友的一些珍贵书籍庋藏了下来。这样，他手头的《近代中国经济社会》第三版得以保存五十馀年后，完璧归“贾”。据此一版本，贾植芳作了重新校阅，修正了一些错字，写了一篇《新版题记》，讲到：“不幸一九五七年反右时，我在牢里看报，才得知该出版社(即棠棣出版社)的主持人徐启堂、徐肯堂兄弟在大鸣大放时被划为右派，至今下落不明。趁本书新版之机会，表示我对他们的敬意和怀念”。

贾植芳的一生，是叛逆的一生，是被命运捉弄的一生，亦是与命运作残酷而顽强搏斗的一生。这搏斗的焦点，就是著书写作。他是一个以鬻文鬻书为生的读书人，命运之神总是不让他有写作出版的机会。而他偏偏在飘泊不定的生活中，见缝插针写作，即使身无分文，只剩一条破棉被亦坚持写书。而随之的结局往往让他的作品遭到厄运，或原稿遗失，或书稿胎死腹中。侥幸得以出版，则成了罪恶的证据，必欲除尽而后快。其实，书与人的命运紧密相连，书的命运，折射出人的命运。贾植芳先生一生为书而磨难多舛。支撑他坚强走过来的，是他把“人”字写端正点的信念。他说过：“在告别人生之前，可以自我告慰的是，在上帝给我铺设的坑坑洼洼的生活道路上，我总算活得还像一个人。”

海源阁今昔谈

丁延峰

山东聊城杨氏海源阁以收藏宏富精善而被誉为清末四大藏书楼之一。其藏书历经五代人近百年不懈搜集积累而成,所藏计有四千六百馀种,其中宋元校抄五百馀种。民国间,由于军阀混战,海源阁连遭匪劫,藏书毁佚散出。由于众多学者、藏书家的努力,所幸大多存留世间。伴随着杨氏藏书的兴衰聚散,海源阁亦经历了一个从完好到毁亡再到重建的过程。海源阁从建成至今,已历一百六十馀年了,但人们对海源阁的这一历史变迁却大多知之不详,为此笔者通过钩稽史料、访谈及对照图片等等,对海源阁的演变进行了考证梳理。

清道光二十年(1840),江南河道总督杨以增在已经积累了相当数量的藏书后,于家乡聊城城内光岳楼南路西万寿观街东段路北杨氏家宅第四进院的东跨院里,建起了藏书楼——海源阁(按:道光二十四年(1844),杨以增倩子杨绍和在距聊城西南一百馀里的肥城陶山之阳建另一藏书处——陶南山馆)。楼为坐北朝南、三楹二层的中国式阁楼,楼前两侧又有东西厢房各三间,共十二间。楼下三间为杨氏家祠,内供杨氏先人牌位。家祠门外前厦的两根金柱上,有木刻楹联一副:“食荐四时新俎豆;书藏万卷小琅嬛。”表达了杨氏为读书求知而多多藏书的理想。楼上中间门楹上,悬杨以增在建楼时亲书的“海源阁”阳文匾额一方,白地蓝字,长112厘米,宽45厘米,字径25厘米。匾额旁有杨以增题记,末钤有“杨以增”和“至堂”阳文篆体印章两方。楼上北屋东间专置经部,西间专置集部,均为宋元珍本及黄丕烈等名家校跋本。而东西厢房则分置子、史部，亦为宋元佳椠，又作主人住室。在楼前的长院东部，还有两座全木结构门窗及栏杆、长廊式的高台读书亭，亦作春季曝书之用。在阁楼东侧，有一甬道通往后院，即第五进院，院内有北瓦房五间，东西瓦房各三间，专藏明清版本及碑帖书画、秦砖汉瓦、端砚、陶器等。

海源阁旧址不存，但从现在保存的原海源阁老照片来看，阁基高于地面，这显然是为了预防大水灌入阁内。阁上有窗户，可以通风除潮去湿。院内有水井，以备火灾。杨宅很大，但专用于收藏珍善之本的海源阁是单独建造，这是为了防止家人随意出入，以免藏书受到损失或干扰。杨氏藏书分类分级存放，布置严谨。海源阁楼上二层专藏镇阁之宝，后院藏明清版本。这样精心布置存放，一是便于日常管理，如晒书时出入放置不易错乱等；二是如遇有险情，便于优先及时地抢护。杨氏藏书叠遭劫掠，而四经四史等善本大都赫然俱在，与这种藏书存放体系不无关系。

海源阁自 1840 年建成至 1927 年的八十七年中，可以说一直完好无损。期间虽有捻军陶南辛酉(1861)和联军京师庚子(1900)之乱，但海源阁却安然无恙。海源阁所处的原杨宅主院凡五进，还有许多配房，房舍百馀间，内中亭台楼阁俱备，建筑宏阔壮丽，为鲁西各地之冠。各室内摆设华美，大有旧时王府气象[①]。海源阁第三世主人杨保彝好友许玉瑑于光绪十四年(1888)曾到阁一观，并记录了当时他见到的杨宅和海源阁："园葵不惊，庭草交映，油素四尺。依问字之亭，陶瓶七层，成集古之录。"[②]院中安谧，花草相映，在读书亭旁还有诸多陶器安然置于七层架插，可见那时平和恬淡的景象。但随着民国间军阀土匪多次洗劫聊城，海源阁亦连遭劫难，其故址设施等遭到破坏，可谓命运多舛。

海源阁首次遭劫，是在 1928 年春。时国民党北伐军西北军第十七师马鸿逵部占驻聊城，海源阁藏书稍有损失，其设施等损失不是很大。海源阁第四世主人杨敬夫似乎已经感到一场大灾难即将来临，于是年冬冒雪将宋元校抄善本装十馀大箱运至津门。在此之前，因袁世凯之子克定欲将海源阁藏书攫为己有，1927年夏，敬夫怕遭不测，曾将宋本二十六种首次捆载至天津出售。

1929年7月10日，土匪王金发进入聊城，其司令部设在杨宅内。海源阁再次遭劫。当时家主杨敬夫正在天津，杨宅主事者为其二庶母和三庶母，两人得匪讯先逃，直至匪去才由济南返回。而王金发及其随从将宋元秘笈及金石书画，随意择优掠去。时山东省立图书馆馆长王献唐实地调查后，在其《聊城杨氏海源阁藏书之过去现在》中谈到了海源阁遭劫后的凄惨情形："见其书零落，积尘逾寸。宋本《史记》，残馀一册，宋本《咸淳临安志》，残馀二册，均散置地上，与乱纸相杂。字画碑帖，仅馀轴木夹板，中心多被撕去，藏砚数十方，只存砚盒，所有砚石，亦无一幸免。杨至堂画像一轴，撕裂如麻，投置几下。黄荛圃手校宋本《蔡中郎集》，为海源阁刻原本，第四册后页，亦以拭抹鸦片烟签，涂污满纸。以镇库之珍籍，损坏如此，可为痛心！其家人并谓匪徒每以阁上书籍炊火，旧书不易燃烧，愤言谁谓宋版书可贵，此均以毛头纸印之，并不爇火也。"土匪之胡作非为，令人发指。黄裳云："这种疯狂的举动，直无异于中古的黑暗时代。"[3]此次损失最夥者为书画碑帖砚石等，事后《大公报》载："巨匪王冠军第一次陷城，海源阁幸保无恙，第二次千金子(按：指王金发)率众占据杨宅。楼下之帖片、册页、字画损失大半，古砚二百馀方，刻有名人题字，叙述砚之流传，共可拓片四厚册，连同所拓之片一概遗失。"从以上可以看出，阁内陈设等必遭严重破坏。

第三次是在1930年春，王冠军再次进聊城，城内惨遭洗掠，惨不忍睹。其匪部此次盘踞杨宅海源阁长达六个月之久，而杨氏家中主事者两庶母起初为顾及家产，不肯出走，迨匪入城，已张惶失措，竟致空身化妆潜逃济南。这期间，土匪对海源阁故物肆意毁坏抢掠抛售，无恶不作。海源阁再遭重创。1930年11月间，国民党第三路军八十七旅，终于彻底击退王匪，克服聊城，然城内已是十室十空。其司令部进驻杨宅，但"不见一人，院内室外，书籍满地，厕所马厩，亦无地无之，院内书籍，尽为大雨淋烂"[4]。1931年4月底，天津《大公报》记者实地考查了遭劫后的海源阁，并以《海源阁访问记》为题作了报道，得知“古玩瓷器，残剩无几，装潢珍器之紫檀架、玻璃罩，形状万殊，堆积广庭，不下千馀件，阁后之帖片贮藏室，帖片堆积数尺，因连雨一月，屋顶冲塌，帖片尽成黑泥，无只字完整”。其陈设多被烧毁，以致荒草没膝，瓦砾遍地，凄凉满目。后院室内藏书，虽然书籍依然满架，但均参差不齐。当时进驻部队第八十七旅旅长荣兴光知杨氏藏书关系中国文化，乃由参谋长谢用霖派兵一连，将杨氏书籍无论整缺破碎，均一例运入屋内，加封保存，无论何人均不准入内观览，以免损失。事过五日，杨敬夫来聊晤见谢用霖，相谈保护事宜，并派管家邓华亭点验收集，计损失经部十分之七，史部十分之四，子部十分之四，集部十分之三，宋元版完全损失，以孤本高丽版韵学书最有价值，所剩者为充宋、充元、明清版、手抄本等，已多数不全。后院损失，古砚二十箱，一块未剩；字帖片四十三箱，除被劫去者，馀悉为大雨冲毁；康熙、乾隆、道光三帝瓷器四十箱，完全损失；康熙、道光时制绍兴酒二十四罈，俱被匪饮，空罈已成溺器；价值四千馀元之木器家具完全毁坏；各室铺地长砖、方砖均掀破，掘地一丈馀深；“海源阁”匾额被匪徒摘下。敬夫回津后，又闻八十七旅司令部驻兵将所长一丈七尺，宽一尺九寸之戏台板，一部分改造为汽车座，一部分改造成木马、跄城、浪桥架、天桥架板……等体操用具[⑤]。于是旋即回聊，惟恐再遭不测，于是年12月26日(按：一说为14、15日)，敬夫秘密将残馀书籍装六十大箱以七大马车运往济南，放于经二路纬一路东兴里——敬夫已经预先置好的房子里。另一部分则运到聊城西南田庄祖茔之旁的“弘农丙舍”暂存，所有杨氏先人历代所刻制的《海源阁丛书》的书版，也都全部运到田庄收存[⑥]。至此，曾经因储满秘笈而名满天下的海源阁，在历经九十年的风风雨雨之后，人去书尽楼空，从而完成了它的历史使命。在海源阁连续遭劫的这两三年间，虽然其基本房屋楼阁未遭毁坏，然其室内外设施如书架、箱箧、家具以及地面等都遭到严重破坏，面目全非。

自1930年冬至1937年“七·七”事变前的八年里，杨宅一直沦为韩复榘部队的兵营和司令部。当时居住于杨宅附近的正上高小的李士钊曾进入宅内,并记录下了他见到的情形:"我是1930年冬天当杨宅为韩复榘的军队驻用,第三进院子的正房开辟成军队俱乐部,本地的中小学生都可以进去打乒乓球时,才第一次进入这一向被人们视为神秘的院落的。那时,主要的藏书早已经运走,杨氏家祠楼上的那块海源阁匾额也早被摘除不知去向了。但我在驻有军队无线电台的藏书楼东院,发现不少明清版刻古书,其中有大本明刻《左传》,书面有一尺多高,宽有七、八寸(约合今16开书),都是用上等白连纸印刷,却被驻军拆开页子糊了门窗和墙壁了。当时杨家的院子还很完整,家庙的门上有锁,第五进院子藏书室也锁着……。"⑦之后,有一段时间,杨宅属于无人驻守状态。2008年1月15日下午,笔者驱车到聊城城南南顾庄访问了与杨氏有世交的八十九岁老人——朱成德先生,朱先生回忆说,当时杨宅大门开着,人们随便进入,自己也进去过,院内空无一人,杂草丛生,很是荒凉。之前进驻部队仍然是八十七旅,旅长为王玉琦。

据李士钊在《聊城海源阁杨氏藏书刻书简述》一文中谈到,1938年春,日军占领济南,沈鸿烈的山东省政府流亡到聊城,曾在这里安设"主席行辕"。同年夏,流亡政府撤到阳谷县张秋镇后,又作抗战粮食仓库。1938年11月,日军攻陷聊城后,一直为日军和伪治安军的司令部。1945年8月日军撤出后,残馀地方伪军赵振华旅和郭培德团与国民党军队纠合在一起,又继续霸占海源阁。

1946年1月1日,晋冀鲁豫八路军第二纵队宋任穷率部围攻聊城时,残馀土匪据阁负隅顽抗,杨宅东边院墙被拆毁。1946年12月31日,八路军攻入聊城时,立即派部队把杨氏全院保护起来。1947年1月1日,八路军第七纵队杨勇将军所部,为了维护聊城固有文化遗产免遭战祸损害,曾颁布三项命令,其中第二项为:"保护中国四大藏书家之一的海源阁图书馆。"党政军领导机关进城后,中共中央和八路军领导同志朱德、刘伯承、陈毅和中共冀鲁豫区党委书记张霖之等,都曾先后入城视察过海源阁故址,并责令部队和有关部门认真执行三项命令,保护好海源阁这一文化遗迹。1947 年 1 月 5 日,延安《解放日报》、重庆《新华日报》、邯郸《人民日报》、山东《大众日报》、菏泽《冀鲁豫日报》以及《东北日报》、《晋绥日报》等报刊,都刊发了这一命令和新闻。新华社亦同时向全国播发了这一消息。

1949 年后,海源阁成为聊城军分区司令部所在地。这期间,我们必须提到的是李士钊先生。李士钊与杨氏渊源有自,感情极深。他出生的叶家园子就在距杨氏宅第不到四百米的一条东西街上,西邻叶家就是杨以增青年受教的业师叶葆先生的后裔。因而童年时就常常听到世交长辈们谈论杨氏先辈的藏书故事。李士钊外祖与杨氏有亲戚关系,杨敬夫与士钊母舅陈兰村先生也很熟悉。李士钊与杨敬夫的叔弟杨维训、族弟杨有训都是少年时代的挚友。长大后又与杨敬夫逐渐建立起了信任、融洽的关系。李士钊自幼读书爱书,外曾祖陈兆杰所经营的"文英堂"书坊,属于聊城六大刻书坊之一, 这对于他从小爱读书以及以后热衷于出版事业的研究都是重要的背景和契机;再加由于与杨氏的亲密关系,自然对于海源阁藏书尤其关注。杨氏族人和杨敬夫后来多次提供给李士钊第一手资料,这为他更深入广泛地研究海源阁奠定了基础。而他早在上世纪三十年代中期,就在王献唐的关怀和指导下,开始搜集有关海源阁历史与文献资料。他所撰写的《聊城海源阁杨氏藏书刻书简述》是研究海源阁的重要史料,其中对海源阁的变迁作了实地考查,并作了详细记载。

李士钊是于 1938 年 11 月离开聊城的,十五年后,亦即于 1953 年回到家乡。回来后立即对海源阁旧址进行考察,即发现杨宅大门上仍然悬挂着"传经北海"匾额。1956 年中秋,李士钊再度回家时,匾额已经不见了,原来海源阁三楹楼房的前厦和明柱都被拆掉,屋檐上换成红瓦,门窗亦改变原样,阁前晒书的亭子也改成了宿舍。而原来的储藏明清版本的后院也不见了。这期间,地方部队对杨宅和海源阁进行了部分拆迁和改建。李士钊见到这些,忧虑焦急,如鲠在喉，即向当地有关部门反映。回到北京后，又立即写了《抢救海源阁遗址与古籍书版》一文，呼吁保护海源阁文物书籍和遗址。该文发表于1956年11月2日的《光明日报》第二版上。文章近三千字，回顾了海源阁杨氏藏书的历史、海源阁在1949年以前屡遭不幸的灾难经历，以及八路军为保护海源阁发出的命令，文章最后呼吁道："在政府大力号召人民保护与保存古今图书的时刻，不由得使我想起清代著名的藏书家杨以增先生，他的珍视民族文化遗产和辛勤收藏的一生，是值得我们后一代从事文化工作的人们所应当认真学习的。我们知道海源阁的藏书是中国人民的宝贵文化财富，但由于过去长期的散失和损毁，今天想恢复它的旧观是不可能的了，但是设法抢救和保护这些具有重大历史意义的古文化遗址还是来得及的。因为他是历代先民辛勤劳动成果中所遗留下来的一点痕迹，为了教育后一代的人们珍视和尊重民族文化遗产，加强从事科学研究工作，我呼吁'抢救海源阁遗址'是完全有其必要性的。从最近的报纸上知道：目前山东正在举行全省性的文物工作会议，希望能把这一事件列入议程，使之得到适当的解决。"文章发表后，立即引起了国内外有关人士关注和当地有关部门的重视。1956年12月，山东省人民委员会将海源阁藏书楼列为第一批"山东省重点文物保护单位"。之后，李士钊又与时任山东省文物管理委员会负责人的王献唐一起欲将其推荐为"全国重点文物保护单位"，终因各种原因，未能如愿。1957年，杨敬夫将所藏文物书籍捐献给国家后，李士钊与敬夫一起呼吁在原海源阁遗址上建立一座"海源阁藏书刻书纪念馆"，亦未能实现。1966年秋天，在史无前例的"文革"浩劫之时，具有一百二十六年历史的这座文化遗址作为"四旧"，终被彻底拆除。之后，县府利用杨氏原有的砖瓦木料等在原址上建成办公室和机关宿舍。再后，这里成为聊城县委招待所。1972年2月，李士钊在《对于聊城文物工作的点滴意见》一文中又向聊城县革委负责同志提出："为了亡羊补牢之计，建议在聊城县招待所，原杨氏院内海源阁藏书楼的故址上，树立一座纪念碑，刻上海源阁的简史和1947年1月1日聊城解放前八路军领导机关对入城部队所发布的保护海源阁藏书楼的命令，作为对后代人民宣传毛主席和党中央一贯重视和保护历史文物的政策和毛主席‘古为今用’重要指示的伟大意义。使革命人民知道：海源阁藏书楼的兴建，是聊城在中国文化史上的重大贡献与无上光荣！”李士钊自1957年就被错化成右派，1979年平反昭雪后，不顾高龄和病体，仍然为重建海源阁多方呼吁，奔走不息。1992年初，在经过李士钊及众多人士努力之下，中共聊城市委、市政府筹资三百多万元，在海源阁旧址上终于恢复建成海源阁藏书楼，实现了杨氏先人多年的宿愿。

新建的海源阁基本上模仿原阁样式。大门正上方是著名书法家蒋维崧书“海源阁”三个大字的红地金字匾额，门前两根红柱镶嵌有胡乔木同志的楹联：“一人致力万代受益；四代藏书百世流芳。”院内左旁树立着1946年八路军冀鲁豫政治部进城前发布的保护聊城文物的三项命令石碑。右旁为海源阁重建纪念碑。院中两侧为左右配房，正北为主体二层楼房，中门上高悬杨以增手书“海源阁”三个大字匾额，中门两旁为原楹联。院中阁房内布置的是有关海源阁的旧图照片、杨氏主人生平和藏书历史的介绍以及所藏所刻的部分书籍，还有沈鹏、刘炳森等众多书法家及当年曾在聊城工作过的赵建民、徐运北等一些老领导的题辞。现在的海源阁已经成为当地的一个重要旅游景点，许多海内外人士慕名而来。

笔者曾对前来参观的人士采访，他们都对杨氏在当时条件下，能够收藏这么多好书赞叹不已！过去大藏书家都出在南方，能够在北方出现这样大的藏书楼，这是山东人的骄傲！对海源阁的屡遭劫难又表示深深的同情！而大部分的海源阁藏书能够保存下来，很值得庆幸！但也有一些遗憾，首先是阁内展品太少，如杨氏的藏书、刻书、文物等等。藏书，只有明本《文选》等三种，刻书则只有海源阁刻本《蔡中郎集》和杨氏文集等四种。其次，海源阁与参观者的想象尚有差距，他们想象中的海源阁是很大的，而事实上也是这样，现在的海源阁面积只有七百馀平方米。这些都与有清末四大藏书楼之一的美誉不相称,也使来参观的海内外人士多有美中不足之叹。

鉴于以上情况,笔者建议,作为海源阁所在地的有关部门首先应该大力搜集杨氏散佚文物。现在民间仍有杨氏文物不时出现,拍卖会亦经常出现杨氏藏品、文物等。如杨氏藏书:汤金钊抄本《中庸》、《大学》、《孟子》一册,为汤金钊应林则徐之请,抄给正在流放中的林则徐的,后为其“知交”杨以增收藏,并有杨以增题跋。在一次大型拍卖会上,该本被私人藏书家以高价买走。如刻书:咸丰二年杨以增影宋刻本《三续千字文注》一卷,白绵纸,刊刻十分精美,卷首杨以增序。上海嘉泰拍卖有限公司于2005年秋季艺术品拍卖会上以近万元拍出。如书信:杨以增手札一通,现藏于聊城市明清圣旨博物馆(民办),据收藏主人讲,也是在北京的一次大型拍卖会上拍得的。杨氏所藏书画散佚最多,拍卖会上出现的也最多,如元代缪侃《山泉飞禽图》是现存于私人手中的绝代佳品。画尺寸约13.8平尺。钤有“东郡杨绍和”朱文印。作者题款为“至正元年三月十二日海虞缪侃画”,题诗为“空山寂历道心生,虚谷迢遥野鸟声。禅室从来尘外赏,香圭岂是世中情。云间东岭千重出,树里浮光一片明。若使巢由问此意,不将萝薜易簪缨。”又石卿道人题云“斯图笔法严谨,古雅不以浓艳为工,乃墨苑奇珍也。壬午七月,石卿道人谨题”。此画于北京东正拍卖公司2006年春季拍出,拍卖起价为九万元。竹石四屏设色绢本亦极为珍贵,为太平洋国际拍卖有限公司于2006年春季艺术品拍卖会拍出,成交价为近五万元。由张照作于清雍正十年(1732)的行书五言书(开本),上有张照题诗,历经多位名家递藏,钤有“东郡杨绍和观”白文印,由上海敬华艺术品拍卖有限公司于2004年拍出,成交价高达四十万元。如文物:海源阁山水瓷盘,盘身隶书题款“退思庐监制”,对盘瓷胎细腻莹润,釉彩艳丽,取石谷法绘之,工整秀美,题字笔法劲挺。“退思庐”为杨氏斋号之一,定烧之瓷多以此款书之。此盘瓷胎之坚,画意之美,保存之新,实为清代彩瓷佳器,足见大家定制雅瓷之精。上海嘉泰拍卖有限公司于2006年秋季艺术品拍卖会中以三千八百五十元拍出。此外,在聊城本地亦应注意搜集，就笔者所知，除东昌府档案局藏有明嘉靖太原府刻本《嘉祐集》外，藏于私家者尚有数种。还有一些碑铭散于民间，如杨以增为老师梁本恭撰写的墓志铭藏于聊城城南南顾庄某家，杨以增《海源阁藏书铭》残碑藏于海源阁东邻某家，杨氏撰写的某石碑抛置于田庄北马颊河某桥下，等等。如将这些藏书、文物收集起来，绝对是一笔宝贵的文化财富。

其次，在现有规模的基础上，应按照原样式扩建海源阁。海源阁是一个整体，除阁本身外，还包括用于庋藏明清版本和书画碑帖的后院——第五进院等等。笔者通过采访一些以前见过海源阁的长者了解到，原杨宅有五进院(第一进院为牲口房等,第二进院为仆人住房,第三进院为家人住房等)和东西配房等，南北长有一百四、五十米，东西宽七十馀米，总面积约有一万平方米，二十亩左右。而现在所建的第四进院只有七百馀平方米，与原来规模相去甚远。如朱成德先生说，杨家是当地的大户，原杨宅很大，房屋足有一百多间。在此基础上，还应尽量恢复原貌。2008 年 1 月 8 日上午，笔者拜访了傅斯年侄子傅乐铜先生，傅先生谈起傅、杨两大家族如数家珍，他谈到现在的海源阁与原来有些不同，如原来院里有两口古井，可能是用来防火的，后来重建时被填埋。现任海源阁纪念馆馆长张连增先生在 1991 年建阁时参与了当时重建工程。作为见证者，他谈到，其中一口大概在原来第三进院里，但当时主持重建者出于整体布局的考虑，未能将其保留下来。原来的古井位置是在重建阁楼下层的西北角。谈起这件事，至今张馆长还耿耿于怀。古井是杨氏有序藏书管理体系中的一个不可或缺的组成部分，应予重视。原杨宅大门上悬“传经北海”四字匾额，这个匾额是杨以增父亲杨兆煜在即墨教书时学生赠送的。从这四字内容看，兆煜的教学是以传北海“郑学”为核心，而且教学效果得到了学生的好评。杨氏治学秉承庭训，此四字是其治学箴言，与“海源”二字亦正契合，这也是海源阁藏书文化的重要内容之一。而现在的海源阁大门及阁楼上均以“海源阁”题名，颇有重复之嫌，如以“传经北海”悬以大门之上似更合适。在展品上，除通过上述方式搜集外，杨氏藏书中的最为精善之本有六十馀种已经由中华再造善本工程影印出来，由于现代仿真技术的高超，这些影印本已与原本殆无多让，如果将其充实到阁中，亦能展现当年杨氏藏书的辉煌。

就海源阁的未来，张馆长呼吁道，希望政府能尽快让侵占杨氏宅地的个人和单位搬迁出去，以恢复重建杨氏五进院的原有规模。尽管这样难度不少，但有关部门只要下决心，从保护中国文化遗产的高度出发，采取得力措施，下大力气整治，恢复海源阁的本来面貌是指日可待的。而现在市政府正在拆迁改建古城区，这对扩建海源阁也是一个不可多得的良机。同时，张馆长还希望民间收藏家要勇于将自己珍藏的杨氏文物或捐或售予海源阁纪念馆。有关部门也应加大资金投入，积极购买这些新发现的杨氏文物，以充实馆藏。

海源阁是一个文化品牌，更是一笔宝贵的文化遗产，使其发扬光大，沾溉子孙，应是我们义不容辞的义务和责任!

注:

①《大公报》1931 年 3 月 23 号第 5 版:《聊城海源阁》图配文字说明。

②《苏辛合刻序》,《东坡乐府》卷首，光绪十四年四印斋重刻本。

③楮冠(黄裳):《蠹鱼篇》，沈阳：辽宁教育出版社 1998 年版。

④《古书的厄运·可怜海源阁珍本 散佚厕所马厩中》,《大公报》,1931 年 1 月 14 日第 3 版。

⑤《海源阁藏书之浩劫》,《中央日报》,1931 年 1 月 16 日第 3 版。

⑥李士钊:《聊城海源阁藏书重要史料片断——1966 年 2 月 10 日在天津访问海源阁第四世主人杨承训(敬夫)先生》,《山东出版志资料》第一辑，济南：山东人民出版社 1984 年版。

⑦李士钊:《抢救海源阁遗址与古籍书版》,《山东出版志资料》第一辑。

天津的藏书楼

王振良

有关近代藏书家之研究，近年来可谓成果甚夥，其中从地域角度切入的专著，也出版了十多部。然天津之藏书家，除周叔弢、陶湘、李盛铎、任凤苞等十数人，还能引起研究者注意外，整体上迄未受到足够重视。平心而论，天津私家藏书，在中国近代藏书史上，应该有着重要的一席之地。这不仅体现在周、陶、李、任等藏书大家和名家的藏书质量上，仅以藏家的数量而言，天津近代私家藏书也不应被忽视。任继愈先生主编的《中国藏书楼》，重点介绍了近代藏书家六十馀人，其中藏书处曾设在天津或在津有重要藏书活动者，竟然超过三分之一；如再加上与天津有千丝万缕关系的人，几近总数一半。仅凭这一点，对天津近代私家藏书就有重新认识的必要。

天津近代藏书家之所以被忽略至今，最重要因素之一就是缺乏系统挖掘和整理。余近年致力天津名人旧居的考察研究，发现存世的藏书家住宅数量颇为可观，有的本身实际就是其藏书楼。仅据近年寻访就发现，天津现存的藏书家旧宅，总数当在二十所以上。虽然我们不好认定藏书家的居所都是其藏书楼，但这些建筑的存在，仍为天津近代历史文化，涂抹上一道亮丽的色彩。

即将消失的陈一甫居敬轩

坐落在与山西路交口处的成都道20号和22号，是著名的启新洋灰公司陈一甫父子旧宅。2007年底，这两所外观浑然一体的洋楼，被拆除门窗挑去屋顶，现仅存主体框架屹立不倒，被两幅巨大的广告牌严实地遮住。

陈一甫(1869—1948)，名惟壬，以字行，号恕斋居士。祖籍安徽石埭县(今石台县)广阳乡。清同治八年(1869)正月二十四日生。父陈序宾，名黉举，据《清史稿》记载，他为李鸿章总理军糈垂二十年，而家中“未增一椽”，深为将吏服膺。

陈一甫清末以父荫官直隶，花翎三品顶戴。先为江苏候补道、农工商部议员等，后长期追随周学熙襄办实业，曾任北洋电报学堂总稽查、开平矿务局驻沪员、北洋银元局提调等，1906年，任北洋劝业铁厂坐办。1912年，任启新洋灰公司总事务所经理，后改驻津办事处坐办。1924年，任开滦矿务管理局正主任董事。1927年至1932年，任启新洋灰公司协理，1932年升任总经理，转年退职。1935年游历欧美十四国，著有《欧美漫游日记》(由陈达有执笔)。其长子陈范有(北洋大学毕业，陈立夫同班同学)继承父业，也长期在启新洋灰公司任职，陈氏家族由此被誉为“洋灰陈”。

陈一甫在津居所已知有两处：一处在今陕西路148号，现为居民杂院，保存基本完好；另一处就是今成都道20号。成都道20号与22号是连体别墅，各设主出入口，中间有门相通。楼高三层，砖木结构，由陈范有设计监造，约1930年建成。其中，20号为陈一甫和其次子陈伦有、三子陈达有居所，22号则为陈范有居所。1948年12月底天津解放

陈氏居敬轩拆毁前旧影(成都道20号)

前夕,陈一甫在寓所去世(本文所述陈的生卒年,得自其孙陈克宽等提供的资料,与通行说法不同)。解放后,陈范有定居上海,成都道22号卖给海运部门作宿舍,20号则由陈氏后人居住到二十世纪九十年代才售出。

陈一甫喜好收藏字画书籍,王謇《续补藏书纪事诗》咏其藏书曰:"石埭龙门货殖传,买书残断价廉贪。明刊精本种盈百,换去南华宋第三。"据说陈藏书之初不精版本,常由贾人作介论斤购置,多一般线装书和影印本,且断烂不拘,因此王謇对其评价不高。后在周叔弢影响下,措意向歆之学,藏书质量日益精进。他曾一次性购入弢翁所藏明刊精本百馀种,从此居敬轩藏书令人刮目。《弢翁藏书题识》说的"余时绌于为生,方斥去明版百数十部,尽归陈一甫丈",所指就是这件事。

成都道20号即陈一甫藏书斋居敬轩所在地,雇有宁姓人帮助整理藏书,陈家塾师赵芾还为书斋写过专记。陈一甫编有写本《恕斋收藏善本书目》一册,著录明版八百馀种(多白棉纸本),有傅增湘序。陈去世后,其夫人李霭如将藏书捐赠给北京图书馆。《北京图书馆善本书目》(1959年中华书局本)中,注有"陈李霭如先生捐赠"者,即为陈氏旧藏。其中明洪武七年(1374)浦江郑济所刻《宋学士文粹》,由方孝孺、楼琏、林静、刘刚等手写上版,字体娟秀,刻工极精,洵为佳椠。陈之藏书,还有一部分捐赠给了天津人民图书馆(今天津图书馆),具体情况不详。余在馆中查阅过陈的日记和诗集等手稿,笼统题为"陈一甫传记资料"。

陈一甫逸事颇多。他生活简朴,以素食为主,常吃玉米面,故被亲友戏称为"棒子面陈"。一甫每晚八点半,要亲自拉闸断电,逼使全家早睡早起。还有一次,他散步到民园体育场附近,被劫匪围住,问是否陈一甫,他指着打了补丁的套裤说不是,打劫者遂将其放过。郑孝胥居津时,一甫与之有过交往,求郑写过条幅之类。

遗世独立的李氏藏经阁

河西区徽州道29号人民公园东南隅，有个百馀平方米的小院，径荒阶绿，铁门长扃。小院的正中，有一座飞檐斗拱的传统建筑——藏经阁。

藏经阁的主人是著名的“天津八大家”之一李氏家族，即《天津地理买卖杂字》所说的“高台阶，黑大门，冰窖胡同李善人”。据清宣统元年(1909)纂成的《延古堂李氏族谱》(1935年铅印出版)载，李氏原籍江苏昆山县(今昆山市)礼贤村，始迁祖名大纶，康熙间到津访友未遇，遂在城里置产落户，家族逐渐繁衍。李氏乐善好施，其事迹邑志多有记载，但真正获得“善人”之称，则始于李大纶六世孙李春城。

李春城(1826—1872)，字筑香，咸丰间举孝廉方正，曾居官十馀年，后告归津门专营盐业。李家对各地庙宇大事布施，每到冬季施衣舍粥，对来津的难民也给予接济，遂得“李善人”之名。李氏历代书香不断，李大纶之父京琦著有《延古斋诗存》，李氏之堂号“延古堂”即由此而来。传到李春城的四个儿子时，李氏书香文运盛极一时，其中尤以李士铭、李士鉁最为有名。李士铭(1849—1925)，字子香，李春城长子。光绪二年(1876)中举，援例为户部候补郎中，云南司行走。清宣统改元后，在天津筹备立

李氏藏经阁(徽州道人民公园东南隅)

宪，创设宪政协议会，为会长。著有《国朝名儒学案》、《历代名医列传》等。李士鈖(1851—1926)，字嗣香，李春城次子。与兄士铭为同科举人，光绪三年(1877)进士，为翰林院庶吉士，授编修，转翰林院侍读学士，历充文渊阁校理、武英殿提调、国史馆纂修等。著有《周易注》、《金刚经注释》、《三昧录》等。

李家最早居所，在天津老城北门里户部街，“李善人”一支则住东门里冰窖胡同，大门外高悬“太史第”匾。1924年，李家为避军阀敲诈，迁往租界地散居。1926年，李春城之孙“宝”字辈弟兄十人分家，显赫一时的李氏家族逐渐风流云散。

李氏藏经阁所在的人民公园本名荣园。据《天津志略》载，荣园始建于清同治二年(1863)，是李氏的私家园林，民间俗称李善人花园，文人墨客则习惯叫它李园。据《藏经阁修缮记》载，该阁建成于清光绪十二年(1886)，占地面积150.51平方米，建筑面积191.65平方米，全高14.2米。阁共三层，中层为藏书之地，四周环以外廊，可以尽览园中风光。《荣庆日记》丙辰年(1916)三月十一日记“李园之游”曰：“桃花烂漫，柳色青葱，始在西边园亭，继在东边书楼久赏。”这里说的书楼，就是藏经阁。荣庆还赋诗记游云：“满目桃花客倚楼，青松如幕柳丝柔。今年春晚春常在，次第寻芳直到秋。”

李氏代有藏书，不过直到李士铭、李士鈖，方始进入极盛，奠定了延古堂在藏书史上的地位。兄弟二人财力雄厚，购书不惜高价，因此书贾趋之若鹜。故伦明《辛亥以来藏书纪事诗》曰：“滨海居盐李士珍(当为鈖)，搜书吴越迄京津。双江二马传文苑，岂若闾阎颂善人。”李氏收藏多贮存在藏经阁。1926年，随着李士铭、李士鈖相继故去及阖族析产，藏书也分存各处并逐渐散出，其中最大一批，由李士鈖之子李典臣以六万元价格，售与北平图书馆。另外值得一提的是，1930年，李典臣还向南开大学木斋图书馆捐赠书籍、碑帖等三百五十箱，可惜绝大部分毁于1937年日军炮火之下。捐赠给南开大学部分，后来编有油印本《天津延古堂李氏旧藏书目》，收书六万馀册。

曾经贮存李氏藏书的藏经阁，解放后进行三次修缮，基本保持了原有风貌。令人遗憾的是,天津现存的这座唯一旧式藏书楼,近年来一直闲置,似乎已经被人们遗忘。就连逛公园的游人,都很少注意这里。

命运未卜的陶湘涉园

成都道、西安道、山西路合围的三角地,原来是天津市西式洋楼和里弄住宅最集中的地区之一,曾经挺立着世界著名建筑设计大师的作品。2007年,这里被拆建成一片临时绿地。在绿地的一角,一幢西式洋楼峭然独存,显得有些孤独和无奈。

这幢洋楼的门牌是成都道14号,其原主人就是近代著名藏书家陶湘。陶湘(1870—1939),字兰泉,号涉园,江苏武进人。民国初年迁居天津。他长期在实业界和金融界任职,曾任上海三新纱厂总办,上海轮船招商局董事兼天津分局经理,天津中国银行经理,天津华新、裕元、北洋等纱厂经理,北京、上海交通银行经理等职。

陶湘酷嗜藏书,并非徒附风雅,而是少数得其三昧之人,因其特爱开化纸本,故有"陶开化"之雅称。明毛晋汲古阁所刻书约六百馀种,陶氏百计搜求,收得五百馀种。明闵、凌二家套印之书,其藏目收有一百三十七种,其中带图之戏曲《红梨记》、《西厢记》、《琵琶记》、《绣襦记》、《幽闺记》等,均传世甚稀。其所藏明万历程君房套印本《程氏墨苑》八卷本(另有十四卷本),系初次刷印,五色套印,精美绝伦。他还大量求购清武英殿刻本书,

陶湘涉园(成都道14号)

据其弟陶忆园云，总数达五百馀种，超过内府所储同类书。陶氏对书爱护备至，稍有破损即觅良工修补，并亲自设计月牙式四合书套，选工极严，缝棱不苟，书林誉之为“陶氏书套”。为了藏书，他与傅增湘、董康等人，还合资在北京办有书店，初设北海蟠青室，不久迁至琉璃厂。

陶氏不但精于鉴藏，而且在刻书方面亦贡献甚巨，其所刻书有影刻咸淳本《左氏百川学海》、重刻宋本《儒学警悟》、辑刻《托跋廛丛刻》、影汲古阁写刻本《松陵集》、重刻元本《辍耕录》、校刻明抄本《顾氏草堂雅集》、辑刻《景汲古阁钞宋金词七种》等。因其校刻图书技艺精湛，故很多人都委托陶氏代刻图书，如代张宗昌刻印《唐开成石壁十二经》，代潘复刻印许鸿磐遗著《方舆考证》等。

陶氏清末开始藏书，后因生活所迫，自 1931 年起陆续散出。据雷梦辰《近代天津私人藏书述略》，其大宗藏书散出有：殿版开化纸书百馀种，1933 年以四万元售与北京文友堂书店；所藏丛书，以十万元售归日本京都文化研究所，该所《汉籍书目》所收丛书即陶氏旧藏：另有百馀种殿版开化纸书，售归北京魏丽生，魏又以三万元转售给溥仪：汲古阁和闵刻、凌刻之书，售归伪满洲国银行总裁荣厚，荣氏特辟一室储藏；名曰“萃闵室”。

陶湘著述甚多，主要有《涉园藏石目》、《武进陶氏涉园精刻印书籍目录》、《故宫殿本书库现存目》、《涉园殿版目录》、《陶氏书目三种》、《涉园所见宋版书影》等。成都道 14 号，解放后成为大杂院，居民现已全部迁出，处于闲置状态。因为被列入天津市文物保护单位，在去年夏季的拆迁中，陶氏旧宅得以幸存。然据内部人士透露，有关方面已通过陶宅异地重建方案，因此其最终去向如何，还是一个未知数。

飘落成尘的翁氏知止斋

常熟翁氏藏书，曾经长期庋藏于天津知止斋。可惜随着城市变迁，这所名著一时的藏书楼，已经随风而去，飘落成尘。其旧址现为一家叫“富兰特”的酒店(门牌为新华路231号)，巨大的玻璃幕墙反射着冬日的夕照，让人感受到一种失落的凄清。

翁之憙(1896—1972)，字克斋，江苏常熟人。清光绪二十二年(1896)十月十四日生。宣统三年(1911)八月，随父亲翁斌孙迁居津门。1915年和1918年先后毕业于天津新学书院中学部和大学部，之后留校任英文教员。1919年任北京国民政府西北筹边使署筹备处秘书、西北筹边使署秘书。1920年至1922年任天津汉文《京津泰晤士报》编译，其间兼任南开中学英文教员。1921年任天津耀华机器制造玻璃公司秘书。1925年任欧美各国考察专使署秘书(徐树铮为专使)，同年到开滦矿务局任职，直到1951年退休。此后，在中苏友好协会和军委试验场俄文班、天津市第十六中学、俄文专科夜校及南开大学等处任俄文教员。1956年受命筹建天津市医学图书馆(今天津市医学科学技术信息研究所)，1957年开馆并任副馆长。

翁之憙出身常熟望族，其高祖翁心存、曾祖翁同书、叔曾祖翁同爵与翁同龢，皆曾身居高位，为有清一代名臣。翁同龢更身为“两朝帝师”，名震一时。本生祖翁曾源是状元，父翁斌孙是进士。翁家累世藏书，故翁之憙藏书多辗转承自先辈，其中包括翁同龢的藏书精品。翁氏家族承继关系比较复杂，不过翁同书和翁同龢的藏书，几经辗转多数都传到翁之憙之手，这一点应是没有疑问的。这些藏书，最后去向也大体清楚：留在常熟故居的，现存翁同龢纪念馆；翁之憙子翁兴庆带到美国的，2000年被上海图书

翁之憙旧宅(新华路184号)

馆购藏;庋藏于天津的,1950年由翁之憙捐给北京图书馆。翁之憙长子翁开庆曾回忆说:“1950年夏,天津解放后不满半年,北京图书馆赵万里、高熙曾两先生来访,下榻我家,遴选家中所藏书籍,昼夜不息,历时半月有馀。凡所选善本,父亲都悉数举以献国家。”1950年9月18日,时任文化部文物局局长的郑振铎在《一年来“文物工作”纲要》中,盛赞翁之憙捐献的明清抄校本书籍等“尤为国之重宝”。当时文化部部长沈雁冰,还亲自为翁之憙签署了奖状。

翁之憙的藏书斋号为知止斋,实际承自其高祖翁心存。天津知止斋遗址在今烟台道与新华路转角处,本是翁斌孙民国初年来津寓居时所置房产,1930年由翁之憙拆除重建,为独门独院二层洋楼,1951年售出,当时门牌是烟台道51号。知止斋紧邻宋哲元旧宅,1976年地震后一起拆建为酒店。搬离烟台道后,翁之憙移居今洛阳道与新华路交口,门牌为新华路260号。此楼1985年由后人售出,去年进行了整修,现门牌为新华路184号。

翁之憙擅医术,通外语(精于英、俄、日语,略懂法语),能吹箫,喜昆曲,晓诗词,精书画。其书法宗唐人写经,绘画宗清初王石谷,可惜存世作品不多。有稿本《岚霭词》,清丽婉约,颇堪传诵。其《天仙子》曰:“酒阑眉语意迷离,欲问还疑总费辞。个中滋味个侬知。寻好梦,惹情丝,道是相思却是痴。”

“文革”中,翁之憙新华路宅遭红卫兵多次查抄,留存的图籍、照片等文献损失殆尽。翁之憙也因无休止的批斗,身心遭受重创。1972年2月2日,这位多才多艺的藏书家,在悽惶中悄然辞世。

名家设计的周明泰几礼居

天津市和平区河北路277号,院墙上镶着“周氏旧宅”的铭牌。这里所说的“周氏”,便是周学熙的长子周明泰;院中的西洋风格缸砖小楼,就是经常被治戏曲史学者提起的几礼居。

周氏家族原籍安徽至德(今东至市)。周学熙之父周馥为清朝洋务运动重要人物，曾任山东巡抚、两广总督等。周学熙初在浙江为官，后入袁世凯幕，长期主持北洋实业，在天津督办有商品陈列所、植物园、天津铁工厂、高等工业学堂、天津造币厂等。

周明泰，字志辅，别号几礼居主人。他光绪二十二年(1896)生于泰州。1918年任北洋政府总统府秘书，曾赴欧考察战后德国经济。1928年北洋政府解体后去职，专事兴办实业，先后任唐山华新纱厂董事、天津允安信托公司常务董事及董事长、青岛华新纱厂董事长、上海信和纱厂董事长等。1949年由上海迁寓香港，后又移居美国，1994年5月在华盛顿逝世。周明泰夫人言雍静，其父言敦源，北洋政府时期曾任内务总长。

周明泰勤于著述，出版的著作有数十种之多，主要集中在史学和戏曲文献学方面，重要的如《三曾年谱》、《三国志世系表》、《元明乐府套数举略》、《续剧说》、《续曲类稿》、《几礼居随笔》、《明本传奇杂录》、《枕流答问》等。另有《几礼居丛书》六种，包括《都门纪略中的戏曲史料》、《道咸以来梨园系年小录》、《五十年来北平戏剧史料》、《清升平署存档事例漫钞》、《近百年的戏剧》、《杨小楼评传》等。其中《道咸以来梨园系年小录》，辑录了嘉庆十八年至二十一年的北京戏曲界资料，极受学者重视。

周明泰对中国戏曲有特别情结，为收集有关文献资料，他常常置千金而不顾。二十世纪三十年代，周明泰收购到大量清代南府和升平署的抄本，成为其收藏中的珍品。另所藏许之衡饮流斋原抄本《五福记》、《金丸记》，乾隆内廷精抄本弋

周氏几礼居(河北路277号)

腔《江流记》、昆腔《进瓜记》等，都是难得一见的曲目。乾隆至德书屋抄本《幽闺记》中“拜月”、“回军”，曹文澜抄本《连环记》中“议剑”等昆剧身段谱，更是研究戏剧形体动作发展的难得资料。他因嗜听戏谈戏，常与杨小楼、余叔岩、梅兰芳、尚小云、刘宝全等名家往来，因而于梨园掌故十分熟悉。他曾将杨小楼演出的《宁武关》拍摄舞台电影，为刘宝全的京韵大鼓录制多张唱片。解放后，他把珍藏多年的大量戏曲图籍及文献资料、名伶书画捐给上海市人民政府。1957年，他又把在天津收集的大量京剧唱片等献给国家，由中国京剧院收藏。据周慰曾先生回忆，这批唱片的捐赠，是梅兰芳从中牵的线。梅首先通过周的内弟言纫庵，透问周的意思。周从香港写信给留居天津的女儿，表示同意捐出。此外，周还有一批藏书留在天津旧宅，因在政治运动中被查封，竟然幸存下来，二十世纪八十年代，被后人卖给一家拍卖行。周明泰的收藏中，极珍贵的还有杨小楼二十世纪三十年代演出《别母乱箭》的黑白无声电影片段，为周用家庭小摄影机拍摄，片长16米，现存居留美国的后人手中。

河北路277号周明泰旧宅，是一幢具有古典主义特征的英国外廊式建筑，建于1933年，由天津工商学院建筑系教授沈理源设计。小楼所用深褐色缸砖，据说全部来自英国，每块价格当时可购一袋面粉。周明泰居室在二楼阳面，东面和南面都有窗户。他的戏曲文献收藏，都安置在楼内的书斋“几礼居”中。从房子建成到1949年离津，他一直住在这里。几礼居是可以确知设计者的极少数天津藏书楼之一，设计者沈理源毕业于意大利奈波利工科大学水利和建筑工程专业，在北京和天津设计过许多著名建筑。

七十多年过去了，这幢与周氏家族有关的小楼历尽沧桑，它现在是天津市文物保护单位，由中盐天津市长芦盐业有限公司办公使用。

少林寺古本佛经保护记

翁连溪　李阳泉

嵩山少林寺是禅宗的祖庭和中国功夫的发祥地，建寺距今已一千五百多年。古老的少林寺不仅保留了大量的建筑、碑刻，还在文化形态上使得僧制、禅堂规约及以武术为代表的修习方法等得以保留，堪称中国传统文化的活化石。

永信方丈担起少林的家业以来，少林逐步走向中兴。这不仅表现在少林寺的国际影响与日俱增，从更深层看，历史悠久、内蕴丰厚的少林文化在如今的盛世得以光大，堪称“善莫大焉”。

古老的少林寺如同其他一些同样古老的寺院一样，保留下来一批古老的佛经。下面我们记录的便是我们亲历的与保护这些佛经有关的故事。

发现：岁月凋蚀的法宝

去年春天，少林寺方丈永信法师来北京办事期间，和我们谈起我国古本佛经保护的一些情况。我们重点向大和尚介绍了近年国内开展古籍整理、全国古籍普查和即将开展的全国古籍名录申报工作的一些情况，并介绍了我们知道的近几年几个著名的拍卖会上出现的一些稀见佛经的信息。大和尚非常高兴，并提出，少林寺有一批古本佛经，在藏经阁放了很长时间，一直没有整理、著录，希望我们有时间去看看。于是，有了 2007 年 9 月我们的少林行。此行，我们还邀请了著名藏书家韦力先生和宋连旺先生同行。

见到永信方丈，他兴致很高，简单交流之后，大约上午十点钟，他亲自领我们到少林禁地——藏经阁。经柜打开,足有两三千册古本佛经。永信方丈面对这些法宝,边揩去上面的积尘边说:“少林寺全部的古本佛经都在这里,千百年来,许多建筑倒下了,许多坚硬的冷兵器已经锈蚀了,而薄薄的纸制品能够保留到今天,这本身就是一种奇迹。但是,由于历史的原因,我们并没有好好保护它们,这次请你们来就是希望各位帮忙著录之后,进行进一步地保护……”

在负责看管藏经阁的几位法师的帮助下, 我们在藏经阁大卧佛前支起长长的桌子,找来一大块红色幔帐铺在桌子上,然后把经柜中的佛经一本本轻轻地拿出来。少林寺古本佛经的整理工作就这样历史性地开始了。我们采取了流水作业的方法,在法师们的配合下,一本本的经书被拿上桌子,著录、记录、重新归类……

少林寺所藏古本佛经中,一多半是明永乐南藏刷印本,还有一些清朝刷印本和民国时期的印本。再就是一些散印的经典,比较有代表性的有明朝万历年间刷印的《紫柏老人集》和明嘉靖年间刷印的《佛说佛名经》,后者拥有众多版画,雕工精美,印制优良,世所罕见。整体来看,少林寺古本佛经数量不少,种类却不是很复杂,因此,整理工作进展得很顺利。下午四点多,永信方丈和几位侍者再次回

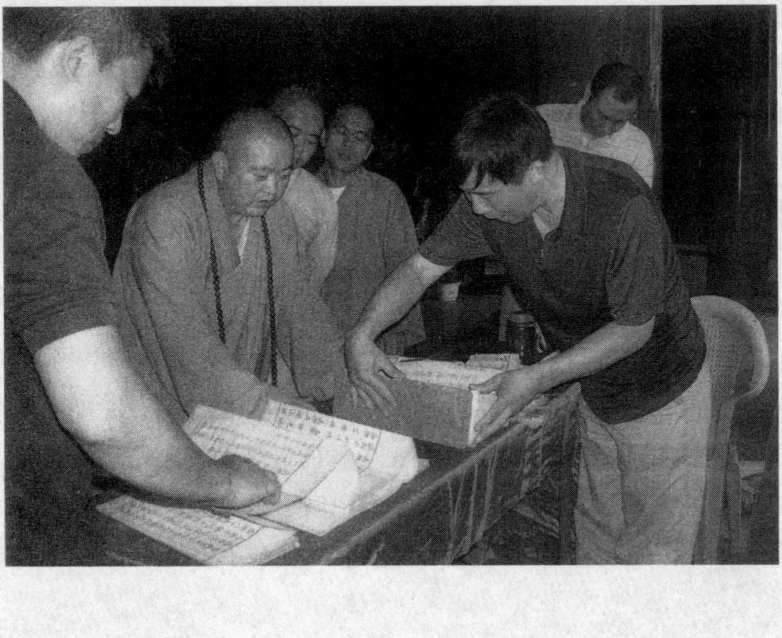

到藏经阁的时候，我们的整理分类工作已经接近结束。我们向大和尚介绍了这些佛经的基本情况，大和尚听着连连点头。他捧起一本《佛说佛名经》，仔细看上面的版画，连连赞叹，而后又和善地笑笑，说，要不是几位来，我们也不知道这些经书的价值。

当他看到有一些佛经或脱页或被虫蛀，零乱地散放成一堆，很心疼地拿起来几个散页，眼中满是惋惜的神情，说，老祖宗留下来的法宝，毁在我们手里了……

我国历来有敬惜字纸的传统，这一点在佛门尤甚。近代佛门泰斗印光大师有《普劝敬惜字纸及尊敬经书说》传世，文曰："字为世间至宝，非金、银、珠、玉、爵位可比。……字之恩德，说不能尽。敬惜书字，福报甚大。"

见大和尚神情黯然，韦力先生劝慰说，我们在其他一些地方看到的古籍，有的被破坏程度比这还要严重得多，主要是大家对这些文物没有引起足够的重视。今天看到，亡羊补牢，未为晚矣。

"这样的还可以修复吗?"大和尚问我们。

"可以的，以前赵城金藏历经战乱运到北京图书馆的时候，都被破坏成了死疙瘩，最终还是被一点点揭开，裱好了……"

在方丈室，大和尚和我们再次畅谈。他谈到不远的将来要建立少林博物馆，这些法宝都要搬新家。然后，还会购进或募捐一些更有代表性的古代佛经，让游人观摩法宝的同时生起对中华文明的热爱。

临别，大和尚委托我们在北京寻找有手艺的修书师傅，把这次发现的有损毁的佛经修复。我们答应下来。

修复：缝补文明的伤痕

找修书师傅，看似平常，却着实不是一件好办的事情。因为国内精通古籍修复的技师不过百馀人，且大多年过半百，手中也往往压了很多需要修复的古籍，谁是去少林的最合适人选呢?

经过慎重考虑，我们决意去找原中国书店肄雅堂高级技师董书承先生。董先生从事古籍修复几十年，经他的手修复的古籍不计其数,他个人也因为修复技艺高超而被业内誉为“江北修书第一人”。董先生对古籍的修复爱之如命，他看到当下国内古籍修复人才奇缺,而大量古籍需要修复,心下焦虑无比,曾经在《人民日报》撰文呼吁国家呼吁国家有关部门抓紧培养高素质的古籍修复人才。

我们找到董先生的时候,他正在给几个年轻人搞技术培训,他教得认真,年轻人学得也认真。我们表明来意,董先生说,只要是古籍修复的事情,我没有理由推辞,更何况是为佛门做事,更是责无旁贷。我们悬着的心终于放了下来。董先生说,最近手中着急的事情比较多,忙完这一小阵子,就去少林。

刚刚过了国庆节，董先生准备了足够的古纸、浆糊等专业工具,带了两个弟子,就开车去少林寺了。

永信方丈专门安排少林图书馆隔壁的一大间房子给董先生一行三人用于修书。三人稍事休息,便投入到工作中。他们最早着手修复的是《紫柏老人集》,因是方册装,故采用传统金镶玉的方法。金镶玉,俗称“穿袍套”或“惜古衬”,它是一种比较特殊的修复方法,主要针对珍本古籍或书品天头地脚受损严重的古籍。具体方法是通过在书页里面衬上白纸,使天头、地脚及书脊三边都镶衬出白色的衬纸,再用纸捻将衬纸与书叶重新装订。由于原书页往往因陈旧而呈黄色,衬上洁白的新纸,重为装订后,有如金镶玉,故名。经过镶裱衬纸的古籍保持了原始的装帧形式,天头、地脚和书脑三面得以加宽后又使得原书页不易再受损,从而起到了保护古籍,延长其寿命的作用。而《佛说佛名经》则是经折装,只能采取局部修补的方法,用的是与该经书同时代的棉纸,此纸薄如蝉翼,数张纸摞在一起,也就大致相当于现在的一张70克的胶版纸。因此,尽管一个经折往往多次局部修补,仍然平整。

董先生在少林工作了一个多月,因为北京有急事赶回,约好春天天气转暖再去少林。

我们在京见到董书承先生,董先生提起在少林修书的生活,很是感慨。他说,能够像永信大和尚一样重视文化、重视古籍的出家人实在是不多见。他法务很多,但是一有时间都会到他们修书的地方,很谦虚地交流一些古籍方面的知识,并一再提及少林寺要建立博物馆,把老祖宗留下来的宝贝好好地保护起来……

在少林修书,和在别处有何不同?我们问他。董先生笑笑说,没有本质的不同。如果说有,在那里修书,更像是修行。暮鼓晨钟之中,青灯古佛之下,这种工作变得更加神圣……

传薪:接续人天的智慧

戊子年春节前,我们再赴少林寺。大和尚把委托我们带去的两册宋版资福藏和两册元版普宁藏很恭敬地打开,连连赞叹。他轻轻抚摸着其中一册资福藏,说,“距今有一千年了!保存如此完好,真是不可思议的因缘。”“是啊,千年古刹得千年法宝,真是殊胜无比! ”

“法宝是有灵性的”,大和尚说,“上天知道你们送宝贝来了,给了很好的阳光。”“少室晴雪”是嵩山十景之一,阳光洒在少林寺被雪覆盖的建筑上,分外迷人。我们也沉浸在无上的法喜中。

大和尚领我们去看修复过的经书,我们发现,全部的古本经书都从藏经阁转移到了图书馆,木质的经柜变成了铁皮柜,打开之后,经书整齐地码放在里面,并有浓浓的樟香飘出来。“我们会定期放置樟脑丸,这下老鼠就不会咬经书了。”方丈侍者说。

我们看到,修复的经书焕然一新。捧在手里,如同捧起千百年来古圣先贤的智慧,想到这无上的智慧还将一代代传下去,影响更多的后来者,我们无比欣慰。

从时间上看,在我国实施“中华古籍特藏保护计划”时,少林寺的古本佛经保护已先行一步。少林寺主动开展佛经修复工作、建立佛经特藏书库,使这些承载着中华千年文明的古籍得以世代相传绵延不绝,实在是有远见的。“修复功德藏,接续人天师”,古本佛经的修复从长远来看,是少林文化中兴的一个重要方面。

“我计划在这些经书修复完毕之后,有选择地原样影印一部分,化一成百,让更多的人能够看到。”大和尚意味深长地说。

宋刻本《南岳稿》上拍小记

陈　东

有诗曰:“得一奇书失一庄,团焦犹恋旧青箱。”说的是明嘉靖进士刑部主事王世贞,为买一宋椠《汉书》而卖一庄园;及后来,有客持售赵承旨藏宋椠《文选》,世贞力不能举,念之常以为恨的故事。又有“无端割爱出深闺,犹胜前人换马时;他日相逢莫惆怅,春风吹尽道旁枝。”这是明嘉靖进士检讨朱大韶的美妾,临别时题在墙壁上的诗。朱吉士大韶性好藏书,尤爱宋刻,访得吴门故家有宋椠袁宏《后汉记》,几欲夺之,终不可得,遂以心爱美妾易之,盖非此不能得书也。后大韶见诗惋惜,未几捐馆(过世)。这些真实的故事,表明在明代宋刻精品已经非常珍贵和难求了。到了民国期间,当著名藏书家傅增湘得知宋监本《周易正义》十四卷有售,“然其悬价高奇,殊骇物听。余(傅增湘)诇之怦然心动,遂意举债收之,虽古人割一庄以易《汉书》无此豪举也”。最后傅增湘终于以一万馀元买下此宋刻《周易》,可称是历来古籍的空前高价。而当时在北京的鲁迅先生买下阜城门内西三条胡同的四合院(现鲁迅博物馆,占地五百平米)也不过用去八百元。

由于特殊的历史原因,解放以后,古籍善本的价值一直被低估。当前宋刻本的价格仍然不如民国时期,但宋刻本却如凤毛麟角,日益难得一见。在拍宋刻本《南岳稿》之前,德宝拍卖公司自成立以来,还没拍过一部有分量的宋版书。2006 年初,我正在驾车去山东平阴征集拍品的路上，接到一个电话，对方自称姓张，有一部宋版书，想请公司给鉴定，并且评估一下价值。据电话交谈，感觉对方对古籍版本知识不甚了解，对翻刻、重刻也没什么概念。自从搞古籍拍卖以来，这种电话我时常会接到，几乎都是把明、清翻刻本或民国影印本误看成宋刻本。因此，我推断张先生所称的“宋版”恐怕十有八、九是翻刻本或影印本。但出于职业习惯，还是很耐心的回答了他提出的各种问题，并对他讲，鉴定宋版书，并非很简单，就是书带过来后，我们也不一定所有的书都能完全看得准，在必要时我们可以请国家图书馆的专家帮助鉴定。并且劝他最好利用出差或来京办事时，顺便把书带过来鉴定和评估。我怕他们专程赶来可能会太失望。电话过后，这件事我也没怎么放在心上。

大约是2006年3月初的一天下午，我正在公司整理所征集到的几部明刻本，正苦于没有好的宋刻本。张先生带着“宋版书”来公司了，我把他请到我的办公室。他很健谈，说这部书是在老宅的房梁上发现的，他们家的老宅是当地最古老的民居，建筑时间估计怎么也在明以前。发现书时，书中夹有一张宋代纸币“会子”，又说在当地有一种习俗，房梁上放书和钱是为镇宅。放书寓意后人能够读书、做官，放纸币则寓意家族兴隆、富贵。他先把“宋代会子”给我看，这是厚厚的一张皮纸，约六、七寸宽，一尺多长，颜色呈灰色，双面印刷，并附有一份近期某研究单位作的碳14检测证书复印件。证书称检测纸样距今七百五、六十年（具体记不太清楚了），误差正、负二十五年。说实话，对这些所谓旁证，我并不关注，心想，还是赶紧见见“真神”吧。随后张先生拿出一个裹着书的布包，打开后，映入眼帘的是一册旧书，翻开一看，书名旧题《南岳稿》，内有《南岳旧稿》、《南岳第一稿》、《南岳第三稿》、《南岳第四稿》，作者为刘克庄。书中字用欧体，疏秀古劲，版心上记字数、下记刊工姓名，一望便知像是宋时杭州地区版刻风貌，真没想到此本宋刻的版式竟是如此“开门”。我心里不知怎么却紧张起来，暗暗祈祷，可千万别是影印本或翻刻本呀。接下来，我仔细地一页一页查验墨色、纸张情况,首先确定了是水墨印刷,而且年代久远,墨迹已完全渗透纸背,像是与纸张融为了一体。再看纸张,质地莹细纤薄,韧性极佳,与我前几年见到的明毛晋旧藏南宋早期刻本《春秋经传集解》的用纸极为相似,是俗称的麻纸,而与明、清时期的皮纸及日本和朝鲜纸张则截然不同。看装帧,其为蝴蝶装(仔细看无线装改订痕迹),但因年代久远,粘背浆糊已完全开胶,仅靠二根环订的细线穿着厚厚的一沓书页。我赶紧查了一下《中国古籍善本书目》、《郘亭知见传本书目》等,均未见此本著录。这真的是一部仅存的宋代佳椠孤本呀!况且又是更极罕见的宋人别集。

其实张先生这次在来我公司之前,已经去过国家图书馆,国图的张志清、陈有庆等专家已看过了这部书,亦有了明确的结论。他带书到公司来,主要是想评估一下书的价值,以备转让出售。我赶紧给他找出了近几年所有的有关宋版书的拍卖资料,仔细分析了市场行情,我大致给他估了一下价,这部宋刻本《南岳稿》,当时市值应当是二百万至三百万之间。如果参加拍卖,底价我们一般会定在一百五十万至一百八十万。看到张先生想直接转让这部书,我劝他说,要想实现这套书的最大价值,最好的途径是通过拍卖,找一个负责任的拍卖公司来运作。因为拍卖的特点是公开、公正,拍场上谁出价最高,则拍品归谁所有。而一对一之间的买卖,是相对封闭的,它剥夺了其他可能出价更高的人参与竞争的权力。张先生是个很实在和直爽的人,他说,你的意思我都能理解,但是此书是整个家族的,是否参加拍卖,必须回福建与家人协商后才能定下来。说到这时,已到了吃晚饭的时间,我提出公司做东请张先生用餐,但张先生说晚上已有应酬,明天还要赶回福建,就不打扰了。

一部宋刻精品,只露了一下面,就在我眼皮底下又被取走了,我心里若有所失。以往,凡是带到公司来的重要古籍善本,协议未成被取走的情况,在我搞拍卖十年中还从来没有过。好在有张先生的联系方式,我们还可以继续做工作。但没有想到的是,随后的几个月,无论我怎样在电话中劝说,张先生都未同意《南岳稿》参加拍卖，而是希望我们公司来买断。可是对公司来说，公司要想长远发展，运作必须规范，如果低价购买客户的东西，高价拍出，会使客户认为自己上当受骗，对公司声誉影响很坏。所以，我们始终没有答应这件事。事情一下僵在这了，我一时没了主意。最后总算苍天有眼，峰回路转，南方的一位既有财力又懂书的藏家L先生得到这部宋刻本《南岳稿》，并且同意交给我们公司拍卖。可是在签协议时，他的想法令我吃了一惊，他希望把书按《南岳旧稿》、《南岳》一、三四稿分为两册。只拍《南岳旧稿》，《南岳》一、三、四稿他自己要暂先收藏。他认为，国家图书馆所藏宋陈起刻《唐女郎鱼玄诗集》总共十二页，而且前四页刻印精整，后八页“稍近荒乎”，此本早年已被书林奉为至宝；而同样是宋陈起刻的《南岳旧稿》有二十二页，且通卷刻印精绝，除无历代名家藏印、题跋外，版刻精美和罕见程度肯定在《唐女鱼郎鱼玄机诗集》之上。当然，假如《南岳旧稿》、《南岳》一、三、四稿分两部分，分别来拍卖，很可能成交价要高于一起参拍。在商言商，对投资人来说，追求最大收益并无过错，但对珍贵的古籍善本来说，分开后何时能再成完璧，就很难说了。我找出《文渊阁书目》给他看，书目卷十中著录有《南岳稿》，并注明“一部一册阙”。《文渊阁书目》是明正统六年奉敕编撰，这说明正统年间内府藏书中确有《南岳稿》一部，为一册全，“阙”是指在明万历间校点大库时，这部书已无存。如今罕见珍本宋刻《南岳稿》浮出，其犹如有先辈冥冥中呵护，如要此本能有个好归宿，分开转让是万万不行的。L先生终究是通情达理的藏家，他放弃可能获取更大收益的想法，同意整部书一起上拍，不再分为二册。委托方和我们的看法一致了，终于签定了拍卖合同，底价定为人民币二百六十万。

拍卖是要公开进行的，必须进行预展，信息也要尽可能的发布出去。预展时买家、专家学者均要审看拍品。问题是，这部《南岳稿》共计八十馀页，用二根环状的线把它们穿在一起，每次翻动书页，书口均会受到细线的磨损，何况个别书页已经被细线勒出了比细线直径大的小孔。特别是这二根细线穿的也不是地方，一根穿在书口上端的字数上，一根穿在书口下端的刻工处。看来这两根拴书的线是应该要去掉的。为了慎重起见，我们将天津修书的资深人士施维民先生请来，一同商量如何处理这一问题。当施先生来到公司，看了书的状况后，也认为环穿书页的二根线绳应该除掉，否则只要翻动书页就会进一步勒损书口。再说这两根穿书的线也并非是“蝴蝶装”本身的一部分，而是后人怕开胶的书页散失临时采取的应付措施。当然我们不能只把两根线绳去掉后，让古籍成为一沓散页，还是要把它们尽可能地依原样装帧到一起。征得委托方同意后，我们开始考虑怎样重装。最初的想法是：原书现有书皮、顺序均保留不变，只将书脊用浆糊粘结，外另加护皮，仍然恢复成蝴蝶装一册，以达到整旧如旧的目的。但这样又有了新的问题，蝴蝶装的装帧方式不足之处就是翻阅书时，版心折缝处容易脱落，这种装帧方式后来被包背装、线装替代，这是主要原因。以《南岳稿》的页数来说，如果粘成一厚册，仅靠书口上的浆糊起作用，势必容易散脱。要是改用稠浆糊，虽然可以增强一些粘接强度，但作用不会很明显，而且稠浆糊对书口容易造成损伤，特别是会增加以后二次修复的难度。经过深思熟虑，施先生提出，将书按卷分为四薄册，只在书口侧面无字处，用稀浆糊点四至五个点进行粘接。而书口正面、也就是书脊处不施浆糊。这样既能把书装帧成册，又能尽可能的少用浆糊，最大限度地保护书页，因为每册页数少、厚度小，翻阅书时，书口吃劲小，书页相互之间就不易脱落。为了保护古籍，施先生真可谓是用心良苦。

由于以上一些情况，不是所有人都知道的，所以有人以为《南岳稿》装帧改成四册是为了多卖钱，其实这完全是误解，因为：其一，此套《南岳稿》最终没打算分册上拍，而是一起整部推出，分册在这方面自然没什么意义。其二，同一种古籍，原装的价值肯定要高于改装后的价值，如果为增加册数舍弃原装，不但提升不了价值，反而会降低价值，这早已成为当今藏家的共识，谁也不会去做傻事。其三，此本卷二早已缺失，书脊上的书皮无存，书页早已散开，仅靠二根线绳随意把书订在一起，是早年较为粗糙的“重装”，已非真正意义上的原蝴蝶装。这里要指出的是，古籍修复是技术性很强的一项工作，原则上是绝对不可轻易动手的。因为古籍从里到外都可能带有特殊的文物、文献信息，一旦改变，就可能造成无法弥补的损失。只有当古籍的品质、状态在不断恶化时，而要进行的重修可以有效地阻断这种恶化，否则无论如何，还是应该保持原状。

《南岳稿》正式委托德宝公司拍卖，已经是2006年的8月中旬以后了，距当年秋季大拍仅剩三个月时间，重量级的拍品仅用三个月时间来推广，时间紧、难度大，对公司来说任务艰巨，是一种考验。因为征集到重量级的拍品很难，促成重量级的价格也非易事。但是，无论多么好的拍品，最终是要在成交价上体现其价值的。所以，力争使这部珍贵的宋刻本《南岳稿》以合理的价位成交，不但是对拍品负责、对委托方负责，也是对德宝公司自身负责。协议签订后的第二天，我赶紧约见了中央电视台二台的编导李岩松先生，李先生也是古籍爱好者，时常关注古籍拍卖，我们是前几年在做有关古籍善本的节目时认识的，他是一位热心和有水平的编导。见面后的第二天他就为我联系了《北京青年报》的记者戴菁菁、《晨报》记者杨玉峰等，没过多久有关宋刻本《南岳稿》上拍的消息和对这部书的介绍，就在这二家发行量很大的报纸上登载了。这对广大读者能及时知道和了解有这么一部古籍珍本面世，起到了非常积极的作用。随后，一些专业报刊，如《拍卖周刊》、《藏书报》、《文物报》等都对《南岳稿》一书和我们的古籍秋拍做了大量的报道。当时公司还没有自己的网站，我们就在中国收藏家网和孔夫子旧书网上做网络推广。通过各种媒体的广泛传播，宋刻本《南岳稿》成为当年古籍拍卖的一大亮点，引起了众多藏家和古籍爱好者的热切关注。

古籍是人类知识传播的载体，是人类文明的标志。对一部珍贵古籍进行评价，实际上是一项要求很高的学术工作。我一直希望现在的古籍拍卖图录能起到古籍整理、叙录、题跋的作用，反对把图录作成商业味很浓的宣传品。如果古籍图录对古籍文献能做出有参考价值的介绍和鉴定，于藏家、后学认识古籍和使用古籍，必然会起到一定的启发和指导作用，善莫大焉。对于宋刻《南岳稿》这样一部珍贵的古籍善本，请专家写有分量的、实事求是的书评是必不可少的。众所周知，在艺术品拍卖界确实有一些夸大其词的炒作文章，这使一些专家学者不屑于写拍品的评论文章。但有一点，大家应该区别对待，就是写文章是为“公司”写，还是为“拍品”写？如果拍品的品质远没有文章介绍的那么高，这种文章就是为“公司”写，实际也是为“利”而写（公司会付给作者丰厚的报酬）。如果“拍品”文物、文献价值很高，又在没有什么报酬，同时又需要费时费力去查阅大量资料的情况下去写，那就是为“拍品”而写，是做学问。我非常感谢著名版本目录学家：上海图书馆的研究馆员陈先行先生、国家图书馆的副研究馆员赵前先生、故宫博物院的副研究馆员翁连溪先生为《南岳稿》一书写了书评。他们在百忙之中、在没有什么报酬的情况下，拔冗相助，写出了《天地英灵在　江湖诗名香》、《谈谈新发现的宋刻本〈南岳旧稿、南岳稿〉》、《〈南岳旧稿、南岳稿〉版本浅谈》等三篇文章，这些文章不但文采飞扬，而且具有相当的学术水准，是可以与一些古代藏书家的题跋相提并论的。

2006年11月21日至23日，宋刻本《南岳稿》在国家图书馆（分馆）进行了公开预展。许多著名专家学者、藏书家如韦力、程有庆、宋平生、孟宪钧、范景中、周飞、陆昕、杨铸和傅刚等先生以及一些拍卖公司的古籍业务同仁都赶到现场观摩，大家均给予这部宋刻本以高度评价。11月24日下午，德宝拍卖公司的古籍拍卖会上，在拍卖师叫到第142号拍品宋刻本《南岳稿》时，热闹的拍卖现场刹时静了下来，当二百六十万元的起拍价有买家应叫后，另一买家一下跳叫至三百万，随后每十万元一轮上涨，到四百万元拍卖师落槌。至此，尘埃落定，这部备受关注的珍贵宋刻本有了新的归宿。北京德宝的古籍专场成交额，也首次超过了中国嘉德同期的古籍专场成交额。

书船

王稼句

江浙接壤方圆几百里，乃是真正的水乡泽国，湖荡星罗棋布，河汊纵横交错，港里交通就像是树叶上的脉络，几乎延伸到每个乡落村角。因此在旧时，船就不但是城乡经济活动的重要生产资料，也是社会文化生活必不可少的交通工具，上城下乡，走亲访友，收租送粮，踏青扫墓，游山进香，都得乘船而行。船的大小形制不一，用途也各有分别，属于"第三产业"的，就有航船、花船、冰船、酒船、柴船、米船、粪船、风水船、活水船等等，贩卖书籍的书船，也是一种。

书船起源何时，迄今尚未发现明确的文献记载，至少唐代就有了，徐寅《经过广平员外旧宅》就有"结社僧因秋朔吊，买书船近葬时归"之咏。但书船的兴盛，总当在宋室南渡以后，到了这一时期，随着雕版印刷技术的日益推广，经营刻书的书坊如雨后春笋般出现，它们刻书的大项，主要是童蒙、科考和日常用书，特别是蒙书成为印数最多、流通最快、传播最广的普及读物。这是因为当时的科举制度更加完善，各级学校教育更加普及，特别是在广大的乡镇、农村，都设立乡学、村学、社学、义学、冬学、塾学等，这是一个非常广阔的图书市场。学中弟子们读的，就是《三字经》、《百家姓》、《千字文》一类。陆游《秋日郊居》咏道："儿童冬学闹比邻，据案愚儒却自珍。授罢村书闭门睡，终年不著面看人。"自注："农家十月，乃遣子入学，谓之冬学。所读《杂字》、《百家姓》之类，谓之村书。"由此也可聊见一斑。"送书上门"的发行方法，古已有之，而在江南水乡，书船就深入到乡落村角，为普及农村教育作出了贡献。即使贫穷失学的孩儿，也可买书来读，《儒林外史》第一回就说王冕省下点心钱，“聚一两个月，便偷个空走到村学堂里，见那闯学堂的书客，就买几本旧书，日逐把牛拴了，坐在柳阴树下看”。

在我想来，书船应该存在这样的情况，它将书坊刻印的新书，源源不断地贩销到农村，又沿途收购旧书，提供给城市里的藏家。一般来说，书船不会在书坊林立的城市里销售新书，也不会去穷乡僻壤寻觅旧书的顾主。因此，就书船的本身来说，它只是交通运输工具。也有人说，书船的船舱作书铺般装饰陈列，让人登船选书。不知这是考证的结果，还是望文生义的猜想，我没有找到有关的文献记录，不敢妄说。

书船上人将旧书让藏家选择，也是“送书上门”的，一只布袱、一卷书目而已。他们熟识当地的藏家，态度热情，服务殷勤，因为藏家是衣食父母；藏家对他们也客气尊重，因为可以搜得更多好书，每每在题跋里称他们为“书船友”。陈鳣更有《赠苕上书估》一首，诗曰：“万卷图书一叶舟，相逢小市且邀留。几回展读空搔首，废我行囊典敝裘。人生不用觅封侯，但问奇书且校雠。却羡溪南吴季子，百城高拥拜经楼。”书船上人不但给藏家送书、找书，还提供书籍聚散的消息。他们还与书坊有业务往来，有的书就卖给书坊，再转为藏家所得，如《士礼居藏书题跋记》卷五记《侍郎葛公归愚集》时说：“陶五柳主人从吴兴书贾买得此书，知余曾经过眼，持以示予。”卷六记《中州集》时说：“适道经臬署前，憩文瑞堂书坊，又有一书友谈及此书，云是目所未睹者，问之知为书船吴姓物，而吴姓适来，乃吴步云其人，其人固余所素识者。”又说：“此书久无见此刻者，自余得此刻本不两月，书友又从南路书船中得一本，与此刻印本无先后。”太平军乱后，书业萧条，叶德辉在《书林清话》卷九里感叹：“吴门玄妙观前，无一旧书摊，无一书船友，俯仰古今，不胜沧桑之叹矣。”就是追忆书船友在坊间走动的情形。

书船友在书贾中是别一群体，黄丕烈在《士礼居藏书题跋记》

里将书坊、书友、书船友、估人、骨董人都分别注明，绝不混淆，提到的书船友，就有曹锦荣、吴步云、郑辅义、邵宝墉，他从曹处得钞本《铁崖赋稿》，从吴处得金本《中州集》，从郑处得宋本《新序》、宋本《冲虚至德真经》，从邵处得残宋本《普济方》、残宋本《豫章黄先生外集》，这几位就是乾隆至道光年间活跃在苏州的书船中人。王应奎《柳南随笔》卷一还提到清初常熟的一位书船友："吾邑有周子肇者，以鬻书为业，而喜交士大夫，又时时载书出游，足迹几半天下。年甫六十，即制一椑，极其精美，所至辄载以随，谓逆旅旦夕不测，身后可无虑也。"这当然是书船友中颇有性格的一位。有的书船友，甚至没有自己的书船，《士礼居藏书题跋记》卷六记《铁崖赋稿》时说："前月来过之书船友曹锦荣复来，盖为有别种交易介余关白也，云从吴江附夜船而来。"既是附乘夜航船而来，也被称为书船友，可见书船友的概念是比较宽泛的，凡乘船远道而来的书客，都可以称为书船友。

书船友搜书也有不少佳话，如钱谦益所得《后汉书》一事，就极有意思，《牧斋遗事》记道："初，牧斋得此书，仅出价三百金，以《后汉书》缺二本，售之者因减价也。牧斋宝之如拱璧，遍属书贾，欲补其缺。一书贾停舟于乌镇买面为晚食，见铺主人于败簏中取书二本作包裹，谛视则宋板《后汉书》也。贾心动窃喜，因出数枚钱买之，而首叶已缺。贾向主人求之，主人曰：'顷为对邻裹面去，索之可也。'乃并其首获全。星夜来常，钱喜欲狂，款以盛筵，予之廿金，是书遂成完璧。其纸质墨色炯然夺目，真藏书家不世宝也。"

江南藏家的藏品，不少来自书船，特别是大藏家，书船更是经常光顾。如常熟汲古阁主人毛晋便是，荥阳悔道人《汲古阁主人小传》就说他"性嗜卷轴，榜于门曰：'有以宋椠本至者，门内主人计叶酬钱，每叶出二百；有以旧钞本至者，每叶出四十；有以时下善本至者，别家出一千，主人出一千二百。'于是湖州书舶云集于七星桥毛氏之门矣。邑中为之谚曰：'三百六十行生意，不如鬻书于毛氏。'前后积至八万四千册，构汲古阁、目耕楼以庋之"。杭州知不足斋主人鲍廷博也是，朱文藻《知不足斋丛书序》说："三十年来，近自嘉禾、吴兴，远而大江南北，客有旧藏钞刻异本来售武林者，必先过君之门，或远不可致，则邮书求之。"湖州皕宋楼主人陆心源当太平军乱后，仍从书船上得书不少，宗源瀚《重修湖州府志序》引其语曰："湖有书船，夙善聚书。兵后吾得于书船者，尚不下数万卷。"

书船不少地方都有，而湖州织里一带特别有名，同治《湖州府志》卷三十三记道："书船，《湖录》：书船出乌程织里及郑港、谈港诸村落。吾湖藏书之富，起于宋南渡后，直斋陈氏著《书录解题》，所蓄书至五万二千馀卷，弁阳周氏书种、志雅二堂藏书，亦称极富。明中叶，如花林茅氏，晟舍凌氏、闵氏，汇沮潘氏，雉城臧氏，皆广储签帙。旧家子弟好事者，往往以秘册镂刻流传。于是织里诸村民以此网利，购书于船，南至钱塘，东抵松江，北达京口，走士大夫之门，出书目袖中，低昂其价。所至每以礼接之，客之末座，号为书客。二十年来，间有奇僻之书，收藏家往往资其搜访。今则旧本日希，书目所列，但有传奇演义、制举时文而已。"迟在清代中期，书船的营业范围更加扩大，至有经过大运河，抵达北京的。《淮安关志》卷七《则例》就有一条："南来书船，不纳分单。如应报正单之船，照前例报纳正单。"

织里一带之所以成为书船集中的地方，主要是因为它的周边有不少藏书家、刻书家。即以上文所举来说，"花林茅氏"，即茅一相文霞阁，刻有《蔡中郎集》、《荆川先生稗编》、《欣赏编》、《欣赏续编》等。"晟舍凌氏、闵氏"，乃两大刻书家族，凌氏有凌迪知、凌稚隆、凌濛初、凌瀛初、凌汝亨、凌启康、凌毓枏等二十馀人，闵氏有闵齐伋、闵齐华、闵元衢、闵一栻、闵振声、闵于忱等十馀人，两家刻书甚多，尤以套印著名，世有"凌刻本"、"闵刻本"之称，陶湘辑《武进陶氏书目丛刊》有《吴兴闵版书目》一卷，并附录了凌刻的套版书目。"汇沮潘氏"，即潘曾紘，《湖录》称他"有意汲古，广储缥缃"，乃是晚明湖州藏书之首。"雉城臧氏"，即臧懋循负苞堂，尝编刻《元曲选》、《古诗所》、《唐诗所》、《论曲》、《玉茗堂四种曲》等。其实，织里周边的藏书家、刻书家还有很多,如南浔的朱国桢品水斋、董份泌园,练市的茅坤白华楼,府城的沈节甫玩易楼、姚翼玩画斋,馀杭塘栖的吕坤樾馆、卓天寅传经堂,嘉兴的项元汴天籁阁,海盐的胡震亨好古堂,乃至清初嘉兴南湖的曹溶静惕堂、王店的朱彝尊曝书亭等。这使得湖州的刻书具有丰富的出版资源,精益求精的刻印技术,四通八达的书船发行网络,使这一文化产业异军突起。万历以后,湖州已成为全国的三大刻书中心之一,谢肇淛《五杂组》卷十三有曰:"宋时刻本以杭州为上,蜀本次之,福建最下。今杭刻不足称矣,金陵、新安、吴兴三地,剞劂之精者不下宋板,楚、蜀之刻皆寻常耳。闽建阳有书坊,出书最多,而板纸俱最滥恶,盖徒为射利计,非以传世也。大凡书刻,急于射利必不能精,盖不能捐重价故耳。近来吴兴、金陵,骎骎蹈此病矣。"可见晚明时期,湖州刻书推动了市民文化的发展,同时,书籍作为特殊商品大规模进入市场,使出版产业出现前所未有的兴旺。

湖州书船的名声极大,连皇上也知道,乾隆三十八年初设四库全书处,三月二十八日就有《谕内阁传令各督抚予限半年迅速购访遗书》,其中就说:"且江浙诸大省,著名藏书之家指不胜屈,即或其家散佚,仍不过转落人手。闻之苏湖间书贾书船,皆能知其底里,更无难物色。"翌日又有《寄谕两江总督高晋等于江浙迅速购访遗书》,说得更具体了:"又闻苏州有一种贾客,惟事收卖旧书,如山塘开铺之金姓者,乃专门世业,于古书存佚原委,颇能谙悉。又湖州向多贾客书船,平时在各处州县兑卖书籍,与藏书家往来最熟。其于某氏旧有某书,曾购某本,问之无不深知。如能向此等人善为咨询,详加物色,因而四处借抄,仍将原书迅速发还,谅无不踊跃从事。"隔了半月的闰三月十五日就有了回音,《两江总督高晋等奏查无〈永乐大典〉佚本及访得马裕袁枚家书籍折》禀报:"臣高晋又遴常州府学训导孙凤鸣,给与银两,令其前往苏州山塘书店兼向湖州书贾船只内,细心探访,重价购买。"闰三月二十六日,《浙江巡抚三宝查访范氏天一阁等藏书情形折》禀报:"其湖州书船,则耑委湖州知府樊滧生留心物色，俾令四散蒐觅，总期办理迅速，又无遗漏，仰副皇上念典旁求至意。”以后高晋、三宝等屡次上禀，但于书船所得，并未有具体的说法，再后来就不再提起了。这件事，也算是关于书船的一点掌故，俞樾在《武林藏书录题辞》里咏道：“乱危倾覆诏无忌，帝虎乌焉官与雠。山塘书贾推金氏，古籍源流能偻指。吾湖书客各乘舟，一棹烟波贩图史。不知何路达宸聪，都在朝廷清问中。”

然而湖州书贾善作赝本也是有名的，蒋光煦《拘经楼藏书题跋记跋》有曰：“三吴间贩书者皆苕人，来则持书，入白太安人请市焉，辄叹曰：‘昔人有言，积金未必能守，积书未必能读。若能读，即为若市。’以故架上书日益积。稍长，欲得旧刻旧钞本，而苕贾射利之术，往往索时下诸刻与易，而益之金，则转辗贸易，所获倍蓰。未几，凡余家旧藏世所恒有之书，易且尽矣。今计前后裒集者，盖得四五万卷，露钞雪购，其值已不赀。而旧刻旧钞本之中，苕贾弊更百出。割首尾，易序目；剔画以就讳，刓字以易名，染色以伪旧；卷有缺，划他板以杂之；本既亡，录别种以代之。反复变幻，殆不可以枚举。故必假旧家藏本，悉心雠勘，然后可安。”宋荦就从书船上买到过一部伪托宋本的《宋史续通鉴长编》，《西陂类稿》卷二十八有跋道：“此《宋史续通鉴长编》三十六卷，非寿本，的是元刻，卷首割去著书人姓氏，卷末割去‘大元’字，贾人狡狯乃尔。”末曰“康熙丙子六月从姑苏书船上购得，识而藏之”。但既是元刊，总还值得“识而藏之”的。

不管如何，橹声欸乃，书船悠悠而来，总让藏家们充满了希望。陈鳣居住海宁硖石，他在《新坂土风》里咏道：“阿侬家近状元台，小阁疏窗面面开。昨夜河头新水长，书船多是霅溪来。”自注：“邑中无书肆，惟有苕贾书籍。”在一座没有书肆的县城里，书船的到来，自然让书人欢欣不已。书船历史悠久，至南宋而兴，至晚明而盛，直到抗战爆发以后，才销声匿迹，那道水上的风景，终于看不到了。

“搢绅老铺”荣录堂

刘 蔷

搢绅，也作“缙绅”。搢，插也；绅，大带也，《晋书·舆服志》：“所谓搢绅之士者，搢笏而垂绅带也”，插笏板于绅带，本是旧时官吏的一般装束，后被用以代称官宦。搢绅录，指全国范围官员名册一类的专书，详载职衔名称及现任职者的姓名、籍贯、出身等。明代已有书坊刻印搢绅录，至清代官场更为流行，除官刻本外，坊刻本最是盛行天下，从顺治至宣统，数量夥而品种繁，可谓清代坊刻本之一大门类。这类专书如能搜集齐全，可视作历年各季清朝职官名录兼政治经济概要备览，具有相当的研究价值。

搢绅录分《爵秩全览》、《搢绅全书》、《中枢备览》三种，又有官刻、坊刻之别。每年按四季刊刻。先京官，后外省官员。京官按照宗人府、内阁、翰林院、六部都官衙署机构为序，外省按省、府、厅、州、县各级官员为序。外官下依《大清会典》、《大清一统志》注明疆域、职官、赋税、关榷等简要情况。《爵秩全览》，开本较《搢绅全书》大，有吏部自行刊刻，也有书坊仿其样式所刻，即书坊所称“四季校准大小文武搢绅”之“大本”；《搢绅全书》，为民间书坊所刊售发行者，即所谓“袖珍”、“小本”。《搢绅全书》为全国文职官员名册，常与《中枢备览》合成一函，即所谓“文武搢绅”。“中枢”，兵部之别称，武职官员由兵部铨选，故全国武职官员名册名为《中枢备览》。无论是哪一种搢绅录，都是红纸封面，红绫包角，红布函套，书签下题年份及季节。坊刻本的书坊名或在书签上，或在封面上另签说明，如“京都打磨厂观音阁西二酉”、“京都琉璃厂中间路南荣录堂”、“京都琉璃厂东头路北来鹿堂”、“京都琉璃厂桥西路北荣宝斋”等，或在扉页左下端，或在第一册序后说明，或在版心下端。

搢绅录记录了出书时中央和地方官员的任职，便于人们了解何官由何人担任，任职时间，其人籍贯、功名等基本情形如何，功用独特。其中的人物上到一品大员，下至七品小官，林林总总，官员众多，但绝大部分在历史上汲汲无名，有关他们的生平材料并没有在各类史书中留下记载，只是在搢绅录中才得以保存。曾有藏家识得其价值，如朱彭寿在《安乐康平室随笔》便说：“《搢绅录》一书在刊行时，第为翻检当代中外官员人名而设，一经更调，便如明日黄花也。然阅数十年或数百年，旧时人物，凋谢无遗，后之人浏览遗编，每足为征文考献之助。故得之者辄加以题识考证，往往视如古籍，什袭珍藏焉。”①

郑振铎藏有崇祯、乾隆间多部搢绅录，乾隆本跋云：“前见滂喜斋潘氏有《顺治搢绅录》，诧为罕见，跋之者颇多。三年前，予于杭州得《崇祯搢绅录》，则当为今知的最早的一部了。顷于琉璃厂邃雅斋复见乾隆戊戌四十三年即公元一七七八年的《搢绅全函》，虽时代较晚，而内容包罗甚广。于舆图外，每府均注出要缺、中缺、简缺，以及风俗、学校、土产和养廉银数。每县更有地丁银数、杂税银数、仓谷石数和办公银数。是大好的清代中叶的经济史料也，不仅仅记载职官姓氏而已。因亟收之，与崇祯一部并庋于架上。”时在 1957 年 2 月 20 日②。

从存世搢绅录来看，无论官刻还是坊刻，这类书的出版都是在京城进行的。究其原因，盖一是因为官员的任职经常会有变化，搢绅录必须不断重修，才能保证其时效性和准确性，而搢绅录据吏部或兵部档册编定，六部皆设于京都，京都书坊最得近水楼台之便；二是搢绅录上凡中央、府院、六部衙门在京、在外七品以上大小官员，都直接明细到人，从官职、姓名到原籍均详细记载，有此一书在手，在京中结交、做事、谋缺都十分方便。搢绅录的购买者，或是官场中人，或是欲谋得一官半职者，这些人自四方云集京城，形成了市场需求，书肆大量刊刻搢绅录也应运而生。加上"独是官板难得，而坊刻本遂盛行于天下"③。

孙殿起《琉璃厂小志》中转引《北游录话》称，旧时琉璃厂书肆大致有三种类型，一种是搢绅铺，本小利微，专卖搢绅录、闱墨及应试学子所用书籍；另一种是资金雄厚，专门收集版本书、丛书的书店，凡善本、孤本及生冷书卷，往往能在这里找到。其服务对象为官僚、学者、藏书家等社会地位较高者。再有一种是介于上述两种之间的，既卖坊本书，也兼或出售《廿四史》或《四部丛刊》等丛书，资本所限，不大经营久藏不售、待价而沽的书。专售搢绅录的书肆常常在坊名前后冠以"老铺"、"总局"字样，突出自己的出版特色，如"搢绅老铺荣录堂"、"善成堂搢绅总局"，等等。

《琉璃厂小志》中还列举了发售搢绅各店，有福润堂、荣锦堂、荣庆堂、荣贵堂、荣觐堂、荣显堂、荣华堂、荣晋堂、荣宝斋、荣录堂、崇寿堂、崇锦堂、崇名堂、宝名堂、贵名堂、文英堂、同文堂、斌升堂，共计十八家④。实则远不止此数，综合知见现存搢绅录上的书坊名，还有剞劂斋、濂溪阁、西二酉堂、贵文堂、文琳堂、文郁堂、荣观堂、荣晋斋、来鹿堂、松竹斋、聚锦堂、槐荫山房、世锦堂、藜照阁、青云斋、荣升堂、圣经堂、富文堂、宝名斋、荣福堂、宝善堂、文蔚堂、点石斋、文富堂、文宝堂、华记懋德堂、同陞阁、观光阁、五本堂、奎文阁、炳蔚堂、大文堂、文萃堂、荣铸堂、顺济局、文华堂、善成堂、文采斋、荣绶堂、顺济书局、一本堂、光裕堂等四十二家，加上孙氏所列举者，至少有六十家。

刊刻搢绅录的书坊中，以琉璃厂荣录堂持续时间最长、所刻数量最多。据孙殿起《琉璃厂书肆三记》记载，荣录堂主人刘姓，山西人，于光绪某年开设南纸铺，代售搢绅录。经营四十馀年歇业。后易为"复盛斋文玩铺"、"醴泉阁字画铺"。并说"荣录堂主人刘会岫，山西人。"

关于荣录堂的记载，零星见于晚清士人笔记丛钞中，如李虹若《朝市丛载》卷五"服用"中有："荣录堂搢绅南纸店，在前门外琉璃厂中间路南舍旁便是。专办进呈搢绅，红黄绫纸奏摺，装订黄册，各种新例，万寿贺本正副表文，赤金、冷金喜寿围屏，湖笔、徽墨、泥金颜料，古锦荷包，八宝印泥，精刻银铜墨盒，文具，仿刻秦汉晶玉石章，端、歙良砚，日晷，罗盘，描金贡笺，时款雅扇，苏裱名人字画、卷册，南纸摺卷戋简帖套，历代承办科场官卷，如乡试、会试、殿试、朝考、散馆、御史、拔贡、孝廉方正等，精刻翰苑分书各种书籍摹本，如六朝唐赋、临文便览、《干禄字书》、文武搢绅……"卷六"翰墨"中记其店名牌匾"荣录堂"三字，係袁思韡所题[5]。按，袁为贵州修文人，能文工诗，擅长书画，精行草和正书，小楷最为精美，是同、光间的著名书法家。

徐永年《新增都门纪略》卷四"都门杂记"之"对联"中有："荣录堂缙绅南纸店，在琉璃厂中间路南东北园对过便是。（有对联悬门）荣膺芝诰传三接，录启蓬池冠众仙。"[6]

民国二十年九月底，郑振铎先生为编印《北平笺谱》，在琉璃厂、隆福寺众书肆遍寻笺纸。在《西谛书话》上留下了一段对琉璃厂荣录堂主人的描述，尚可见其风采："静文斋的附近，路南有荣录堂，规模似很大，却已衰颓不堪，久已不印笺。亦有笺样簿，却零星散乱，尘土封之，似久已无人顾问及之。循样以求，十不得一，即得之亦都暗败变色，盖搁置架上已不知若干年，纸都用舶来之薄而透明的一种，色彩偏重于浓红深绿，似意在迎合光宣时代市人们的口味。肆主人须发皆白，年已七十馀，惟精神尚矍烁，与谈往事，娓娓可听。但搜求将一小时，所得仅缦卿作的数笺。"[7]

在同治九年庚午夏季、光绪二十年甲午秋季、光绪三十一年乙巳夏季荣录堂刻本《搢绅全书》第一册中，各夹订了一页红印的"荣录堂起首搢绅老铺记"，"本堂原名'荣禄'，历有年矣。继思列棘槐而载籍，固足为荣；售枣梨以谋生，何敢言禄？且饰三间之门额辄悬一品之封衔，虽壮观瞻，终虞僭妄，爰更为'录'，存钞胥之实也，乃有店属张新名。惟窃旧掌故之搜罗未遍，牙慧则拾取为工，细参渡豕之讹，自识饮羊之伪，音同义异，岂如鸟篆之难详，别户分门，未必鱼珠之可混,特镌告白,尚幸垂青于斯,是为记。京都琉璃厂东北园对过便是。”

孙殿起称荣录堂开设于光绪年间，实则此书肆的前身——“荣禄堂”早在道光年间就已出现,目前看到荣禄堂所刻缙绅录,最早有道光十四年冬季、道光十九年至三十年全年四季诸种,可见“荣录堂起首搢绅老铺记”中“历有年矣”,并非虚言。后因“荣禄”二字嫌于僭妄,乃改“禄”为“录”,亦合缙绅录抄辑编纂成书之实。荣录堂刊刻缙绅录的历史,至少从道光年间开始,盛于同、光两朝,一直持续到民国初年,前后八十馀年。笔者以美国哈佛燕京图书馆为主,补以中国国家图书馆、北京大学图书馆、中国科学院图书馆、上海图书馆、中国人民大学图书馆、清华大学图书馆六家著录,编制了“荣录堂所刻搢绅书知见录”,尽管尚不完备,但始末大致可见矣。据此统计,存世最早为哈佛燕京图书馆所藏《大清搢绅全书》四册,道光十四年甲午(1834)冬季京都荣禄堂刻本,四册,第一册书签和扉页误题为“大清中枢备览”,实为搢绅全书;最晚为北京大学图书馆所藏《新定官制搢绅全書》四册,民国六年丁巳(1917)秋季荣录堂刻本。总计一百二十三种,占现存历代搢绅录的一半以上。其中光绪、宣统二朝基本连贯,四季皆全。荣录堂本大都是文武搢绅合刻,或《爵秩全览》附《中枢备览》,或《搢绅全书》附《中枢备览》。

至于一部搢绅录的书价，美国哈佛燕京图书馆收藏有清光绪十八年壬辰冬季荣录堂刻本《搢绅全书》一部,还依然保持着原装红色函套,内里粘有该书坊广告一页:“荣录堂搢绅店,本堂专刻各种例书、六部奏定新章程,南纸笔墨减价发售”,下列各书名及价银多少,如“新刻律例精言二钱;奏对合编三钱”等,末有“开设京都正阳门外琉璃厂中间路南三间门额便是”。此外在光绪十五年已丑春季荣录堂刻本《搢绅全书》的扉页上,也有书价记载,刻有“白纸文搢绅每部市白银六钱四分,白纸武搢绅每部市白银三钱二分,袖珍文搢绅每部市白银三钱二分，袖珍武搢绅每部市白银一钱六分”。发售时间以朱色木戳记于旁,为光绪十五年二月十九日。有些扉页还刊有“售出三日,盖不退换”等。

除搢绅录这一大宗外,正如扉页上广告所云,荣录堂还刻有许多律例、章程类书,存世者如:《洪大经略奏对日钞笔记》二卷,《朝市丛载》八卷,《从政遗规》二卷,《大清律例精言辑览》一卷,《大清律例简明目录》一卷,《刺字集》四卷,《吴柳堂先生诔文正续合编》,《律例验案新编》四种,《通行章程(道光十八年至光绪十四年)》二卷,《秋审比较汇案》十六卷《续编》八卷,《新海防筹饷事例》,《吴柳堂先生诔文正续合编》,《新增都门纪略》,《新增洗冤宝鉴》一卷,《宦海指南五种》等。

搢绅录缘何自吏部官刻,转而由民间书铺雕版印行,较为通行的说法是书坊中人见出版此类专书在京都最是有利可图,便利用各种关系,进入到吏部、兵部等处,查其所藏各类官名档册,抄录汇辑成书。类似的记载有:徐珂《清稗类钞》“爵秩类”爵秩全函下:“京外大小文武百官之职掌、姓名、出身、籍贯、字号,有记载之专书,曰《爵秩全函》,一曰《搢绅全函》,又曰《搢绅录》,略同于明之《同官录》,日本之《职员录》。盖京师琉璃厂南纸铺中人,就吏、兵二部之胥吏,详查档册,汇而成编者也。有爵者亦记之。别有专载武职之单行本,曰《中枢备览》,岁出四版,分春夏秋冬四季。其书以红纸为面,黄纸为签,绨锦为帙。官吏之入都也,辄买之,归以遗戚友。此书版权,初为吏部书吏某所专有,盖在乾隆末造和珅当国时,某以数千金贿珅,始禁止他人发行。久之而为各南纸铺所效尤,其最初者为荣禄斋,旋以‘荣禄’二字嫌于僭,乃改‘禄’为‘录’。”[8]戈公振《中国报学史》“京报”:“据北京报房中人言,清初有南纸铺名荣录堂者,因与内府有关系,得印《搢绅录》及《京报》发售。”[9]

据另一家琉璃厂著名书肆——荣宝斋的发展历史,也可侧面了解荣录堂出版搢绅录的情况。荣宝斋的前身是松竹斋,主人姓张,浙江人氏,在琉璃厂开设南纸店,因经营不善,濒临倒闭,为此挖来了荣录堂搢绅铺大伙计庄虎臣。庄是通州人士,聪明灵活,交际广泛,刘掌柜不是大度之人,眼看庄虎臣能耐超过自己,存了提防之心，正逢此时张家出面聘他做掌柜，庄欣然同意，并把荣录堂经营搢绅录的业务带了过来，因此荣宝斋最初的店名是“荣宝斋搢绅南纸店”。他先花银两，捐纳得了“候选从九品”，再买通宫里的关节，当朝廷官员每天穿着朝服去上朝时，他也穿了带补子的官服到乾清宫门外，朝廷每有最新任免官员，都在这里张榜公布，寻常百姓是不能到此的。庄虎臣抄录朝廷公布的官员任免名单，准确可靠，及时印行。由于朝廷命官经常变化，搢绅录也随之不断补充更改，重新出版，官员们和准备谋官的人们为了掌握不断变化的情况，每新出版一册都要买到备下，出版搢绅录的生意也成了荣宝斋发展历史最重要的进项了。

遍检所见坊刻本搢绅录，发现一个有趣的现象，搢绅录每年按四季出版，春夏秋冬各季会由不同的书坊刊行，不见一个季度有两家或两家以上书坊同时出版的情况发生，比如同治十一年，春季至秋季皆由荣录堂刊刻，而冬季则有斌升堂刊刻；光绪四年春季由宝善堂刊刻，夏季则由荣录堂刊刻；光绪十八年，春、夏、冬三季皆由荣录堂出版，秋季则由来鹿堂刊刻；光绪三十三年，春、秋二季由荣录堂刊刻，夏、冬二季则由荣宝斋出版，等等。曾经发售搢绅录的“搢绅铺”间似乎有某种默契，每季只见一家书铺印行，绝无重复，不知是否存在过某种行业行规，现在还未见材料证实。笔者还注意到，哈佛藏有一部《大清搢绅全书》四册，清光绪十年(1884)京都文蔚堂刻本，书签题“京都琉璃厂

西头路北文蔚堂四季校准大小播绅”、“光绪甲申春季”、“文蔚堂梓”，而版心下镌“荣录堂”，序后镌“光绪九年荣录堂重镌”。这看似是荣录堂版售别家、重新刷印造成的，但并不多见，不知在播绅录的出版发行中是否普遍。

对清代播绅录的研究尚刚刚开始，还有许多问题无法解答，比如，现存官刻本《爵帙全览》，远比坊刻本数量要少，不知官刻本是否也如坊刻本那样连年出版，它与坊刻本之间究竟存在怎样的关系？是委托书铺印行，还是书坊自行仿照刷印？原属于吏部的档册如何能下移给坊间出版发行？如荣录堂这样的“播绅老铺”们，如何应对出版同样内容的播绅录所造成的行业竞争？这些疑问都有待从现存的清代播绅录中找寻答案。

注：

①朱彭寿撰《安乐康平室随笔》，北京：中华书局，1982 年与《旧典备征》合刊本，第 254 页。

②姜德明主编、郑尔康选编《郑振铎书话》，北京：北京出版社，1997 年。

③见清光绪十九年松竹斋、荣宝斋合刻本，中国科学院图书馆藏。

④孙殿起撰《琉璃厂小志》，北京：北京出版社，1962 年。

⑤（清）李虹若《朝市丛载》清光绪十三年（1887）刻巾箱本，清华藏，已 483.1 7355；北京古籍丛书本，北京：北京古籍出版社，1995 年。

⑥（清）杨静亭辑，（清）徐永年增辑《新增都门纪略》，清光绪三十三年（1908）京都荣录堂刻本；台北：文海出版社据宣统元年刊本影印，1971 年。卷四《都门杂记》元。

⑦郑振铎著《西谛书话》，北京：三联书店，1983 年。

⑧徐珂编《清稗类钞》，北京：中华书局，1984 年。爵秩类，第 1 页。

⑨戈公振著《中国报学史》（插图整理本），上海：上海古籍出版社，2003 年，第 48 页。

毛晋在崇祯三年藏书刻书考(上)

郑伟章

明崇祯三年(1630),是毛晋汲古阁刻书最丰收的一年。所刻诸唐人文集大多已完成,正补刻李杜二集;胡震亨、夏树芳为刻《宋名家词》撰序;继续刊刻《山居小玩》中的《香国》、《兰谱》;大部头丛书《津逮秘书》亦始刻并撰序;续刻《十三经》、《十七史》等。本文缕述了毛晋在这一年的藏书、刻书史实。

明崇祯三年庚午二月廿日(花朝后五日)毛晋于苏州虎丘僧寮撰《芥隐笔记》跋。上年三月末(春杪),毛晋购宋刻数种,其中之一即《芥隐笔记》一卷,宋龚颐正撰。跋云:"昔人称史论之覈莫如《容斋》,音训之精莫如《芥隐》。第五笔流播海内,而笔记没没无传。已巳春杪购宋刻数种,得快睹斯编。"是跋载潘景郑先生校订之《汲古阁书跋》(上海古籍出版社 2005 年 11 月第 1 版第 18 页。以下简称《书跋》),然被删除署尾:"崇祯庚午花朝后五日湖南毛晋偶记于虎丘僧寮。"按:是书刻入《津逮秘书》第八集,后有(宋)刘薰跋,谓龚氏以学问文章知名当世。此《笔记》讨论典坟,订正事实,与《容斋五笔》齐名。

三月初二日(上巳前一日)毛晋于鹿城舟次撰《甘泽谣》跋(见《书跋》第 43—44 页),亦删除末署"崇祯庚子上巳前一日湖南毛晋题于鹿城舟次。"按"庚子"误,应为庚午。跋云:"予昔年订《陶靖节集》,从《命子注诗》中见'陶岘'一则,古异可喜,相传本于《甘泽谣》。亟欲睹其全帙，既从友人处见钞本二十馀条，乃就《太平广记》中摘出者，非郊原书，甚哉赝钞之欺世也。今得兵宪杨公重订善本，参之《广记》，略有异同，与端临《经籍考》相合，惜乎原序亡逸耳。”按：是书一卷附录一卷，唐袁郊撰，刻入《津逮秘书》第九集，原序已亡佚，前有明嘉靖癸丑闰月朔日杨仪撰《重校〈甘泽谣〉序》，称该书所记九事“悉完好”，袁郊自叙因“首卷损缺，不可复读”。末又有其署名“五川居士”之跋。

三月(窝月)初三(哉生明)毛晋抱病村居，撰《李翰林集纪略》一文，潘景郑先生校订之《汲古阁书跋》漏载。予尝至国家图书馆善本部两读此书，现将此《纪略》重要篇章抄录如下：“此吴门旧本也。余总发受诗，辄读此本。遇千、干，扬、杨，顶、项，乌、鸟，癖、僻，妄、忘等，不可胜计，形类之别，奇义之差，及复出逸去者，即朱窜而玄诠之，藏之箧中，已十馀年。购古本磨对，其不下数十馀过。妄意出一定本，公之四方，未遑也。迩订韦端己、孙可之、李公垂、司空表圣、皇甫持正辈二十馀家秘本，次第传之。因念两大家如李、杜者，未一修明，为未快事。辄出旧时点定者共读一过，至李翰林‘取掇垚上艳，所贵心之珍。相思传一笑，取欲示情亲。’及杜工部‘骅骝人穷巷，必脱黄金辔。一论两发难，迟算恐失坠。’为之掩卷三叹，顾安得好子者，与之扬扢千古哉。今年春，抱戚村居，开荒坐雨，百念俱废。忽有客自吴门连舻而来，持此本求售，不觉喜动于中，为之捐缗谢客。挹崑湖之水，而洗涤焉，残缺又过半矣。命良工缮修之印可，于尚卿，如月曙，如乞秋，山川草木，色色明媚，余小子抱影御思，十馀年来，未了之中，于焉少慰已。第念海内嗜古之士，云蒸霞起，于两先生评注、序跋者，不啻千馀家，而顾待予修明耶？余湖曲之波臣也，起见笑于海若云尔。皇明崇祯岁在上章敦牂窝月哉生明崑湖南笃素居士毛晋偶记。”下钤“字子晋”半朱半白方、“人淡如菊”白方、“笃素居士”朱方三印。

又，此《纪略》之前，尚有陈继儒《寿唐二大家叙》云：“虞山毛子晋氏耽笃嗜古，自《十三经》以迄历代名人奇文秘册，校雠殆尽，尤佥风雅一脉，正正奇奇，断当以李、杜为宗主，就旧刻而新镌之，持一编过佘山示予。……窃于子晋总持广大，集众法海。子晋特李、杜之功臣也哉。”

毛晋所撰《纪要》及陈氏叙，系为本年刻《唐二大家》而写，即唐李白著《李太白诗集》二十五卷、唐杜甫著《杜工部诗集》二十二卷。予从 2006 年冬起至国家图书馆古籍馆先后检读汲古阁刻本《三唐人文集》、《唐人四集》、《五唐人诗集》、《唐人六集》、《唐人八家诗》及《唐人选唐诗八种》、《唐高僧诗集》等，独未见《唐二大家》。乃于 2007 年春两至善本部读到汲古阁刻《李太白诗集》，但亦缺《杜集》。可知汲古阁所刻此书存世之罕秘。九月下旬予至华东访书，于上图终于访见汲古阁刻本《杜工部集》二十五卷。

《李集》前有“宝应元年十一月乙酉唐宣州当涂县令李阳冰《李翰林集序》”、“咸平元年三月三日朝散大夫行尚书职方员外郎直史馆上柱国乐史述后序”、“贞元六年四月七日尚书膳部员外郎刘全白《唐翰林李君碣记》”及宋宋敏求、曾巩、毛渐，元萧士赟等人序，后附《李白传》及薛仲邕撰《李翰林年谱》。卷一首页署“春陵杨齐贤子见集注，赣萧士赟粹可补注，东吴毛晋子晋重订”。是书每半页九行，行二十字，四周双边，左右双线，中有细竖格，宋体字。书口无汲古阁字样。棉纸，板幅高大，刻印精雅。此书系张寿镛约园藏本，有“四明张氏约园藏书”朱长方，“约园珍藏”白大方、“咏霓”朱方、“张寿镛印”白方、“约园善本”朱方等印。

《杜集》，陶湘《明毛氏汲古阁刻书目录》谓此集亦二十五卷，误，实则仅二十二卷，包括《诗集》二十卷，《文集》上下两卷，十二册。前有北宋“宝元二年十月王洙原叔《杜工部诗史旧集序》”、“皇祐壬辰五月王安石《杜工部诗后集序》”、“元祐庚午成都知府胡宗愈《成都草堂诗碑序》，南宋“嘉泰天开甲子正月谷旦建安三峰东塾蔡梦弼傅卿《杜工部诗笺跋》”，元“大德癸卯冬庐陵刘将孙尚友序”，还有无名氏撰《杜工部传》。每卷首页署“东吴毛晋子晋重订”八字。行格与版式与《李集》同，刻印精雅。

据《纪略》云“迩订……二十馀家秘本,次第传之”于二集之前。除《唐人六集》、《唐人八家诗》刻印较晚外,《唐高僧诗集》三种刻于天启六年,《唐人选唐诗八种》刻于崇祯元年,二、三、四、五集似均刻于本年以前。六种子目相加,有二十五种,正与毛晋所言“二十馀家”之数相吻合。若加上后来所刻十四种及《松陵集》、《浣花集》等,毛晋所刻唐人集共达四十馀种。除《唐人八家诗》外,汲古阁所刻各种几乎均有毛晋所缀跋文一至数则。今所见各跋大多被删去署款,致使后人无从得知刻书年月。故书之序跋,虽为小碎,不可不留以时地,以增其史料价值。非《纪略》所云,焉知此二十馀种皆刻于本年之前。又有《唐人八家诗》,前有崇祯十二年杨文骢跋;《唐人六集》中之《姚少监诗集》,毛晋跋于顺治十四年,所刻均较晚。

因汲古阁所刻三、四、五、六、八唐人集及《唐人选唐诗八种》、《唐高僧诗集》,日见稀少,为世所珍宝,现分别列目如下,以飨世人。

《三唐人文集》三种三十四卷,毛晋汇辑,据宋本重雕,无总序,但各种有跋。包括:(一)唐李翱撰《李文公集》十八卷(跋见《书跋》第48页)。国图善本系清道光二十八年海虞蕴玉山房俞氏影汲古阁刻本,书前有光绪丁丑夏四月翁同龢恭笔题记云:“《三唐人文集》,伯兄在扬州尝以各本参校寄余京师,余临一过。后见嘉靖刊《李文公集》,复以朱字校阅之。职事纷纭,无暇探讨,安得三间破屋,静对雒诵,如儿童耶?”此为翁氏评点本,上有朱、墨、蓝三色校字。卷一首叶署“东吴毛晋子晋订”。(二)皇甫湜撰《皇甫持正集》六卷(跋见《书跋》第47页)。(三)孙樵撰《孙可之集》十卷(跋见《书跋》第54页)。予曾读见汲古阁原刻,每半页九行,行十九字,书口有“汲古阁”三字,字大行疏,版式古雅,不失为明刻精品。

《唐人四集》四种十二卷,四册,毛晋汇辑,据宋本重雕,无总序,每种有跋。予所读见系湖南省图书馆藏叶德辉郎园藏本,前有叶启勋题识,后有叶德辉跋。叶跋云,此书“椠刻精美”,“宋本不可得,如毛本不几下宋刻一等乎”。郑德懋《汲古阁刻板存亡考》谓《四唐人集》"汲古此本真秘宝也"，并谓毛晋之孙以刻板煮碧罗春茶事,为不可靠,此略。是书每半页十二行,行二十字。四周黑框,左右双线,楷体字,中有细线竖格,书口鱼尾下有"汲古阁"三大字及"毛氏正本"四小字。其刻本之可贵,诚如叶氏所言。其书包括:(一)唐李贺撰《歌诗编》四卷《集外诗》一卷(见《书跋》第49—50页),前有杜牧序,后有鲍钦止跋。毛晋自龆年即从舅氏戈汕(庄乐)得此书,爱不释手,廿年来常出入怀袖。(二)吴融撰《唐英歌诗》上中下三卷(见《书跋》第56页)。(三)李荀鹤撰《唐风集》上中下三卷,前有顾云叙(见《书跋》第58页)。(四)窦常等五人撰《窦氏联珠集》一卷(见《书跋》第80—82页)。此书精雅无比,可视为毛氏刻书之典型。

《五唐人诗集》五种二十六卷,毛晋汇辑,每书均署"东吴毛晋子晋订",依宋本重雕,无总序。是书每半页九行,行十九字,四周黑边,左右双线,中有细线竖格。书口下端有"汲古阁"三字。宋体字,刻印精雅。是书包括:(一)唐孟浩然撰《孟襄阳集》三卷,前有戈汕手书宜城王士源撰叙。毛晋跋云,汲古阁所藏此书有宋本、元本及明弘治间关中刻本三种,"予悉依宋刻,以元本、关中本参之,附以拾遗,共得二百六十六首。间有字异、句异、先后倒者,分注元刻某,今刻某,不敢臆改云"(《书跋》第45页)。(二)孟郊撰《孟东野集》十卷,前有戈汕手书景定二年天台国材(成德)序(见《书跋》第49页)。(三)温庭筠撰《金荃集》七卷《别集》一卷(见《书跋》第53—54页)。(四)李绅撰《追昔游》三卷(见《书跋》第51页)。(五)韩偓撰《香奁集》一卷(见《书跋》第61页),有玉山樵人韩致光《香奁集序》。

《唐人六集》六种,四十一卷,毛晋汇辑,据宋本考校,无总序,但每种均有毛晋跋文。国图善本部有汲古阁原刻本,书名页右上角有"毛氏正本"四字,左下角有"汲古阁藏板"五字。书口有"汲古阁"三字。书上钤"璜川吴氏收藏图书"大朱方,清长洲吴铨藏本。古籍馆藏则系吴门寒松堂翻印本,书名页右上角有"汲古阁正本"五字,左下角有"吴门寒松堂藏板"七字,郑振铎先生藏书。该书每卷末有"汲古阁毛晋据宋本考校"黑文竖长方牌记或"琴川毛凤苞氏审定宋本”篆书黑文朱长方牌记。每半页九行，行十九字，或二十一字两种，四周黑框，左右双线，中有细线竖格，宋体字，刻印精雅。包括：(一)唐常建撰《常建诗集》三卷(见《书跋》第46页)。西谛藏本封面上有郑先生五十六岁生日时手书题识云：“汲古阁刊诸唐人集，予先后收得《唐人选唐诗》、《三唐人文集》、《八唐人集》、《五唐人集》，今又于北京隆福寺修绠堂得此《六唐人集》，则所缺者仅《三唐人集》及《四唐人集》耳，《唐三高僧集》亦未有，想均不难购得也。……”题识中所缺者误记《三唐人集》。亦可见先生十分重视搜聚汲古阁刻书。(二)王建撰《王建诗》八卷(见《书跋》第50页)。(三)韦应物撰《韦苏州集》十卷附拾遗一卷，无毛晋跋文，前有宋嘉祐元年十二月二十二日太原王钦臣《韦苏州集序》，考其生平事迹，以补《旧唐书》之缺。(四)姚合撰《姚少监诗集》十卷(见《书跋》第52—53页，载三跋，毛晋本四跋，漏载一跋)。按刻此书较晚，毛晋得之于崇祯十五年，撰跋于顺治十四年，分别见该年。(五)鲍溶撰《鲍溶诗》六卷，《集外诗》一卷，宋曾巩撰序(见《书跋》第51页)。惟本书镌有“琴川毛凤苞氏审定宋本”双行篆书朱长方牌记。(六)韩偓撰《韩内翰别集》一卷《补遗》一卷(见《书跋》第55—56页)。

《唐人八家诗》八种四十二卷，毛晋汇辑，崇祯十二年杨文骢序。(一)《丁卯集》上下卷，唐郢州刺史许浑撰；(二)《甲乙集》十卷，唐馀杭罗隐(字昭谏)撰；(三)《李文山集》三卷，唐李群玉撰；(四)《李义山集》三卷，唐李商隐撰；(五)《碧云集》三卷，唐李中(字有中)撰；(六)《许昌集》十卷，唐薛能撰；(七)《长江集》十卷，唐贾岛撰；(八)《台阁集》一卷，唐李嘉祐撰。按：汲古阁毛氏所刻四十馀种唐人集中，惟此八种稍次等，毛晋且未撰一跋，不识何因。予所读为重庆市图书馆所藏善本，上钤“璜川吴氏收藏图书”朱大方、“海宁查莹”白小方、“曾在董氏诵芬室中”朱长方、“小名弄玉，小字琼好”大朱方、“温柔乡主人”朱方、“花好月圆人寿”篆朱方等印，经长洲吴铨、海宁查莹及董康夫妇递藏。

《唐人选唐诗》八种二十三卷，前有崇祯元年魏浣初总序，书末有毛晋戊辰竹醉日所写总跋(隶书)。是书刻印精雅,正文每半页八行,行十九字,四周黑框,左右双线,中有细线竖格,楷体字,书口每页下端镌“汲古阁”三字。书幅阔大,令人赏心悦目。予所读系东莞莫氏五十万卷楼藏本,上钤“东莞莫伯骥所藏经籍印”隶书白长方、“东莞莫氏五十万卷楼劫后珠还之”朱长方、“东莞莫伯骥号天一藏”朱方、“莫培樾印”小朱方等印。(一)《御览诗》一卷,令狐楚辑,末有宋陆游手书跋文两则,毛晋“戊辰元春日”跋(见《书跋》第73—74页);(二)《箧中集》一卷,元结撰,毛晋“戊辰春分日”跋(见《书跋》第74页);(三)《国秀集》三卷,芮挺章撰,毛晋“戊辰寒食后一日”跋(见同上);(四)《河岳英灵集》三卷,殷璠辑,毛晋“戊辰春尽日”跋(见同上);(五)《中兴间气集》二卷,高仲武辑,毛晋“戊辰佛日”跋(见《书跋》第75页);(六)《搜玉小集》一卷,毛晋“戊辰上巳日”跋(见《书跋》第75—76页);(七)《极玄集》二卷,姚合辑,毛晋“戊辰花朝”跋(见《书跋》第76页);(八)《才调集》十卷,韦縠辑,毛晋“戊辰端阳前一日”跋(见同上)。

《唐高僧诗集》三种四十六卷,毛晋辑,皆据宋本重雕,刻印甚佳。每半页八行,行十九字,宋体字,字大方正,书口下端镌“汲古阁”三字。(一)《杼山集》十卷,释皎然撰,于頔序,毛晋跋两则(见《书跋》第46—47页);(二)《白莲集》十卷,释齐己撰,宋孙光宪序,是书毛晋天启六年得之其云间内父康时万(了予公)之旧宅(跋见《书跋》第60—61页);(三)《禅月集》二十五卷补遗一卷,释贯休撰,吴融序,毛晋有两跋,为《书跋》所漏收。其第一跋云,贯休“善画罗汉”,“余家藏得一十六帧,其中伏虎尊者偏袒倚杖凝然不动,虎踯座下,如祥麟驯骥。又一幅写侍者揭瓶倾水,龙从瓶中腾起云端,尊者托钵仰视龙,涌云徐徐而下,绝无生擒活挈、张拳瞋目之状。岂庸工俗师能着一笔”,“种种奇妙,绝非耳目间物”。

《梅花喜神谱》版本经眼录

柳向春

现在提起宋本《梅花喜神谱》,从事古代文献研究和喜好收藏古籍的没有不知道的，它是国内留存至今最早的木刻版画图籍，无论是历史文物性、学术资料性还是艺术代表性任何一个方面,这部书都是当之无愧首屈一指的。所谓“梅花喜神谱”,其实意思就是梅花的画像,这一点钱大昕说的很清楚，他在本书的题跋中写道:“谱梅花而标题系以喜神者,宋时俗语谓写像为喜神也。”

黄丕烈曾跋《梅花喜神谱》云:“读画斋所刻《群贤小集》,皆南宋时人,内有《雪岩吟草》一卷,为苕川宋伯仁器之叟著,……卷后叶绍翁跋,作于嘉熙二年。即《吟草》中有‘嘉熙戊戌家马塍稿’,‘嘉熙戊戌复游海陵稿’,‘嘉熙戊戌己亥马塍稿’(按:《吟草》有此三稿)。稿中《岁旦》一首,注云‘己亥嘉熙三年’,则嘉熙二年为戊戌。此谱之作,当在侨居西马塍后，以闲工夫作闲事业，意盖有所感尔。”推测了《梅花喜神谱》的创作年代当在嘉熙二年(1238),即此书最早的版本为宋嘉熙二年所刻,但这个本子早已失传。我们现在所说的宋本,其实就是嘉熙本的景定二年(1261) 金华双桂堂重刻本。双桂堂大概是个民间书坊,目前我们仅知它刻行过此书。这个双桂堂重刻本叠经名家收藏,从明代开始,有文徵明,进入清代之后,则以曾为钱曾《读书敏求记》著录而名

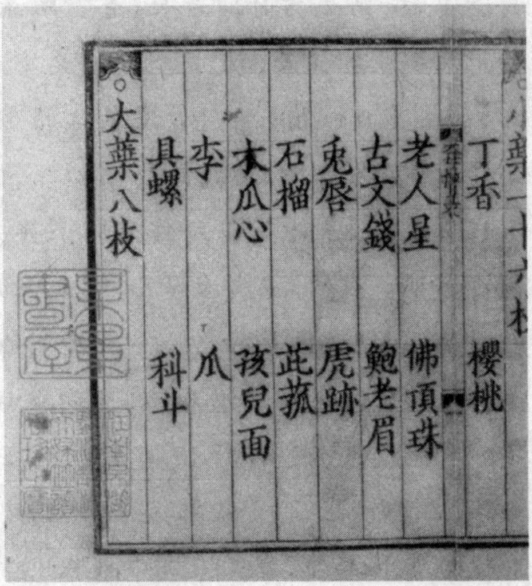

声更显(述古堂旧藏本今不传)。在此之后,据黄丕烈跋云,此书曾经五柳居售于王府,但到了嘉庆间,此书又从王府散出,归黄氏士礼居了。荛圃及身而书散,此书曾入藏汪士钟艺芸精舍,但不久又流落书肆。道光三十年(1850),书贾金顺甫以数十种百宋一廛旧藏售予文登于昌进,昌进又转赠其弟昌遂,故此书又归于青棠红豆庐珍藏。但此书在于氏手中时,也曾稍起波澜,据他的跋文云,他在得到此书之后不久,就被画师蒋仲藜攫去,屡索不得。到咸丰元年(1851),又重新从金顺甫手中购回。虽然于氏对此书珍若拱璧,"非交深十年不得阅此书",但不数年则又经转手到了吴县滂喜斋了。

潘祖荫本人没有留下对此书的记载,不过此书大概是潘氏在同治年间购入的。祖荫没有后裔,逝后长物全归胞弟祖年。民国辛酉(1921),祖年女静淑女史树春欣逢三十虚龄,祖年遂将《梅花喜神谱》作为贺礼赠与,静淑婿吴湖帆记此事因缘云:"自南宋理宗景定二年至今历十二辛酉凡六百六十年,后荛翁所得二周甲。"夫妻二人喜不自胜,遂将所居改名为"梅景书屋",以示珍重(所谓"景",则是指吴湖帆所藏宋米芾《多景楼帖》,现藏上海博物馆)。从王府而士礼居而艺芸精舍而青棠红豆庐而滂喜斋,《梅花喜神谱》所入者都是令人艳羡的大家巨族,但都宝藏未久,就又辗转易手。而至吴氏梅景书屋,则藏弆时间最长,直至解放后才转入公藏,现在则安居于上海博物馆保管部的文物库房之中。

《梅花喜神谱》编刊者宋伯仁的生平,向来多采用黄丕烈所作小传,其实在黄氏之后,归安陆心源的《湖州府志人物传》中,也收有宋氏小传,虽与荛翁所作大同小异,但其中都标注了材料来源,俱可覆按。陆传又引《渔溪乙稿》载钱塘俞桂赠伯仁诗有"诗与梅花一样清,江湖久矣熟知名"之句,可见伯仁诗名也为一时所盛赞。

这一宋本的宝贵与珍奇,为向来藏家和世人所交口赞誉,如黄丕烈《荛圃藏书题识》卷五有云:"雨窗岑寂,书前跋毕,因用《雪岩吟草》中《瓶梅》、《问梅》二诗韵作二绝句,以补跋语所未备云:'王府遗编费护持(此书为王府中散出,其签题尚是王爷笔),重搜故纸付装池(装工有宋纸条，今取之以副四围)。书林佳话传闻得，尚说长安担米时(此书原由五柳居归于王府，赠以京米十挑，鱼肉一车云)。’‘神物无端去又来，百窗楼畔卷重开(书为文氏旧藏，百窗楼在高师巷，与余居相近)。更奇雕板年辛酉，喜得相逢笑满腮(此为景定辛酉重雕本，与余收藏之岁适合)。’”

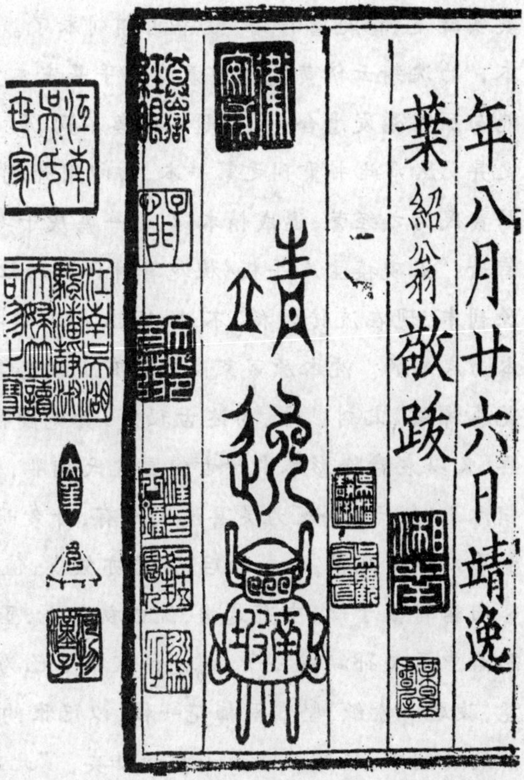

从经眼的角度来说，自然应该首先介绍现藏上海博物馆的这一存世孤本，但此本向来为人瞩目，已经有很多前贤作过详细研究，自不需词费了。唯一可说的就是，此书在梅景书屋期间，为主人吴湖帆拆散另裱为册页，仍为两册，外则用吴氏一贯之华丽樟木盒盛放，上镌阴文篆字，髹以绿色，放眼望去，即惊心摄目，确属不同凡响。现在我们能看到的很多影印本，其实都是以上海博物馆所藏的这一宋本为底本的。

又据黄丕烈对此书的另一题跋：“是谱之副本有二，皆余姻袁寿阶从此影钞者，一赠浙江阮芸台中丞，一藏五砚楼。寿阶作古，余向其孤取付云间古倪园沈氏翻行，……癸酉岁初三日……”而叶德辉《书林清话》卷八记载：“松江沈绮云所刻宋本《梅花喜神谱》颇为博雅君子所赏鉴。沈氏家本素封，有池亭园林之盛，改七薌尝居停其处，《谱》中梅花，皆其一手所临，印本今尚有之，……”这一本子，其实就是《梅花喜神谱》最早的翻刻本了。黄裳认为，沈氏这一刊本，“为沈绮云倩黄荛圃用袁寿阶手摹宋本重刊，刻手精妙，然终未能与原书毫发悉合，版心题字亦各不同，影摹收藏图记亦有朱白文之异。然系此书重刊之第一本，初印用开花榜纸，墨色晶莹，由士礼居黄氏为之经营，遂成精本”。这一嘉庆十七年的刊本，卷末的题词有云：“五砚楼主人手模《梅花喜神谱》，松江古倪园为镌新本。”其原刊本，现在流传较稀，不过，1928 年中华书局的影印本就是以沈本为底本的。沈本原藏家高野侯有跋叙述得书经过云：“宋器之《梅花喜神谱》宋刻孤本，为述古秘笈，黄荛圃得之，珍如拱璧，题咏至再，又以袁寿阶影摹本付古倪园沈氏翻雕，由是著闻于世。咸丰中归斥山(东)于氏，既为吴县潘氏所有，什袭而藏，遂不复观。古倪园影摹本雕印绝精，红羊劫后，流传亦极少，值兼金未易得也。比来藏家旧籍转鬻于肆，中有是谱，沈刻初印也，亟论值购之。不数月，晤愙斋中丞文孙湖帆公子，谓是谱宋椠本已为梅景书屋长物，装潢甫竟，跋尾有素纸，坚嘱写梅花一枝，以记雅韵。因逡录诸家跋识于此册别叶间中，省览如睹庐山真面目矣。”此跋文显然是沈本藏者高野侯题写于自藏本上的，故而，此跋不见于宋本之上。至于跋中所云吴湖帆请其于宋本别叶上绘梅花一本以记雅韵之梅，则在今宋本的下册之首。

与这一刻本大约同时或稍后，长塘鲍廷博又刻此书收入《知不足斋丛书》第二十六集中，此本一册，与原宋本相较而言，分别较大，不似其他繙本，几乎全是影刻。此本版框较小，左右双栏，不似原本四周双栏。而正文之梅花形象，则也不如原刻本之古朴多姿、线条流畅。但有一点可以肯定，即此本的底本也仍然是现存上海博物馆之宋本，以其卷前有摹刻文徵明之藏印，不仅如吴湖帆在原本跋文中所言“《知不足斋丛书》所刻此谱易题眉于画旁，卷尾摹刻‘绍兴旌忠褒节之家’印，可证此册为鲍氏祖本，更证书经翻镌不复旧观之失。”上海博物馆所藏本中亦有此本，为原宋本藏者吴湖帆箧中旧物，封面有吴氏手题：“吴氏梅景书屋所藏副本　鲍刻”，下

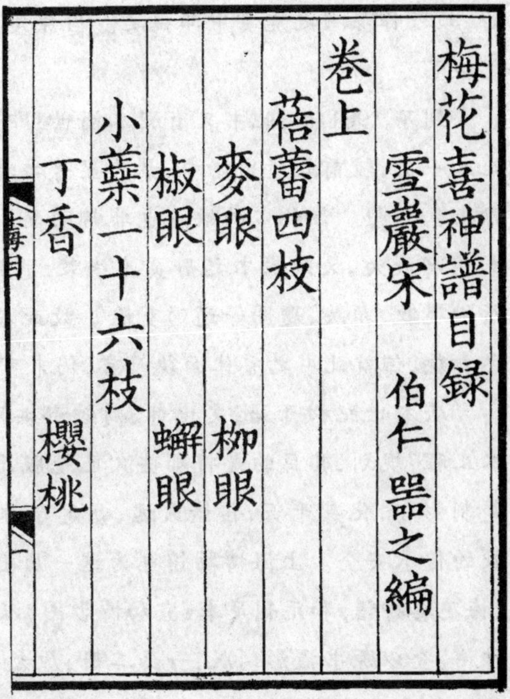
梅花喜神譜目録
雪巖宋 伯仁 器之編
卷上
蓓蕾四枝
麥眼 柳眼
椒眼 蠏眼
小蘂一十六枝
丁香 櫻桃

钤“某景书屋”小朱文方印一方、“吴湖飒”朱白文小方印一方。卷末亦有题识云:“宋刻原本今藏吾家,‘绍兴旌忠褒节之家’一印钤于原本,盖亦元人物也。”

以此书的珍罕,不数年后,又有翻刻本行世,即道光六年(1826)的七十二夫容仙馆刊本。此本两册,卷前有长方牌记一方:“大清道光岁在丙戌/七十二夫容仙馆刊”,又其书名页下也刻有“七十二夫容/仙馆珍藏”字样,除此之外,别无其他版本信息。今以当时情事核之,道光五年八月,黄丕烈已先卒,而其弆藏之物前此已尽数售归三十五峰园主人汪士钟。故道光六年之时,此谱原本当归艺芸精舍珍藏。但此本则似非汪氏所刻,也并非直接据此本翻刻,想来为前述两本之翻本而已。又其谱中梅图线条较《知不足斋丛书》本精雅整饬,故亦疑此本当据古倪园沈氏本所翻。

到了清室既屋、民国肇建,《梅花喜神谱》也如上文所云入藏于吴氏梅景书屋之中了。1938年,商务印书馆乃商借于吴湖帆,遂据原宋本影印收入涵芬楼所出《续古逸丛书》中,为第四十六种。卷前牌记云:“上海涵芬楼影/印吴县吴氏梅/景书屋藏宋本”。此本一函一册,以照相技术用原本摄影制版而成。全书墨色烂然,与原本同大,可传宋本神韻。但可惜的是,这一印本仍不能完全写实此书存世原貌,除其印章全用墨印之外,又将咸丰元年包世臣以下之题跋、观款尽行删除了。虽如此,这一料半纸印本装潢、印制均极精好，颇可作原书之虎贲中郎视之。当年定价即国币六元，也算高昂之极了。

到了1981年，此书又有新本问世，即文物出版社所出影印本。此本一册，较前此所出诸本，最为显著之特色为书中之收藏印章全以朱色套印。但此本的缺点也非常明显，一则为非原大原样：较原本稍有放大，又改原本之册页为线装；再则为只印正文，原书前后所附观款、题跋、题图等通通芟除。故此本如涵芬楼本虽同可传谱之真貌，但就此书之整体面貌而言，仍未可餍读者想见之情。

从本世纪初开始，文化部、财政部共同主持实施"中华再造善本工程"规划，其目的是将那些久已绝版而又传世孤罕的珍稀善本复制影印，化身千百，传诸久远，嘉惠学林，荫及子孙，从而确保文献的传承安全。上海博物馆也为这一历史性工程提供了孤本宋刊《梅花喜神谱》和元刊足本《宣和博古图》以为襄赞。其中之《梅花喜神谱》全以原书摄影制版，一函二册，原大、原色、原貌影印，为迄今为止各方面最接近原书之复制本。与原来诸本相较，不惟全本完全原色印出，且亦保存原本之册页形式，最大程度反映出原本之存世特色，令人嗟叹再三。当然，此本亦非全无瑕疵，如若求全责备，则此本与原本并观，纸色、印色高下立见：原书纸色柔和爽目，而《再造》本纸虽经做旧，但其斧凿之痕迹显然可见；再者，原书开本为30.4×18.2厘米，而《再造》本之开本则稍大，虽然书中原书开本亦有迹可寻，然仅以外观而言，显然又与原本不同。

除此之外，近年以来《梅花喜神谱》又曾多次翻印，如1985年中华书局重印《丛书集成初编》中、1994年上海古籍出版社《中国版画丛刊二编》第一辑中、2000年山东美术出版社《中国古画谱集成》第一集中，都曾收入此书，但正如上文所言，其来源皆为现在上海博物馆所藏这一存世孤本。

又可补充的是，当日五砚楼所钞两本中，一赠扬州阮元者，后为阮氏进呈内府，收入"宛委别藏"之中，然此本仅录原本之内容而已，若云传原本之真，则尚有待耳。

弢翁标注《钱遵王读书敏求记校证》

李国庆

《钱遵王读书敏求记校证》四卷，清钱曾撰，清管庭芬原辑，民国章钰补辑。民国十五年长洲章氏刻本。钱曾书成以后，秘藏箧中，不经示人，遂有朱彝尊设计录副之逸闻。自此而后，被世人所重，抄校翻刻本递出。管、章二氏，网罗众本，递相雠校，既精且审，堪称钱书善本。《四库全书总目》卷八七史部目录类存目著录是书，云："曾字遵王，自号也是翁，常熟人。家富图籍，多蓄旧笈。此书皆载其最佳之本。手所题识，仿佛欧阳修《集古录》之意。…其述授受之源流、究缮刻之同异，见闻既博，辨别尤精。但以版本而论，亦可谓之赏鉴家矣。"著名藏书家周叔弢先生(晚年自号弢翁)很早以来就注意此书，偶或以自庄严堪所储名抄佳刻，以及知见古籍善本对是书进行标注（本文简称"弢注"），选用的底本就是清管庭芬(本文简称"芬案")原辑、民国时章钰(本文简称"钰案")补辑并刻之本。弢翁标注本，今藏天津图书馆。本文将书眉处由弢翁标注的文字按照原书序次逐条摘录下来（个别处笔者加简短说明，置括号内)，凡一百二十九条，从中既可获知弢翁藏书之情况，又可增广别家藏书之见闻，犹唐高仲武评崔峒诗时所谓"斯亦披沙拣金，往往见宝"者是也。

卷一　经部

周易十卷　北宋刻本　弢注："此书天禄琳琅后编著录。宋本已景印。"

卫元嵩元包经传四卷　弢注："余收明本。"

张行成元包数总义二卷　弢注："余收明本。"

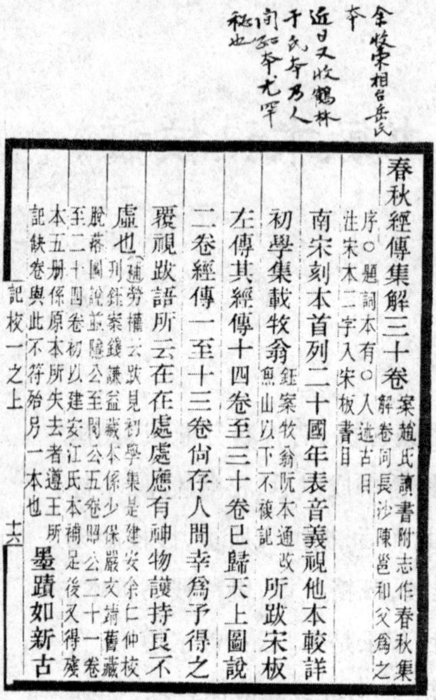
余收宋相台岳氏本近日又收鶴林于氏本乃人間孤本尤罕秘也

春秋經傳集解三十卷 案趙氏讀書附志作春秋集解卷同長沙陳邕和父爲之
序○題詞本有○人选古目 注宋本二字入宋板書目
南宋刻本首列二十國年表音義視他本較詳
初學集載牧翁 鈺案牧翁既本通改魚山以下不復記 所跋宋板
左傳其經傳十四卷至三十卷已歸天上圖說
二卷經傳一至十三卷尚存人間幸爲予得之
覆視跋語所云在在處處應有神物護持良不
虛也 (補)勞權云跋見初學集是建安余仁仲校刊鈺案錢謙益藏本係少保嚴文靖舊藏
脫落圖說並隱公至閔公五卷閔公二十一卷至二十四卷初以建安江氏本補足後又得殘
本五册係原本所失去者遵王所記佚卷與此不符殆另一本也 墨蹟如新古
記校一之上 十六

古三坟书三卷　弢注:“宋本在袁寒云丈处。”

时澜增定东莱书说三十五卷　弢注:“严氏(修能)手抄本已景印。”

毛诗郑氏笺二十卷　南宋刻本　弢注:“余得纂图互注本,极精。瞿藏宋本已景印。”

毛诗要义四十卷　南宋刻本　弢注:“丁氏宋本余乙丑年见之,索值昂未收。有钱天树、莫友芝跋。闻归刘晦之丈。”

春秋经传集解三十卷　南宋刻本　弢注:“余收宋(元)相台岳氏本。近日又收鹤林于氏本,乃人间孤本,尤罕秘也。”

春秋公羊经传何休解诂十二卷　释文一卷　此北宋椠本之精绝者。弢注:“宋余氏本已景印。”

韦昭注国语二十一卷　弢注:“余收陆敕先校宋本。”

何晏论语集解十卷　弢注:“余收景宋抄本,乃从纂图互注本出。”

孟子注疏十四卷　是丛书堂录本　弢注:“余见此书未收,为南浔张氏所得。”

陆德明经典释文三十卷　弢注:“宋本藏天禄琳琅,闻犹在人间。沅丈曾见之。”

刘敞七经小传三卷　钰案:“天禄后目载有北宋本。”弢注:“北宋本已景印,实南宋本。”

文公家礼十卷　弢注:“海源宋本,余曾见之。”

龚端礼五服图解一卷　弢注:“余见此书未收,今归广东莫氏。”

说文解字三十卷　标目一卷　弢注:“余收残本数卷。仪顾堂本已景印,实南宋光宗以后刻本,刻工姓名可证。海源本余曾见之,纸印甚精，当是元印，在陆本之上。丙子三月，海源阁本余议价已成，因手中窘迫，遂作缘归陈澄中。世綵堂韩文亦归澄中。”

徐锴说文解字系传四十卷　钰案：“劳权云系影宋本。”弢注：“此书已景印。”

郭忠恕汗简七卷　钰案：“劳权云恬裕斋孱守居士手校本三卷。”弢注：“此书已景印。”

龙龛手鉴四卷　弢注：“沅丈所藏宋本已景印。余收钱遵王藏景宋抄本。瞿本亦景印。”

丁度集韵十卷　弢注：“余收陈仲鱼校宋本。”

礼部韵略五卷　是书嘉定六年四月望锓板于云间洞天。钰案：“《浙江采集遗书总录》载海宁陈氏影写本即从云间洞天本出。”弢注：“海源阁藏宋本，字大悦目，纸墨精美。余收景宋抄本，亦从云间洞天本出。”

毛晃增修礼部韵略五卷　弢注：“绍定本已景印。”

司马温公切韵指掌图一卷　弢注：“宋本闻归晦之丈，有‘嘉庆御览之宝’印。”

金石录三十卷　钰案：“明叶文庄写本首尾二纸自书，见义门先生集。”弢注：“余收谢行甫手抄影宋本，有叶林宗手跋。吴有堂手校精抄本、陈香泉手校本。”

郑构衍极五卷　钰案：“(黄丕烈)又云甲子夏又得周砚农手抄本，从孙道明本出。”弢注：“周氏抄本，甲戌归余。”

雪庵字要一卷　钰案：“邓邦述云此书今藏群碧楼，有荛圃题跋，曾藏百宋一廛也。”弢注：“此本已景印。”

郭璞注尔雅三卷　钰案：“述古目注‘宋板影抄’四字。”　弢注：“瞿氏藏宋本已景印。故宫景印南宋监本极佳。”

博雅十卷　钰案：“黄丕烈云此本予得东城顾五痴家。此书近刻以毕效钦本为最善，以此本校之，更多是正。影宋抄本故多佳处也。”弢注：“庚辰秋，以重值收顾校景宋本，黄跋，海源阁藏书。”

方言十三卷　旧藏宋刻本方言，牧翁为予题跋。纸墨绝佳，后归之季沧苇。弢注:“宋本藏江安傅氏,已精印行世。牧翁跋惜已割去。”

卷二 史部

史记一百三十卷 予昔藏宋刻史记有四,而开元本亦其一也。今此本乃集诸宋版共成一书,小大长短,各种咸备。李沂公取丝桐之精者,杂缀为一琴,谓之‘百衲’。予亦戏名此为百衲本史记,以同人一笑焉。弢注:“刘燕庵百衲宋本史记今在余家。海源藏宋乾道本,又小字建本,毛子晋手校者亦精。”

王偁东都事略一百三十卷 宋刻仅见此本,先君最所宝爱。钰案:“此记宋本后归丰顺丁氏。”弢注:“宋本在日本。丰顺丁氏藏本,余乙丑年曾见之,实国初复本,但纸印精美耳。”

资治通鉴二百九十四卷 弢注:“余见绍兴本未收。沅丈所藏百衲本已影印。”

通鉴博论三卷 弢注:“余收宋牧仲家抄本二卷。”

吴越备史四卷 钰案:“鲍廷博云《吴越备史》述古堂抄本在吴门江帆处。予曾见之,吴枚庵借录一本。”弢注:“吴抄本已景印。”

钓矶立谈一卷 弢注:“余收王乃昭手抄本。何仲子校补本,黄荛圃跋。”

封氏闻见记十卷 孱守居士从吴岫本录于空居阁。弢注:“余收旧抄本,吴有堂校。”

苏天爵国朝名臣事略十五卷 钰案:“见张蓉镜影元刻本跋。”弢注:“余收张蓉镜影元精抄本。”

历代纪年历七卷 弢注:“辛巳四月见此书未收,闰三月复收之。锡人顾道淳著,精抄本。”

五代会要三十卷 钰案:“劳权云竹坨本抄自古林曹氏,康熙甲戌春商邱宋氏借旧抄本勘对无异。” 弢注:“商邱宋氏旧抄本在余家。”

大金集礼四十卷 此书诸家目录俱不载,藏书家亦无有蓄之者,尚是金人抄本,抚卷有诸夏之亡之慨。弢注:“余收精抄本,相传为汲古阁所写。”

文房四谱五卷　弢注:“余藏童子鸣刻袖珍本。”

陆友墨史三卷　弢注:“余藏拜经楼抄本。”

糖霜谱一卷　芬案:“入述古堂目”。钰案:“黄丕烈云丁卯夏得此书旧抄本,校扬州局本,有佳处。”弢注:“黄氏藏明抄本今归余。王晦叔后序一首各本所无。黄本即述古堂旧藏。”

祠山事要指掌集八卷　弢注:“北平图书馆藏十卷本，是明盛希年撰,宣德癸丑刊。”

东家杂记二卷　弢注:“余收汲古阁精抄本,从宋抚州本出。席玉照手跋。此书为沅丈旧藏,不知何时流入日本书市,余以重值收回。”又注“此书宋抚州本缺一叶,余以他宋本补之。”

绍兴十八年同年小录　弢注:“余藏翁覃溪手校本。”

宝祐四年登科录一卷　弢注:“余藏翁校本。”

郦道元注水经四十卷　弢注:“余收明抄本。又收明本钱功甫抄补一之三卷。”

葛洪西京杂记二卷　弢注:“余收野竹斋本。”

杨衒之洛阳伽蓝记五卷　芬案:“张氏藏书续志云伽蓝记以如隐堂本为最善。”弢注:“如隐堂本已景印。”

高丽图经四十卷　芬案:“述古自注‘宋板’二字,入宋板书目。”弢注:“宋本藏故宫,壬申印行。”

巩珍西洋番国志一卷　弢注:“余藏知圣道斋抄本。”

汪焕章岛夷志一卷　弢注:“余藏知圣道斋抄本。”

卷三　子部

孔丛子七卷　弢注:“余收明巾箱本。”

荀子二十卷　淳熙八年六月吴郡钱佃得元丰国子监本。予又藏吕夏卿重校本,从宋刻摹写者,字大悦目,与此可称双璧矣。芬案:“黄丕烈云钱佃宋刻本,丙寅年见之,后归予家。”又案:“张氏藏书志云荀子二十卷,影宋吕夏卿大字本。”　弢注:“钱佃本藏海源阁杨氏,余曾见之,纸印皆精。黄荛圃有精抄本,余从王文敏家得之。又得顾千里校吕、钱两本。吕夏卿本近从松江韩氏散出,归陈澄中。海源本归大连图书馆。”

李轨注法言十三卷　音义一卷　弢注:“海源宋本归南宫邢氏。顷见宋白麻纸印本,商邱宋氏藏书,惜无力收之。此本亦归邢氏。”

颜氏家训七卷　弢注:“余收何义门校宋本。”

河上公注老子二卷　芬案:“述古目注‘宋本’二字,作一卷,又入宋板书目,作二卷。”钰案:“黄丕烈云得叶文庄公藏宋本。”弢注:“宋本已景印。故宫宋本亦景印。故宫宋本牌子如下:‘麻沙刘通判宅刻梓于仰高堂’。”

严君平道德指归论七卷至十三卷　弢注:“余得黄校本,即从钱本出。”

郭象注庄子十卷　芬案:“述古目注‘宋本’二字,入宋板书目。”钰案:“何焯云项子京家有宋板庄子。”弢注:“余收宋本二部:一南宋本,不附释文;一南宋末坊本,题分章标题,全载释文。”

徐灵府注文子十二卷　此是太原祝氏依宋板摹写者,亦希有之本也。弢注:“宋本已景印。”

墨子十五卷　弢注:“余收明陆氏本。”

淮南子鸿烈解二十一卷　弢注:“宋本藏海源阁杨氏。丁卯冬余曾见之,纸印不精。宋本归大连图书馆。余得传录本,亦作二十一卷。”

高诱注战国策三十三卷　予初购此书于绛云楼,乃剡川姚宏校定宋椠本。得之如获拱璧,即以传示同人,共相缮写。芬案:“简庄征君云此盖牧翁以二十千得之梁溪安氏者。”弢注:“余收景宋抄本,从梁溪安氏出,传是楼藏书。”

世说新语三卷　宋刻世说三卷,刘辰翁批点刊行,元板分为八卷。弢注:“日本影印宋本,附叙录。三卷为中土所无。”

茅亭客话十卷　元祐癸酉西平清真子石京为后序,募工镂板,以广其传。此则太庙前尹家书籍铺刊行本也。芬案:“蒋凤藻云在沪曾得吴枚庵手录宋本,跋云借自荛圃家,意即此本所自出与。”钰案:“黄丕烈云癸亥秋予得宋刻本。”弢注:“余藏吴嘉泰景宋抄本,从黄荛圃宋本出,此即蒋氏旧藏,盖误记为枚庵耳。”

邵氏闻见录二十卷　弢注:“余收陈仲遵校宋抄本。”

邵氏闻见后录二十卷　钰案:“士礼居藏两旧本。”弢注:“余收黄荛圃校本。”

罗璧识遗四卷　方山吴岫题此书云:“考据精,论断审。”弢注:“余收吴方山抄本,汲古旧藏。”

徐度却扫编三卷　是册原书为王百谷家藏宋刻,后归牧翁,亦付之绛云一烬中矣。存此摹本,犹有中郎虎贲之想。弢注:“余收张讱厂传黄氏抄宋本。”

张世南游宦纪闻十卷　影宋本旧抄,乃停云馆藏书,有衡山先生图记。钰案:“黄丕烈云得影宋抄本。每卷尾有唐伯虎题字,又有玉兰堂竹坞图记,未知果为衡山先生故物否也。”弢注:“余有影抄本,从黄本出。黄氏所得,疑非述古旧物。”

学斋佔毕四卷　钰案:“黄丕烈藏宋残本,有跋,已刻入荛圃藏书题识。”弢注:“余有黄氏手校明抄本。”

张舜民画墁录一卷　弢注:“余收明抄本,胡心耘手校。”

砚北杂志一卷　项氏曾刊行是书,此乃其原本耳。…谷阳不知何人。弢注:“谷阳是周伯琦。余藏项氏刊本,有天南遁叟题识。”

履斋示儿编二十三卷　钰案:“陆心源有顾千里校宋胡楷刻本。”又案:“此宋本为刘氏学礼堂刊,见思适斋集。又佳趣堂目有宋板一目。”弢注:“顾校本归余。宋本元初本在海源阁,今归陈澄中。”

贾思勰齐民要术十卷　嘉靖甲申刻此书于湖湘。弢注:“陈子准手校。瞿氏藏本壬申秋归余。”

神机制敌太白阴经十卷　芬案:“蒋凤藻云曾见旧抄足本十卷,以恶劣未购。通行本皆八卷。孙渊如先生曾以群书校定十卷本,求之多年,迄未一遇。”弢注:“余见孙渊如手校本,未收。”

许洞虎钤经二十卷　弢注:“余收嘉靖本,近以明抄本校之,补正甚多。”

伤寒明理论四卷　钰案:“黄丕烈云此书曾得一精抄本, 不知是影宋本否?后归艺芸精舍。”弢注:“余收校宋本。”

端必瓦成就同生要一卷　弢注："述古堂抄本，十行十八字，己巳二月余得之文禄堂。"

朱存理铁网珊瑚十四卷　钰案："朱性父珊瑚木难手稿，翁方纲跋谓四册，未分卷次，与(四库)提要之作八卷者异，见复初斋文集。"弢注："四册不分卷，珊瑚木难朱氏手稿本，在余家。"

画鉴一卷　钰案："劳权云此系抄本，向藏知不足斋，后归朱述之司马。"弢注："沈氏野竹斋抄本，甲戌归余。"

宋伯仁梅花喜神谱二卷　弢注："宋本已景印。"

卷四　集部

陶渊明文集十卷　弢注："宋本汤注陶诗归余。北宋本乃绍兴本陶集亦归余，即汲古书目所著录者。"

东皋子集二卷　弢注："余得抄本五卷，从蜀本出，比孙本多文数篇，诗数首。"

王右丞文集十卷　此刻是麻沙宋板。集中送梓州李使君诗，亦如牧翁所跋，作"山中一半雨，树杪万重泉"。知此本之佳也。弢注："余得宋蜀本，乃海源旧藏。"

陆宣公翰苑集二十二卷　钰案："陆心源有元至大辛亥壬子中重刊本，序次卷数与此均同，见仪顾堂续跋。"弢注："余收明复元本。陆氏所藏，当是真元本。"

吕和叔文集十卷　弢注："瞿氏藏本已景印。"

权文公诗集十卷　弢注："宋蜀本今有十馀卷在澄中处。"

刘宾客文集三十卷　外集十卷　是集缮写精妙，雠勘无讹。尝以汲古旧抄校之，行次差殊，远逊此本多矣。弢注："今有内府藏真赏斋宋本及日本博物馆藏宋本，精印行世。抄本举不足重矣。余得明卧云山房依宋抄本，以刻工姓名考之，是绍兴时另一刻本，当与宋本同珍。"

元氏长庆集六十卷　乱后，牧翁得北宋刻微之全集于南城废殿，向所缺误，一一完好，遂校之于此本。弢注："丙寅春夏之交，此书(指钱谦益校宋本)归余。"

白氏文集七十一卷　年谱一卷　芬案:“张氏藏书志云宋绍兴刊本,玉兰堂藏书。中遇‘構’字注‘犯御名’,‘桓’字注‘渊圣御名’,盖绍兴三年以前刊本。”弢注:“宋本自瞿氏归一伧父,惜哉! 今归北平图书馆。”

李文公集十八卷　芬案:“入述古目,作李翱集。”弢注:“余得述古堂抄本,板心有‘述古堂’三字,季氏藏书。”

皇甫持正集十卷　是集予从闽本抄录。弢注:“今有宋蜀本精印者。”

樊川文集二十卷　外集一卷　牧之集旧人从宋本摹写者,(与)新刻校之,无大异。此翻宋雕之佳也。弢注:“余收明覆宋本。”

沈下贤文集十二卷　弢注:“余得季沧苇抄本,比时本为佳。”

笠泽丛书二卷　弢注:“余得冯氏抄本,吴枚庵跋。又顾千里校本。”

吴兴昼上人集十卷　弢注:“余藏绣佛斋抄本,作皎然集。卢抱经校本作杼山集。钱氏手抄本藏德化李氏。”

雪窦祖英集二卷　钰案:“(瞿目有) 祖英集二卷,系宋宁宗后刊本。”弢注:“瞿本已景印。”

王黄州小畜集三十卷　芬案:“张氏藏书志云《小畜集》三十卷,宋刊配旧抄本。宋王禹偁撰。有自序及绍兴丁卯沈虞卿镂版序。后附纸墨工价及校正监造衔名八行。”弢注:“此书已景印。”

河南尹先生文集二十七卷　钰案:“周星诒云黄复翁校宋本,予得之带经堂。” 弢注:“此书余得首末二册,其馀不可踪迹矣。”又注:“余得抄本三部:一梁蕉林藏;一毛古愚藏;一李南涧校。”

王翰友石山人稿一卷　芬案:“见也是园目。” 弢注:“余收味书轩抄本,录也是翁跋。”

钱考功诗集十卷　仲文诗佳本绝少。弢注:“余收叶石君校抄本。”

李贺歌诗编四卷　集外诗一卷　宋京师本无后序。此鲍钦止家本也。临安府棚前北睦亲坊南陈宅经籍铺印行。弢注:“宋宣城本、蜀本、金刊本,今皆精印行世。”

吴正子笺注李长吉歌诗四卷　诗外集一卷　此书是元人旧抄。

弢注："宋宣城本、蜀本、金本，近皆影印。金本无外集。"

李商隐诗集三卷　芬案："张氏爱日精庐藏有二本：一称李义山集，旧抄校本，后有崇祯甲戌護净居士冯氏跋；一称李商隐集，毛板校宋本，后有丙戌三月太邱陈鸿手跋。"弢注："護净居士乃冯已苍。"

温庭筠诗集七卷　别集一卷。芬案："张氏藏书志云《温庭筠诗集》七卷别集一卷，毛板校宋本，前有题识云从冯定远携钱子健校本对过，末有南浦题识云假钱遵王抄宋本重勘。"弢注："余收毛氏校宋本。"又注："此书已景印。"

李群玉诗集三卷　诗后集五卷　弢注："余收黄校叶林宗手抄本。"又注："宋本已景印。"

寒山拾得诗一卷　此从宋刻摹写，考南、北藏俱未收。钰案："天禄目所载《寒山诗》一卷三百十三首，附《丰干诗》二首、《拾得诗》五十六首之宋本，亦复有互异处。"弢注："天禄所载《寒山诗》现在余家。弢。"

陈后山诗注十二卷　弢注："余收宋蜀本，存卷三下至卷六下，计七卷，当是最初刻本。"

萨天锡雁门集八卷　弢注："余收毛破崖、沈宝砚校本。"

范德机诗集七卷　弢注："余收金亦陶手抄本。"又注："又收旧抄本，有何心友跋。"

张光弼诗集二卷　弢注："余收金亦陶手抄本，从毛氏本出。"

李善注文选六十卷　善注有张伯颜重刻元板，不及宋本远甚。予所藏乃宋刻佳者。弢注："余得天圣本，存十九卷，当是文选李善注传世之最古者。后又收得四卷。宋建本已景印。近收明州本四卷。"

古文苑九卷　弢注："余收景宋抄，无锡蔡氏藏。又收钱遵王藏景宋抄本。顷见天禄琳琅藏宋本，白麻纸，极精。"

才调集十卷　予藏才调集三：一是陈解元书棚宋椠本，一是钱复真家藏旧抄本，一是影写陈解元书棚本。弢注："述古堂景宋抄本已景印，有毛氏宋本甲印。"

中兴间气集二卷　此本从宋刻摹写，字句绝佳，即如朱湾咏三诗……。后人不解诗义，翻疑"三"为讹字，妄改题曰咏玉，凡元板至明刻本皆然。弢注："余有冯巳苍校赵玄度抄本，顷收汲古阁景抄本，宋本甲印。"

窦氏联珠集一卷　此乃影宋本旧抄也。弢注："宋本及何氏校宋本，余皆见之，并传写一通。"

唐僧弘秀集十六卷　此系元人抄本，旧藏杨君谦家，予获之于孙岷自。弢注："宋本十卷全，余将为传刻，是书棚本。"

古今岁时杂咏四十六卷目录二卷　此等书除宋刻缮写外，别无刊本流布，将来芫没无传，甚可惜耳。弢注："余得明抄本，是从宋本出。"

郭豫亨梅花字字香二卷　芬案："蒋杨孙买书进王府。"钰案："杨孙为蒋文肃廷锡字。"弢注："余收元本，乃安乐堂故物，或即蒋杨孙所买进。"

刘勰文心雕龙十卷　此书至正乙未刻于嘉禾，弘治甲子刻于关门，嘉靖庚子刻于新安，辛卯刻于建安，癸卯又刻于新安，万历己酉刻于南昌。至隐秀一篇，均之缺如也。钱功甫得阮华山宋椠本抄补，始为完书。弢注："余有弘治本。今日董绶经丈从巴黎博物馆影照唐人写本残卷，极佳。杨凤缮写本，即弘治本。"

梅磵诗话三卷　弢注："余收明抄本，汲古阁旧藏。"

沧浪吟集二卷　弢注："黄氏藏抄本，癸未正月归余，题作沧浪先生吟卷。"

花间集十卷　绍兴十八年济阳晁谦之刊止，题于后。镂版精好，楮墨绝佳，宋椠本之最难得者也。钰案："聊城杨氏海源阁有淳熙十四年鄂州使库刻本。"弢注："杨氏本归余。"

东坡乐府一卷　刻于延祐庚申。钰案："黄氏又有元刊本，见题跋记，今藏海源阁。"　弢注："杨氏本归余。"

卷末附　佚文

周礼郑氏注十二卷　建安余仁仲校刊本。弢注："余收婺州市门巷唐宅本。"

礼记郑氏注二十卷　建安余仁仲校刊本。弢注："余以重值收余氏刊本，为六七年来未有之大举。壬午三月。"

钤印珍本《齐白石印谱》

——苹楼藏书琐谈之九

涂宗涛

上世纪七十年代，我在天津新华书店古旧书门市部的一堆乱书中，在发现李遂贤(字仲子)撰稿本《客梦留痕集》的同时，还发现一本无书名与作者和收藏者姓名的印谱，用印章直接钤印而成，随手翻阅，其中有几方印的边款署名“璜”、“弟璜”、“白石”、“白石山翁”、“齐璜白石”、“齐璜白石山翁”，从篆刻刀法、字迹和风格来判断，知是一本齐白石印谱，由于无书名，书内又无文字说明，书店工作人员未发现是以齐白石篆刻直接钤印之印谱，书价便宜，即购之归。回家后仔细翻阅，这本无名印谱，用宣纸，开本大小约20×10厘米，一页两面，每页钤印蜕一方，边款字少者，则于本页下端拓印，字多者则于背面拓印。共计八方印蜕有边款。全书共收印蜕三十馀方，后面还有十来张空白页，说明是将齐氏原印随手钤印，故无次序，也无页码，更无序跋文字。这本印谱，曾经天津市文化局文物处和天津市艺术博物馆的有关专家鉴定，均判断为以齐白石篆刻直接钤印之印谱，故名之为《齐白石印谱》。

关于这本印谱的来历，现在还不完全清楚，但它本身却应视为珍本，这是因为：其中有齐白石篆刻之精品两方，即“见贤思齐”、“不知有汉”二印蜕，原印由杨仲子先生收藏，齐是由于杨之请求而刻的，我曾和仲子先生的哲嗣小京先生联系，打听这两方齐氏篆刻精品的下落，得到的答覆是下落不明，现在原印已不知去向，而由这两方篆刻精品直接钤印之印蜕，当然就十分可贵了。

关于这两方印的收受者，即在两印之边款提到的“仲子先生”到底是谁的问题，我曾闹过笑话。因从记述齐白石生平的著作中，交游者无“仲子”其人，乃从第二手资料即人名辞典之类的工具书中去查找，虽已发现杨仲子，但由于上世纪三十年代的风气，称别人只能称字而不能直呼其名，不然，会视为对人不礼貌和不尊重，两印边款中提到的“仲子”，只能是字而非名，在人名辞典之类的工具书中，按其体例，杨仲子为名而非字，故将杨排除在外。由于这本印谱和李遂贤撰《客梦留痕集》稿本混在一起，李字仲子，也擅长篆刻，当时又和齐白石同居北平，遂贸然判断“仲子先生”即李仲子，并在拙著《苹楼夕照集》中介绍《客梦留痕集》的文章中，称齐曾为李刻过这两方印。后有读者提出“仲子姓杨不姓李”这一问题，我再重新调查研究，才发现自己的判断有误。此外，现在还有一个问题尚未解决，即这本印谱是谁钤印的？又是谁收藏而后流入书肆的？从这本印谱无书名、无题跋、无页码，印蜕排列又无规律，加上还剩下十来页空白等情况来分析，很可能是齐白石将自己所刻印章随手钤印留底的册子，因其中大多数为闲章，如“中立不倚”、“学足还乡”、“春光全在杏花红”、“花未全开月半圆”、“吞吐大荒”、“荒谬绝伦”以及别号“江南布衣”、“天外村人”、“隐年居士”等，皆为闲章；即使是人名章，也不是通常使用的名章，如那方“胡若愚印”，大小为 5.1×5.1 厘米，显然也是闲章，因印蜕的性质不同于为私人所刻名章，故操铁刀者可随意钤印以留底。这本印谱流入书肆又和《客梦留痕集》稿本放在一起，当非偶然，很可能从齐白石家散出后，由李遂贤收藏，后又从李家辗转流入书肆。

这本《齐白石印谱》所收三十多方印蜕，都刀法纯熟，落落大方，独具白石风格，但我之所以定它为“珍本”，是因收了白石篆刻精品，堪称代表作的

“见贤思齐”和“不知有汉”二印(前为阴文,后为阳文,均 3.7×3.7 厘米);我曾在《齐白石的篆刻精品两方及“仲子其人”》一文中作了较详介绍 (载中国美术学院学报《新美术》1999 年第 4 期),谈及“‘见贤思齐’、‘不知有汉’二印,从边款得知,皆为 1931 年(辛未)‘仲子先生’请白石刊刻的。这两方印,无论从刀法、笔势、布局、气韵等方面来看,几臻化境,无懈可击;其风格于刚劲中带柔和,富有书卷气;结构虚实迎让布置得当,边栏线条处理独具匠心,总之,这两方印,经得起推敲,越看越有韵味。因仲子是齐推崇的篆刻家,既为他治印,自然不会轻率下刀,而是精心创作的;而印文又是‘见贤思齐’、‘不知有汉’,前者暗含以齐氏为贤而‘思齐’,后者正和白石刊印‘但脱离汉人窠臼而已’的主张不谋而合,自然会有知遇之感;再加上齐氏时年六十八,正处于他艺术生涯的黄金时段,故能产生精品中之更精者”。

二印皆附有百字左右的边款,白石老人通过款识称赞“仲子先生之刻,古工秀劲,殊能绝伦”,“古劲秀雅,高出一时”,“其人品亦驾人上”,可见是惺惺相惜,他们之间许为“知己”的感情也就自然地融入和流露于凑刀刻镌之中。

最后还要赘一笔:我所藏《齐白石印谱》,先只收藏载有齐氏为“仲子先生”所刊二印的那一册,后又购得齐氏钤印印谱另外二册,前后共收三册,开本不一。书法篆刻家华非野予,是我老友,一朝过我寒舍,见此三册白石印蜕,喜甚,为使开本整齐划一,乃携去重新装订,分装四册,外以硬纸板护书,使书品更加美观;华君更在卷端手书《题苹楼主人藏白石印谱》七古一首,使这部印谱更增加了收藏价值。野予有《野予印留》(钤印本)、《华非艺踪》、《中国古代瓦当》等著作传世。附白。

记陕西师大荣厚旧藏伪满影印本《清实录》

曹旅宁

1987年，笔者在陕西师范大学从业师黄永年先生受《吴梅村诗》一课，曾在校图书馆就清代文字狱史事查阅伪满影印本《清实录》。该书以黄绫为封面，朱墨套印线装，纸张为日本美浓纸，开本颇大，清朗醒目，颇便阅读。笔者在阅读过程中发现了一张写着“康德十一年七月廿六日至三十一日全函看过一通，在此期内钞录《旧京遗事》一册，计约二十九页万馀字”的朱笔小楷笺条。康德是伪满洲国皇帝溥仪的年号，康德十一年为1944年，时距伪满垮台的“八一五”只剩下一年零十五天。当时推测此笺条为该影印本《清实录》原主人所书，其身份当为在伪满任职且具清朝遗老或遗少气息者。

陕西师范大学藏伪满影印本《清实录》的原主人是到底谁？2003年承周晓薇、王其祎同学之助，得知该《清实录》卷首钤有一篆书藏书印“萃闵堂所有书籍记”。由于一种机缘，笔者得以向辽宁图书馆前馆长，后受聘为中山大学图书馆编辑善本书目的韩锡铎先生请教。得知“萃闵堂”主人即曾任伪满洲国中央银行总裁的荣厚，并说荣厚曾从陶湘手中买了几十种闵、凌刻的套印本，后全部由辽宁图书馆接收。所谓“萃闵堂所有书籍记”的藏书印即由此而来。这也说明荣厚只是一个附庸风雅的藏书家，而非学者。因为业师黄永年先生曾说：过去正经读书人的书架上如果放着一部闵、凌刻的朱墨套印本是很被人看不起的。罗继祖《庭闻忆略》：“荣姓伊尔

根觉罗,字叔章,号不咸山民,清末久任刑部司官,为人精刻干练,徐世昌出任东三省总督,随调沈阳,任度支司,后赵尔巽接徐任,荣仍在职。民国后连任道尹、厅长,'九一八'事变前是现任吉林省财政厅长。……('八一五'后)荣则因是现任参议,被苏军掳走,后病死于苏联。"荣厚在公务之馀,除喜读书藏书,亦能诗,郑孝胥亡故、他曾撰写了一幅挽联:"掌内翰,跻外台,游陟中枢,开济奠新邦,王道精神征相业;畏庐逝,石遗亡,海藏继陨,凄凉怀胜侣,诗篇风格怅传人。"

秦翰才《满宫残照记》记述影印《清实录》事涉及荣厚:"满洲国成立,便动议影印全部实录,以为一种建国之纪念,时为大同二年(1933),后日满文化协会对于出版,愿任调查之责。康德元年(1934)着手进行,以会长郑孝胥、罗振玉、荣厚、丁士源、羽田亨、池内衡、水野梅晓组织出版委员会。议决交东京大藏出版股份有限公司承印。据说《实录》共印三百部,由溥仪出资三十万元。原拟概不出售,后因日满文化协会职员薪水没有着落,划出二百部出售,每部作价一千五百元,馀存一百部,封存沈阳的文溯阁——藏《四库全书》的一阁。"荣厚收藏的《清实录》当为出任出版委员会委员的赠书。"八一五"后其被掳至苏联后,其产业自然被当作汉奸"逆产"充公拍卖,这套《清实录》或便是如此流向西北的。为什么这样推测呢?因为陕西师范大学藏清桂馥《说文义证》原刻为周作人旧藏,后由上海古籍出版社影印,缺页则由业师黄永年先生藏本补足。笔者在《胡适往来书信集》中读到一封致胡氏的信函,大意周作人的藏书对于文化积累有用,希望胡氏出面阻止法院以拍卖汉奸“逆产”的名义将其分散云云。

还需要指出的是，1980 年台北联经出版事业公司版《顾颉刚读书笔记》“《清实录》”条：“离京前，陈乃乾君打电话来，询余《清实录》情状。顷晤沈阳师范学院副院长唐景阳同志，知此书系在日本印三百部，故底版不在中国。及印就归华，在抗战中，亦未远销。胜利后，归东北图书馆掌管，除散失若干部及由全国各学术机关索取若干部外，馆中今仅存十馀部。当时溥仪曾赐其族人若干部，今尚有保存者，可以出售。价每部自八百元至一千二、三百元不等。”此条笔记应写于 1957 年年底。又 1998 年中华书局出版《赵守俨文存》，收入作者《张静庐先生与〈清实录〉复原与出版》一文，已披露 1936 年伪满“满日文化协会”据盛京崇文阁影印的本子(台湾华联出版社印本，也据此翻印)，是在付印前被人动手挖改过。这一情况是 1957 年中华书局的张静庐先生发现的，下距新本《清实录》的印出，整整三十年。赵守俨先生文中还指出：罗继祖先生深知当时的内幕，《清实录》在“甲午战争一段里，把‘日军’写成‘倭寇’，这是日本人非常忌讳的，并且认为妨碍‘日满亲善’，非改掉不能印行。”(大《简报》第 158 期载罗继祖《伪满影印清实录缘起及其挖改》)并且说伪满只印了三百部，经过数十年必然要有一部分散失或残损，当然不敷使用，许多高等院校都没有这部书，甚至有的省亦无一部。赵守俨先生所说还是上个世纪六十年代的事情，可见伪满影印本《清实录》在当时已属比较难得的书籍了，在今天的情景也就可想而知了。陕西师大图书馆主事者诸君，能不珍重保藏之欤!

附记：小文久存箧中，刊出之际，又承周晓薇、王其祎同学之助，摄得陕西师大荣厚旧藏伪满影印本《清实录》书影一叶，又荣厚手书笺条一纸：“康德十一年十月中旬，齿痛未愈，看《吴越春秋》全部、译文《俾斯麦》全册，下旬继看《实录》全帙，时作时辍，不似前此之勤，因病不获也已！”可与小文前所引荣厚所书的朱笔小楷笺前后照应，从中既可窥测荣厚在兵荒马乱之际，犹能拥书自我消遣的心境；又可揣想当败局已定、危同累卵之时，荣厚读《清实录》，其心情是否犹如秦李斯、晋陆机临终时感叹人世沧桑、宦海无情一样呢？

知堂佚著考

止 庵

周作人已出版之著译单行本约九十种，我所整理之《周作人自编文集》、《苦雨斋译丛》、《周氏兄弟合译文集》等未尽赅括，近来又有《近代欧洲文学史》一种"出土"。周氏著译不曾面世者尚有若干，兹根据相关记载概述如下，或可供有志发掘者参考。单篇不在此列，他日拟更作《知堂佚文考》焉。

一、《秋草闲吟》。据《知堂回想录·五年间的回顾》："丙午(一九〇六)年以后，因为没有写日记，所以无可依据了，但是有一篇《〈秋草闲吟〉序》，是那年春天所作，诗稿已经散逸，这序却因鲁迅手抄的一本保存在那里。"该序有云："予家会稽，入东门凡三四里，其处荒僻，距市辽远，先人敝庐数楹，聊足蔽风雨，屋后一圃，荒荒然无所有，枯桑衰柳，倚徙墙畔，每白露下，秋草满园而已。予心爱好之，因以园客自号，时作小诗，顾七八年来得辄弃去，虽裒之可得一小帙，而已多付之腐草矣。今春无事，因摭存一二，聊以自娱，仍名秋草，意不忘园也。"《老虎桥杂诗·题记》则云，《秋草闲吟》"诗句悉已忘却，但记有除夕作，中有云，即不为大椿，便应如朝菌，一死息群生，何处问灵蠢。又七绝末二句云，独向龟山望松柏，夜乌啼上最高枝。龟山在故乡南门外，先君殡屋所在地也"。周氏此前日记中录存诗作约三十馀首，所云除夕作即在此列，其他或亦有编入该诗集者。

二、《劲草》。此即俄国作家阿列克赛·康斯坦丁诺维奇·托尔斯泰(Алексей Константинович Толстой)一八六二年所著长篇小说

《Князь Серебряный》,通译《谢列布良内公爵》。据《知堂回想录·翻译小说下》:"我们第二种翻译的乃是俄国的一部历史小说,是大托尔斯泰所著,他与《战争与和平》的作者同姓,但是生的更早,所以加一'大'字以为识别。原书名叫《克虐支绥勒勃良尼》,译起意思来是《银公爵》,是书中主人公的名字,英译则称为《可怕的伊凡》,伊凡即是教名约翰的转变,伊凡四世是俄国十八世纪中的沙皇,据说是很有信心而又极是凶暴,是个有精神病的皇帝,被人称作可怕的伊凡。银公爵虽是呱呱叫的忠臣义人,也是个美男子,可是不大有什么生气,有如戏文里的落难公子,出台来唤不起观众的兴趣,倒是那半疯狂的俄皇以及懂得妖法的磨工,虽然只是二花面或小丑脚色,却令人读了津津有味,有时回想起来还不禁要发笑。这部小说很长,总有十多万字吧,阴冷的冬天,在中越馆的空洞的大房间里,我专管翻译起草,鲁迅修改誊正,都一点都不感到困乏或是寒冷,只是很有兴趣的说说笑笑,谈论里边的故事,一直等到抄成一厚本,蓝格直行的日本皮纸近三百张,仍旧以主人公为名,改名《劲草》,寄了出去。可是这一回却是失败了,不久接到书店的覆信,说此书已经译出付印,原稿送还,这是没有办法的事,自然只好罢了,但是觉得这《劲草》却还有它的长处,过了几天那译本果然出来了,上下两册,书名《不测之威》。看了并不觉得怎样不对,但敝帚自珍,稿本一直也保存着,到了民国初年鲁迅把它带到北京,送给杂志或日报社,计划发表,但是没有成功,后来展转交付,终于连原稿也遗失了。"据周氏《墨痕小识》,该项译事完成于"丁未九月",《知堂乙酉文编·遗失的原稿》则云"大概是在丁未之冬完成的吧"。

三、《欧洲文学史》增订本。据《知堂回想录·五四之前》:"课程上规定,我所担任的欧洲文学史是三单位,希腊罗马文学史三单位,计一星期只要上六小时的课,可是事先却须得预备六小时用的讲义,这大约需要写稿纸至少二十张,再加上看参考书的时间,实在是够忙的了。于是在白天里把草稿起好,到晚上等鲁迅修正字句之后,第二天再来誊正并起草,如是继续下去,在六天里总可以完成所需要的稿件,交到学校里油印备用。这样经过一年的光阴,计草成希腊文学要略一卷,罗马一卷,欧洲中古至十八世纪一卷,合成一册《欧洲文学史》,作为北京大学丛书之三,由商务印书馆出版。……后来商务印书馆要出一套大学的教本,想把这本文学史充数,我也把编好了的十九世纪文学史整理好,预备加进去,可是拿到他们专家审订的意见来一看,我就只好敬谢不敏了。因为他说书中年月有误,那可能是由于我所根据的和他的权威不合,但是主张著作名称悉应改用英文,这种英语正统的看法在那些绅士学者的社会虽是当然,但与原书的主旨正是相反,所以在绅士丛书中间只得少陪了。"《欧洲文学史》出版于一九一八年十月,所增订之"十九世纪文学史"当列为该书第三卷第三篇,今已不存。作者曾在《〈不自然淘汰〉附记》(一九一八年七月四日作)和《关于〈炭画〉》(一九二六年六月六日作)里,抄录了其中有关斯忒林培克(August Strindberg,通译斯特林堡)和显克微支(Henryk sienkiewicz,通译显克维奇)的两段。新发现的《近代欧洲文学史》之第四章"传奇主义时代"和第五章"写实主义时代",系"十九世纪文学史"的底本。

四、《真谈虎集》。据《苦雨斋序跋文·〈谈龙〉〈谈虎集〉序》:"有一部分经我删去了,小半是过了时的,大半是涉及个人的议论;我也曾想拿来另编一集,可以表表在'文坛'上的一点战功,但随即打消了这个念头,因为我的绅士气(我原是一个中庸主义者)到底还是颇深,觉得这样做未免太自轻贱,所以决意模仿孔仲尼笔削的故事,而曾经广告过的《真谈虎集》于是也成为有目无书了。……《真谈虎集》的图案本来早已想好,就借用后《甲寅》的那个木铎里黄毛大虫。现在计划虽已中止,这个巧妙的移用法总觉得很想的不错,废弃了也未免稍可惜,只好在这里附记一下。"《知堂回想录·三一八》则云:"当时也曾写过些文章,正面的来说愤慨的话,自谴责以至恶骂,如在《京报》上登载的《恕陈源》等,本来想收集拢来归入《真谈虎集》内的,但是不晓得怎么一来,不曾实行,而且把目录也遗失了,或者是绅士鬼临时执政的时候所决定的吧。"《真谈虎集》

当与《谈龙集》、《谈虎集》同编于一九二七年。女师大事件至三一八事件期间，周氏所作包括《恕陈源》在内的“涉及个人的议论”多发表于《京报副刊》，现均收入陈子善、张铁荣编《周作人集外文》，《真谈虎集》拟收诸篇或散见其中。

五、《桑下谈》。据《书房一角·〈桑下丛谈〉小引》：“平常胡乱写文章，有关于故乡人物者，数年前选得三十篇，编为《桑下谈》，交上海书店出板，适逢战祸，未知其究竟，……”《秉烛后谈·〈桑下谈〉序》附记则云：“《桑下谈》则似未曾出板。”据《〈桑下谈〉序》，书名典出《后汉书·襄楷传》“浮屠不三宿桑下，不欲久生恩爱”，周氏有云：“浮屠应当那样做，我们凡人是不可能亦并无须，但他们怕久生恩爱，这里边很有人情，凡不是修道的人当从反面应用，即宿于桑下便宜有爱恋是也。本来所谓恩爱并不一定要是怎么急迫的关系，实在也还是一点情分罢了。……不佞生于会稽，其后寄居杭州南京北平各地，皆我的桑下也，虽宿有久暂，各有所怀恋，平日稍有谈说，聊以寄意，今所集者为关于越中的一部分，故题此名，并略释如上。故乡犹故国然，爱而莫能助，责望之意转为咏叹，则等于诔词矣，此意甚可哀也。”该序作于一九三七年六月三日。《桑下谈》系选本，篇章或载先前所出各书，惟目录失传，不知其具体面目耳。

六、《希腊神话》第一次译稿及《希腊神话比较研究》、《希腊神话论》。《希腊神话》原名 *Bibliothêkê*，周氏译作《书库》，通译《神话全书》，托名阿波罗多洛斯(Apollodorus)著，实为公元一世纪的作品。据《立春以前·〈希腊神话〉引言》：“我发心翻译这书还在民国廿三年，可是总感觉这事体重难，不敢轻易动笔，廿六年夏卢沟桥变起，闲居无事，始着手迻译，至廿七年末，除本文外，又译出茀来若博士《希腊神话比较研究》，哈利孙女士《希腊神话论》，各五万馀言，作本文注释，成一二两章，共约三万言。廿八年以来中途停顿，……现在先将第一章分段抄出，各附注释，发表一下。”一九四四年十月至十二月《艺文杂志》第二卷第十、十一、十二期所载《希腊神话》，共两万字，是为该译稿之仅存者。翻译《希腊神话》的两件副产品，一是哈利孙(Jane Harrison,通译哈里森)著《希腊神话论》,拟列为该书附录,但是“交给当时由胡适之博士主管的编译委员会,后来听说这些稿件存在香港,恐怕现在已经不知下落了吧”(《苦口甘口·怠工之辩》);一是弗来若(James George Frazer,通译弗雷泽)著《希腊神话比较研究》,日记写作《神话考证》,“共四八五页,约九万六七千字”,拟据以撰写注释,现亦不存。一九五〇年至一九五一年周氏重新翻译《希腊神话》,一九九九年一月由中国对外翻译出版公司出版。

七、笔记(书名不详)。周作人一九四五年五月下旬的日记中,多有写作笔记的记载,六月四日日记:“下午写笔记,成一卷,共约三万三千字。”八月三日:“收亢德寄还笔记稿廿页,即寄读书出版社。”然而未获出版。又据周黎庵《周作人与〈秋灯琐记〉》,一九七九年他曾见过周氏一部手稿,题为《秋灯琐记》,“大概百馀页,内容杂乱无章,各种体裁的文章都有,主要的则是日记”,不知是否即系此书。该稿亦已下落不明。

八、《北京竹枝词集》。周作人一九四五年六月十四日日记:“下午编《北京竹枝词集》了。”该书未能印行。周氏一九四五年六月十五日所作《北京的风俗诗》(收《知堂乙酉文编》)、七月二十日所作《关于竹枝词》(收《过去的工作》、《知堂乙酉文编》),皆与《北京竹枝词集》有关,前者提及“鄙人所知”“可以称是风俗诗”的北京竹枝词,以无名氏《都门竹枝词》八十首和得硕亭《草珠一串》一百八首“为优”,此二种当入选焉;后者则云:“今先从韵文部份下手,将竹枝词等分类编订成册,所记是风土,又是诗,或者以此二重原因,可以多得读者,但此亦未可必,姑以是为编者之一向情愿的希望可也。”

九、《近代散文》。周作人一九四五年七月二十四日日记:“编《近代散文》。”七月二十七日:“编《近代散文》全了。”七月三十日:“下午长谷川来,交予《近代散文》稿。”亦未付梓。周氏一九四五年七月二十七日所作《关于近代散文》(收《知堂乙酉文编》),似为该书之序或后记，其中介绍此系作者教授国语文学所用“资料”，有云：“至于资料，又渐由积聚而归删汰，除重要的几个人以外，有些文章都不收入，又集中于明代，起于李卓吾，以李笠翁为殿，这一回再三斟酌，共留存了十人，文章长短七十馀篇，重复地看了一遍，看出其中可以分作两路，一是叙景兼事的纪游文，一是说理的序文，大抵关于思想文学问题的，……明末这些散文，我们这里称之曰近代散文，虽然已是三百年前，其思想精神却是新的，这就是李卓吾的一点非圣无法气之留遗，说得简单一点，不承认权威，疾虚妄，重情理，这也就是现代精神，现代新文学如无此精神也是不能生长的。”

十、《希腊的神与人》。此即英国学者劳斯 (William Henry Denham Rouse) 一九三四年所著 *Gods, heroes and men of ancient Greece*(《古希腊的神、英雄与人》)。据《知堂回想录·北大的南迁》：“原书则在一九四七年顷译出，其时浙江五中旧学生蒋志澄在正中书局当主任，由他的好意接受了，但是后来正中书局消灭，这部稿子也就不可问了。……它的名字第一次是《希腊的神与人》。”《希腊的神与英雄·译后附记》则云：“一九四七年春夏之交，曾经化了两个月工夫，将这册书译成中文，后边抄集讲过的关于希腊神话的话，不论散文与诗，附记以备参考。这部稿子经友人介绍交给一家书局出版，可是不久被火烧毁，不复存在了。”《译后附记》中《关于希腊神话》一则，写于“丁亥五月二十二日”，是该译本唯一的遗存。一九四九年周氏回北京后重新翻译，题为《希腊的神与英雄》，一九五〇年十一月由文化生活出版社出版。一九五八年一月由天津人民出版社重印，书名改作《希腊神话故事》。

十一、《史记》。此即古希腊希罗多德(Herodotus)所著 *Historiae*，通译《历史》。据《知堂回想录·我的工作三》：“(一九五一年)六月以后我应开明书店的提示，动手译希罗多德的《史记》，可是没有原典，只得从图书馆去借勒布丛书本来应用，到了第二年的一月，开明通知因为改变营业方针，将专门出青年用书，所以希罗多德的翻译用不着了，计译至第二卷九十八节遂中止了。”又据周氏日记，自一九五一年九月十一日起，至一九五二年一月十五日止，共完成约十万字。现已亡佚。

十二、《绍兴儿歌集》。据《知堂回想录·自己的工作四》："从癸丑年起，我又立意搜集绍兴儿歌，至乙卯春初草稿大概已定，但是一直无暇整理，一九三六年五月写过一篇《〈绍兴儿歌述略〉序》，登在当时复刊的北京大学《歌谣周刊》上边，但是这个工作直至一九五八年九月这才完成，二十多年又已过去了。当时原拟就语言及名物方面，稍作疏证的工夫，故定名《述略》，后来却不暇为此，只是因陋就简的稍加注解，名字便叫做《绍兴儿歌集》。可是现今因为兴起'新民歌'运动，这是旧时代的儿歌，它的出版不能不稍要等待了。"周作人一九五八年八月十六日日记："上午写绍兴儿歌。"九月十一日："上午写《绍兴儿歌集》了，共一百〇八页。"九月十二日："下午校阅《绍兴儿歌集》一过。"十月九日："晚人文社来取儿歌集稿去。"一九六三年六月三十日："维钧与民间文学会陶建基来，谈儿歌出版事。"此书终未问世，只在《鲁迅的青年时代·鲁迅与歌谣》中抄录了两则。周氏搜集的绍兴儿歌底稿幸得保存，二〇〇四年由福建教育出版社影印出版，题为《童谣研究》，包括所辑录的古今有关论说，古代童谣和今代童谣，注明"二年癸丑一月始业，拟编为《越中儿歌集》一卷"。其中所录《〈绍兴儿歌集〉小引》一文，向未发表："辛亥(一九一〇)年秋天我从东京回绍兴，开始搜集本地的儿歌童话，民国二年(一九一三)任县教育会长，利用会报作文鼓吹，可是没有效果，只有一个人寄过一首歌来。我自己陆续抄了有百馀则，还都是草稿，没有誊清过。六年(一九一七)四月来到北京，不久北京大学歌谣研究会成立，我也在内，所有的贡献也只是这册稿子，登记'浙三'号，几年之后该会无形解散，我便收了回来。二十五年(一九三六)一月歌谣研究会二次重兴，催促我整理旧稿，赶快出板，当时我拟了一个计划，想对于言语，名物，风俗，稍加详细说明，改编为《绍兴儿歌述略》，不意荏苒二十多年，仍旧是那一册稿子。前年有友人劝我，乘鲁迅逝世二十周年把它编出来，也可以做一种纪念，因为里边的歌谣都是鲁迅所熟悉的，有的是他儿时唱过的，这是很值得做的工作。但是我去年病后，精神不继，不能照原定计划来记述，现在只因陋就简的加以整理，姑且把它编印出来，以供读者的参考，此外也别无奢望了。一九五八年四月□日记于北京。”

十三、《日本狂言选》增订本。据《知堂回想录·我的工作六》：“民国十五年(一九二六)我初次出版了一册《狂言十番》，如这书名所示里边共包含狂言的译文十篇。到了一九五四年我增加了十四篇，易名为《日本狂言选》，由人民文学出版社刊行，算是第二次版本。第三次又有一回增补，尚未出版，唯译稿已于一九六〇年一月送出，除增加三十五篇计十二万字，连旧有共五十九篇约二十八万字。此次增补系应出版社的嘱托，命将苏联译本的‘狂言’悉收容在里边，经查对俄译本三十九篇中有五篇已经有译文，乃将馀下的三十四篇一一按照篇目译出补齐，又将额外的指定的一篇《左京右京》也翻译了，这才交了卷。”又据周氏日记，一九五九年八月十一日起手，九月三十日完成，“计十一万五千字”。此增订本未获出版，原稿亡失。

十四、《平家物语》第七卷和第八卷的一部分。一九六五年四月二十三日至一九六六年四月十九日，周作人翻译《平家物语》一至六卷，手稿尚存，二〇〇一年一月由中国对外翻译出版公司出版单行本。然据周氏日记，一九六六年四月二十六日至七月八日，他还译出该书第七卷和第八卷的一部分，共一百二十六纸，约五万字。其中的一百二十三纸，于五月十三日、六月三日和七月一日分批寄交人民文学出版社，盖不知下落矣。

郑振铎与中国俗文学

方继孝

在中国民间文艺学史上，以郑振铎、赵景深为代表的“俗文学派”是一个活跃于是二十世纪三十年代到四十年代末的流派。属于“俗文学派”的学者，还有：谢六逸、许地山、钱杏邨、朱自清、冯沅君、戴望舒、孙楷第等人。这一流派的确立，以郑振铎著《中国俗文学史》的出版为标志。他们的研究对象，除了狭隘的民间文学(如神话、故事、歌谣、谚语、俗语)外，还包括了历史上曾在民间口头流传后来有了书面文本的戏曲、变文、弹词、鼓词、宝卷等。

郑振铎先生作为中国俗文学研究的开创者之一，对民间文学的兴趣和关注开始于文学研究会的成立。从他1921年任上海《时事新报·学灯》副刊主编、继而创办《儿童世界》起，他就开始对民间文学关注、介绍与研究了。作为主编，他除了在刊物上发表安徒生童话等中外民间文学作品和他的许多朋友写的文章外，还在其编刊的《文学研究会丛书》中出版了他翻译的《莱森寓言》、《印度寓言》、《列那狐》和《高加索民间故事》。1923年，郑振铎先生接替茅盾先生担任当时中国文坛最重要的刊物《小说月报》和《文学旬刊》(1923年7月30日起改为《文学周刊》)的主编。很快这两个文学刊物，就成了他发表民间文学文章的主要园地。1924年9月，郑振铎在《文学周刊》上发表了《孟姜女》一文。

郑振铎先生在《小说月报》上发表的第一篇冠以“俗文学”名词的文章《敦煌的俗文学》，大概也是在这个时期完成的。

为了写作这篇文章，正在编辑《小说月报》的郑振铎，除了自己到图书馆抄写，还向董康等藏书大家多方询问、借用有关资料，并请时在英国留学的好友许地山到大英博物馆为他查阅和抄录被斯坦因盗走的敦煌写经卷子，因博物馆不准抄录，许地山只能将看过的卷子一段一段地背下来，回到住地再凭记忆写下来，寄到国内。关于上述情况，敝寓所藏郑先生在主持《小说月报》时期写给著名藏书家董康先生的一封三页的毛笔信，叙述甚详。信是写在《小说月报》专用笺纸上的。全信是："绶经先生：十二日承宠招，因在南京未回，故不能到，歉甚！有机会很想到先生寓所畅谈，不知什么时候有空？近欲印行几种关于敦煌写本中的俗文学的书。已钞得者有《入冥记》、《目连救母》诸篇，惟《秋胡小说》未钞。不知先生在伦敦时有影印出来否？又适之先生说，他的关于'隋唐故事'的一种小说亦在先生处，不知现在已不用了否？颇想编一部小说目录，惟此目从未有人编过，除了采入内阁文库，大连图书馆及我自己所藏外，他处简直不多见。不知先生知道有过这种目录否？张宗子的《琅嬛山馆杂记》，先生有没有？如有，能借阅几天否？前几年记得先生曾购到《隋炀艳史》一种，现在手边否？我曾在南京购到此书的乾隆翻刻本，精美远逊于先生所藏的那一部。俄国的李宁堡，荷兰的莱顿，德国的柏林，法兰克福诸地，皆储藏中国古籍颇富(西班牙、葡萄牙的京城亦有之)，正在托人设法钞录其目录的一部分。不知何时可以得到。匆候著安。郑振铎上。十二月廿五日。"

受信人董康，字绶经，自署诵芬室主人。辛亥后，曾任司法总长等职。董氏喜藏书，和当年许多士大夫一样，公职之馀是常逛厂肆的。曾以廉值获得法式善手抄的《宋元人小集》八十册，被另一藏书家叶昌炽羡为"书生有此奇遇，不觉令人生妒心"。董康还以刻书著名。他曾在北京法源寺的寓所内，长期雇用多人从事刊刻，三十年中共刻成《诵芬室丛刊》三十馀种，耗资巨大，成绩斐然。汉籍东流，由来已久。近代从杨守敬开始，先后有王国维、傅增湘、张元济、孙楷第等先后去日本访书、索书，董康亦为其一。他曾七次到日本，居

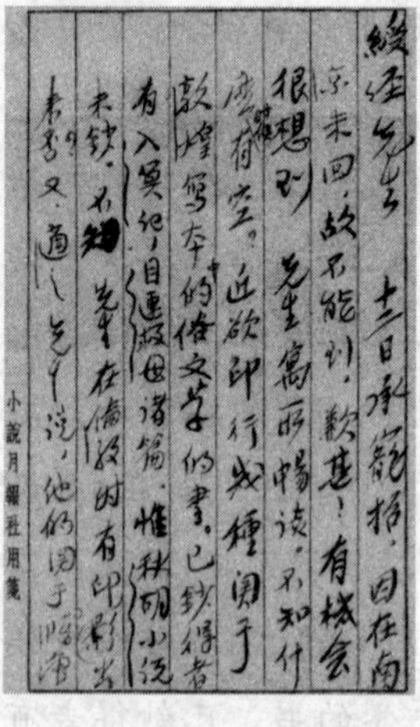
缓经先生：十二日承招，因在南
京未回，故不能到，歉甚！有机会
很想到先生寓所畅谈，不知什
么时候有空。近欲印行此种关于
敦煌写本中的俗文学的书，已钞得者
有入冥记、目连救母诸篇，惟秋胡小说
未钞，不知先生在伦敦时有印影出
来否？又，适之先生说，他的关于[illegible]
小說月報社用箋

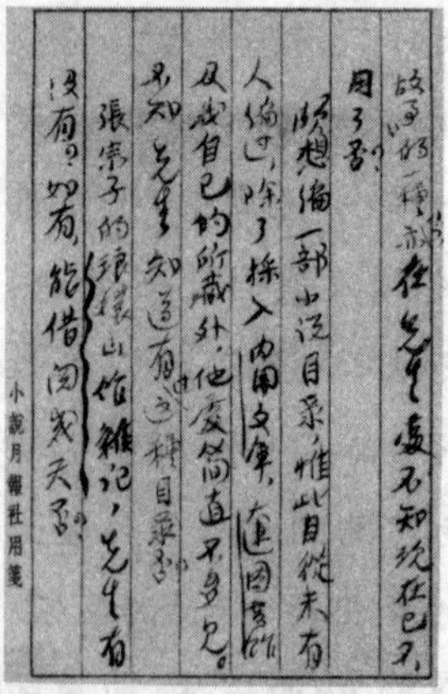
故事的一种，亦在先生处，不知现在已不
用了否？
弟想编一部小说目录，惟此目从未有
人编过，除了採入内阁文库、大连图书馆
及我自己的所藏外，他处简直不多见。
不知先生知道有什么种目录否？
张宗子的琅嬛山馆杂记，先生有
没有？如有，能借阅几天否？
小說月報社用箋

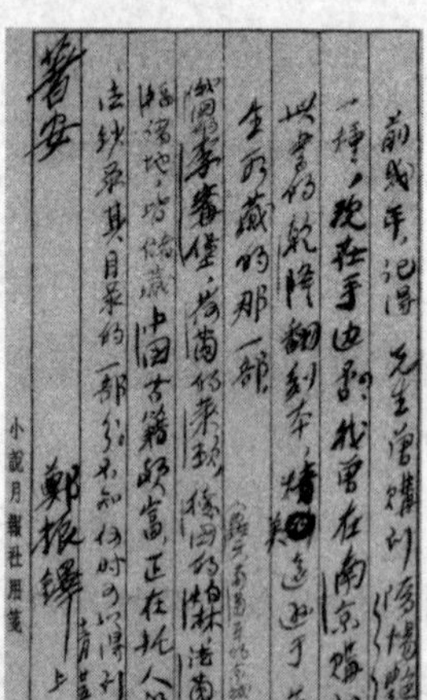
前几年，记得先生曾[illegible]
一种，现在手边否？我曾在南京购到
此书的乾隆翻刻本，[illegible]
生所藏的那一部。
[illegible]
[illegible]中国古籍颇富，正在托人设
法钞录其目录的一部分，不知何时可以得到。
著安
郑振铎上
小說月報社用箋

停间访书不辍，积累了大量资料，这些资料集中反映在所著《书舶庸谭》中。

郑振铎先生信末仅署月、日，没有年份。时“正在托人设法钞录其目录的一部分”，所托之人确指许地山，年份应在1924至1926年间。许地山1923年就读于美国哥伦比亚大学，次年进入英国剑桥大学，1927年回国。而郑先生则于1927年被迫流亡欧洲避难和游学，也因此得以在英法两国的图书馆里大量研读了中国古小说、戏曲、变文等，为他后来撰写《中国俗文学史》积累了大量素材。

信中提到的“《入冥记》、《目连救母》诸篇”代表了中国民间通俗小说最初的形态。《入冥记》叙述的是唐太宗魂游地府的故事。此事初见于《朝野佥载》，情节十分简略。话本却将这一故事演义为长篇，仅今存的残文就有数千字。大意写太宗死后，魂入地府，遇判官崔小玉，为之增寿十年，复活于世。《西游记》第十、十一回大体上即据此增饰敷演而成。从内容上看，这一故事当亦来自当时的民间传说。《目连救母》故事来源于佛教经典《佛说盂兰盆经》，讲述弟子目连为救母出离地狱而不辞艰险，最终使母亲脱离苦海。唐代的《大目乾连冥间救母变文》即据之演绎而成，宋代出现《目连救母》杂剧；元末明初，有《目连救母出离地狱升天宝卷》。明万历十年(1582)郑之珍自刻《新编目连救母劝善戏文》共一百折，分上、中、下三卷。目连救母的故事在民间影响很大，有关它的戏剧一直盛演不衰。清代乾隆年间，宫廷中专门编演了大戏《劝善金科》，演述目连救母故事。全剧长达二百四十出，需十天才能演完，可谓创目连戏之最。

信中郑先生还提到"惟《秋胡小说》未抄。"《秋胡小说》盖唐末五代人钞，后藏伦敦博物馆。据《列女传》所载，鲁国的秋胡纳妻五日官而于陈，五年才回家，还未抵达家门，就见到路旁桑田有美妇采桑，色心大起，下车调戏，既陈以逸乐，又表白高位，更以金钱相诱，被美妇严词拒绝，秋胡无奈。及至秋胡归家，奉金遗母，使人呼其妻出见，才知其妻乃是采桑美妇。秋胡自是又惊又喜，但美妇污其言行，羞其夫为，去而东走，投河而死。后元杂剧《鲁大夫秋胡戏妻》，便是根据这段故事改变的。

郑先生信中询问绶经先生有没有张宗子的《琅嬛山馆杂记》。张宗子，名张岱(1597—1679)，字宗子，又字石公，号陶庵，明末山阴人。他出身仕宦家庭，具有广泛的爱好和审美情趣。他喜游历山水，深谙园林布置之法；懂音乐，能弹琴制曲；善品茗，茶道功夫颇深；好收藏，具备非凡的鉴赏水平；精戏曲，编导评论追求至善至美。

郑振铎先生的《中国俗文学史》是1938年商务印书馆在长沙出版的。郑氏的俗文学观，以最简练扼要的语言，浓缩在了这部著作中。书中对俗文学是这样定义的："'俗文学'就是通俗的文学，就是民间的文学，也就是大众的文学。换一句话，所谓俗文学就是不登大雅之堂，不为学士大夫所重视，而流行于民间，成为大众所嗜好，所喜悦的东西。""中国的'俗文学'，包括的范围很广。……凡重要的文体，像小说、戏曲、变文、弹词之类，都要归到'俗文学'的范围里去。"

油墨馀香犹在身

——我收集的几种油印本书

艾俊川

蜡版油印据说是1881年左右,由旅居英国的匈牙利人盖斯特泰纳发明的。后传入日本,再由日本传进中国,其时已在二十世纪初,即光绪末年。油印分手工刻印和机器速印,蜡版速印机迭经改进,现已发展为光电制版高速印刷,目前仍广泛使用,很多单位还用它来印制文件。而手工油印在上世纪初传入,到上世纪末被复印机和桌面打印机取代,在中国风行了一百年,是百年间便捷印刷的主要方式,其深入社会各个角落的程度在印刷史上前所未有。如今手工油印渐行渐远,但它结出的果实——油印本书,还不时出现在人们面前,让那些油印亲历者感到它尚在身边。

"誊写版"与"钢笔版"

我收集的油印本书中,有几种年代较早,其中有据称是我国最早的"钢笔版"书——《道咸同光四朝诗史一斑录》。

在油印传入初期,手工制作蜡版有二种方法,一是用毛笔蘸药水在蜡纸上直接书写,药水溶掉字迹所在的蜡,形成蜡纸版。这种方法称为"油印",也叫"誊印";另一种就是我们熟悉的用铁笔钢板刻写蜡纸制成蜡版,当时称为"钢笔版"或"钢版"。后来誊印逐渐被淘汰,钢笔版大行其道,就顶了油印的正名,以致人们说到油印,就想起钢板铁笔。《中国近代出版史料·二编》收录王汉章《刊印总述》

一文，其中有“油印”与“钢印”二种，就分别说的是“誊印蜡版”和“刻写蜡版”。《刊印总述》说：“油印誊写版之发明，仅四十馀年，由日本传入中国，在光绪末叶，各学校以为印刷讲义之用。施之印行书籍者，始为昭文孙师郑(名雄，原名同康)之《四朝诗史》(道光、咸丰、同治、光绪四朝名人之诗)为最著名。”这篇文章初刊于 1943 年，当时已认为《四朝诗史》是最著名的早期油印书籍。

《四朝诗史》全名为《道咸同光四朝诗史一斑录》，昭文孙雄辑录。这部书选录道光以来自阮元以下诗人的诗作，从光绪三十四(1908)年四月开始编辑，随编随印，至同年十一月已成四编，每编二册，外加初编的补遗，共印成九册。我存的一部就是这九册。后来编者一发不可收拾，又辑印了五至八编，合前四编称为甲集；再辑印乙集八编，最终印成一部三十七册的大书。国家图书馆藏有此书全部三十七册油印本。

《道咸同光四朝诗史一斑录》初编封面后有牌记：“光绪戊申五月以钢笔版试印初稿。续编嗣出翻印必究。一名《道咸以来所见诗》”。编辑这部书时，孙雄正任京师大学堂文科监督。他在自序中说：“孟夏之月，余病齿，时所职在管理学生，跬步不得自适。偶集近人诗拉杂写之，以送长昼。初意病少，颇思继兰泉侍郎湖海诗传之后，裒为一编，因以道咸老辈诗足成之。卷帙既富，又觉贪多，遂信手拈取，不加抉择，用钢笔版写印，凡得九十四家。”可见一开始编书的时候，他就有意用钢笔版印行，在油印刚传入之际，不排斥肯利用，说起来难能可贵，当然也可能与孙雄在大学堂任职，可以方便地使用油印工具有关。据文中说明，此书每编只印百馀册，用来分赠友好。全书编完后，孙雄于宣统二年又将此书雕版印行，这才广泛流传开来。从这里也可以看出油印的特性：优点是方便快捷，随时可印；缺点是印量较小，质量不高，难以满足图书大范围流通的需要。

《四朝诗史》是写刻蜡版，也就是《刊印总述》中说的“钢版”，但《刊印总述》却将其归入誊写油印，说明此文作者也没有见过这书。

如今时间又过去六十多年,这部早期油印的大部头诗总集,存世量应该不多了。

在刻印《四朝诗史》的同时,孙雄还用“钢笔版”刻印了别的一些书。我架上就有《三君酬唱集》与《双红豆图题咏》合订本,印于宣统二年(1910),都是与其高祖孙原湘有关的文献。三君为孙子潇原湘、王仲瞿昙、舒铁云位,当乾嘉之间,三人交谊深厚,诗名相埒,法式善为作《三君咏》。《酬唱集》辑录了三人唱和之作。孙原湘喜爱吴绮“把酒祝东风,种出双红豆”名句,自署双红豆斋主人,请邵云巢绘图,当时名流题咏达六十馀家。《双红豆图题咏》汇集的就是这些题图作品。

孤吟十卷赖君传

手工油印流行的一个世纪,正是中国出版形态发生重要变革的年代。在清代以前,个人著述一般以私人雕版印刷发行为主,而进入民国,逐渐转变为由出版机构代为刊印,技术也由手工雕版变成机器生产。不论从制度上还是技术上,对普通著作者来说,“出版”的门槛都提高了。值得庆幸的是,此时有了油印,使人们可以避开出版方面的各种限制,满足出版愿望,也给了作品流传的机会。

百年中生产的“油印本”可谓浩如烟海,其中占最大部分的是教材、试题、文件、材料等一次性印刷品,事过境迁,似乎没有多少价值,但其中也有很多值得珍视的个人著述,而且不乏呕心沥血之作。

我对自己收藏的卢弼(慎之)先生的几部油印本著作就格外珍惜,不仅因为收集这些书需要很多精力和缘分,更因为这些书刻印出版背后的特殊境遇。

卢弼一生与书的关系,可用出版家、藏书家和著作家来定义。他与长兄卢靖以保存流传湖北地方文献为职志,先后编辑刊行了《湖北先正遗书》、《沔阳丛刻》和《慎始基斋丛书》等,都是动辄数以百卷的大书。他一生专注《三国志》研究，所成《三国志集解》是集大成的巨著。他藏书数十万卷，除大量湖北乡贤文献外，不乏珍本善本。就是这样一位与书无法分开的人物，在晚年却不得不承受种种与书有关的痛苦。

1951年，卢弼在复徐恕的信中，详细说明了他因生活所迫、藏书卖尽的苦况："拙藏数十万卷，大宗图籍，第一次卖归北平木斋图书馆，始获在天津置一小楼，为避地之计，亦即平生最失策之举。大儿经商重庆，急需母本，贱躯患病，居医院四十馀日，子妇亦罹重疾，行大手术二次，数者所需，乞灵敝藏，是为第二、三次之卖书。小女室人先后重疾，医药葬费无所出，乃竭二十年手自批校《国志》参考书数十种(《水经注》各种数十部在内)及善本书数百种，一举而归诸北京大学图书馆，极廉之价，等于半卖半送。幸书得其所。是为第四、五次之卖书。收藏乡贤著述，除已归木斋图书馆外，尚有三十种，不愿归之他人，每部当时新券一元，卖诸楚学精庐，为长孙女辅大膳宿之资。案头只馀童时所购鄂局本《诗韵释要》一册，供吟咏遣日之用(尚有拙著文稿三卷、诗稿七卷。平日刊印数百千卷，自著乃不能印一字，真可笑)，数十年辛苦得来之藏书尽矣。此亦李易安《金石录跋语》之一段伤心史。"

写这封信时，卢弼已经七十六岁。从曾经坐拥百城，到只剩下一册《诗韵释要》，藏书家心中悲苦可知。而更令人神伤的，是曾为他人刊印了无数著作的出版家，自己的著作竟一本也无法刊行。"真可笑"是豁达语，"伤心史"才是心里话。

幸运的是，卢弼终于看到了著作面世。1957年，卢弼八十二岁，《三国志集解》由古籍出版社印行。翌年卢弼八十三岁，神交但未谋面的上海老诗人戴果园，愿意帮助他刻印诗文集。第二年，《慎园诗选》、《慎园文选》写刻完成，卢弼难掩感激之情，作《淞滨怀旧·戴果园》："前年清浦夏云天，一曲高歌到酒边。难得神交如此老，孤吟十卷赖君传。"

卢弼的其他著作以后均寄上海刻写油印。《慎园文选》刻于

1958年,《诗选》刻于1959年,《启事》刻于1961年,《诗选馀集》卷一刻于1961年,《诗选馀集》卷二与《文选馀集》刻于1964年。至此,在戴果园的帮助下,除《慎园笔记》外,卢弼的重要著作用均油印行世,其时卢弼年八十九岁,戴果园八十六岁。

"孤吟十卷赖君传"。无论对无数像卢弼这样的作者来说,还是对百年文化成果的保存和传播来说,都应该记下油印的功劳。

宜入书林清话的戴果园

说完卢慎之,下面该说戴果园了。如果有人续写《书林清话》,戴果园值得一记,不仅仅因为他高龄助人的情谊。

雕版时代,由文人雅士自行设计版式、经理刊刻的书,例称"家刻本"。手工油印在中国流行百年,也印刷了大量书本,印工一部分属专业的,如各地誊印社;一部分属非专业的,如自印教材、考卷的学校老师。其间还有诗人墨客自己刻印诗文集的,若按雕版的说法,他们印的书该叫作"家印本"了。

果園詩鈔
青浦戴克寬禹修
悶端陽賞雨 壬戌
去年秋雨苦流毒今年夏雨苦不足五月黃梅已過時田疇龜坼驕陽酷誰謂天公也好奇甘霖故靳不輕施五月之後又五月黃梅醞釀猶遲遲天空倏忽商羊舞大雨滂沱悶端午既霑既足萬物蘇天心若爲前愆補今日非雨雨黃金受天之賜喜不禁米價日高緣不雨得此差足安人心我爲喜雨約良友重洗金卮酌蒲酒開軒不見九峰青疑爲飛雲負之走爲民請命籲蒼穹十日一雨五日風今雨雖甘微嫌晚無過不及謂之中吾言未畢客大笑笑我癡人天豈料不如賞雨快銜盃烟柳萬陂試遠眺
賀張養峰新屋落成 以下丙子
青機播畔月如水浸樓臺云是清河宅曾經大匠裁高堂娛愛日賀客鬧春雷我媿鄰翁一時時扶杖來
果園詩鈔 二

根据能找到的零碎资料,悉戴果园名克宽,字禹修,青浦人,清末南菁书院毕业,曾赴日本留学,归国后做过视学。解放后入上海文史馆。现在戴克宽的名字不为众人所知,他的女婿却大大有名,就是上海的英语名教授徐燕谋。戴果园擅长用油印印书,其同时人多有称誉。

郑逸梅《文苑花絮》中

说，戴果园买了台油印机，自己策划印书，真正刻蜡纸的是他的同乡张仁友。除了卢弼的几种书，戴策划的书还有：《西泠印社志稿》、《两忘宦诗存》、《陈匪石先生遗稿》、《婴庵诗存》、《词苑珠尘》、《味逸遗稿》、《狄香宧遗稿》、《苏堂诗拾》、《若庵诗存》、《补斋诗存》、《安事室遗诗》、《海沙诗钞》等。这个书单也有遗漏，比如戴果园自己的诗集《果园诗钞》就不在其内。

大概是2005年春，不知上海哪个故家散出一批书，拿在孔夫子旧书网上拍卖，多是油印的诗词集。因为很多是名家著作，大家竞相出手，争到三五百元还不能罢休，但有一本快结束了也没人出价，这就是戴克宽的《果园诗钞》，最后被我以底价买到。印书高手印自己的书，确实对得住"赏心悦目、大快人意"八字。板式疏朗，刻写精致，在我看到的油印本中，论刻写之美无出其右，真应该就此写篇"网络淘书捡漏记"。

卢弼在《慎园诗选·后记》中说："戴翁果园今年七十九，青浦老诗人，承校阅《慎园诗文集》。张君仁友，戴翁高足，业馀写印拙稿极精，今之林吉人，惜余不能作渔洋。"确实，若油印本能与雕版印本比拟，戴果园设计、张仁友刻印的书，真可以媲美林氏四写。

为戴翁刻版的人，在卢弼各书的题记中，悉除张仁友外，尚有石贡航、石年谷。以书法论，仁友飘洒，贡航精谨，年谷似稍逊一筹。

三种女词人集

很多书，只有手工油印本，其版本价值自然要与其他印刷方式出版的书同等看待。也有的书，先有油印本作初稿，后来又正式出版，有了排印的本子，油印本就成为众多版本中的一个。对爱书人来说，由于油印本往往是一本书的第一个版本，而且多有作者的亲手参与，捧读之下，比那些从机器里吐出来的书要更多一些亲切和感慨。

我有三本女词人的词集，都是先有油印本，再有排印本的。相比起来，我更喜欢油印本。

第一本是丁宁的《还轩词存》。1978 年印本。作者 1978 年 11 月《重印还轩词序》说：“《还轩词存》三卷，系一九五七年八月老友周子美先生所代印，二十年来分赠友好，已仅存一册及底稿数纸。今秋先生来函，有重印《还轩词》之议，时余久病新痊，视力愈衰，一时无从着手。比邻卓君孟飞，青年好学，知余所苦，愿任校缮之劳。复于底稿中择一二可留者，按序补录于三卷之内。己丑以后所作，为《一厂集》一卷。全书四卷，共二百阕。自知蚓唱蛩吟，原不应屡耗楮墨，因先生热情高谊，感人至深，故亦不觉自忘其陋耳。”

《还轩词存》1957 年第一次印本，据周子美先生说，只印了几十册。1978 年第二次刻印，由词人扶病亲办，书印成不久，词人便下世了。《还轩词》早成大名，因印本罕遘，老辈文人相与借读传抄，施蛰存、谷林、张中行等都就此作有文字。我存的这本封面有周退密己未九月九日题记，称“《还轩词存》丙辰冬曾荷北野词兄与《涉江词钞》合钞。倾无相居士以新印此本见贶，属转呈留念云”。这给《还轩词》传抄史又添一个故事。这样的书，当然人见人爱。

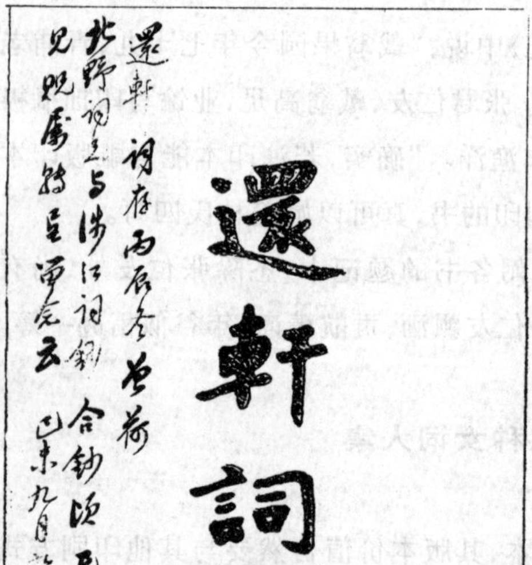

第二本就是柳北野与《还轩词》“合钞”的《涉江词》。此集现在版本众多，脍炙人口，这些版本的祖本都是 1978 年油印本。1977 年沈祖棻遇车祸去世，翌年程千帆编印了《涉江词稿》，与《涉江诗稿》并行。在此之前，沈祖棻的词作集中发表的，是1946年编入《雍园词钞》的《涉江词》，录词作七十馀首。

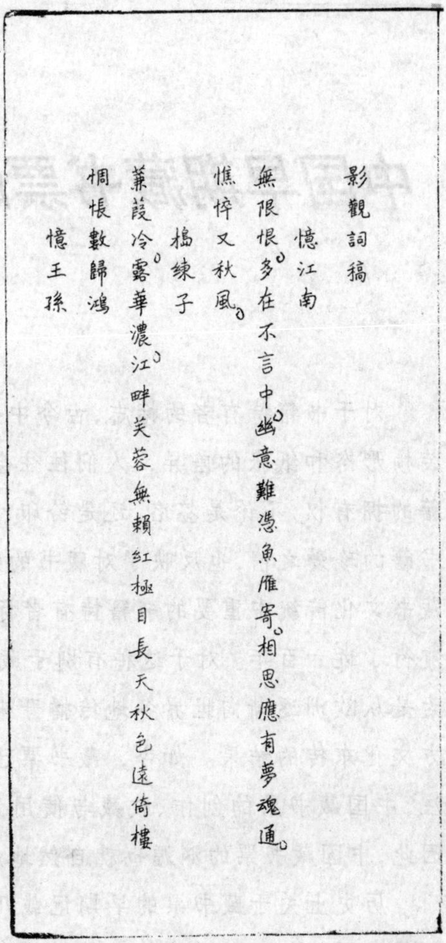
影觀詞稿
憶江南
無限恨。多在不言中。幽意難憑魚雁寄。相思應有夢魂通。憔悴又秋風。
搗練子
蒹葭冷。露華濃。江畔芙蓉無賴紅。極目長天秋色遠，倚樓惆悵數歸鴻。
憶王孫

第三本油印词集，是《影观词稿》。民国三十年刻蜡版后用速印机印，比前面二书的刻印年代都早。此书也得自孔夫子旧书网。惭愧的是我不学寡闻，当时只看到几页书影，不知道这是谁的集子，因版权页有“用大明速印机自印”一行，想买来作为民国时期速印机印刷品的标本。及拿到书，才知道我买到的是章太炎夫人汤国梨的词作，我收集的民国女词人油印本词集就这样意外地鼎足而三了。

汤国梨素有才女之名，但相比丁、沈二人，词名不彰，这与《影观词稿》流传绝少也有关系。直到近年，她的作品包括《影观词》在内，才在南京一家杂志《文教资料》上重新发表。夏承焘评论说：“《影观集》皆眼前语，若不假思索者，而幽深绵邈令人探绎无穷，又十九未经人道。”回环雒诵，确然如此。不论是从作品角度，还是从印刷史标本角度，能得到油印本《影观词稿》都是我的幸运。感谢书缘。

中国早期藏书票的一种新形式

黄显功

对于书籍持有者的标志,古今中外有多种表现形式。由于书籍装帧形态和纸张的差异,人们往往会采用不同的方法来标识对书籍的拥有权,不论是签名,还是钤印、贴藏书票,均表达了藏书者对书籍的珍爱之情,也反映了对藏书的财产专属观念。藏书票是西方藏书文化传统中重要的书籍持有者标志。自十五世纪中叶以来,已流行了近六百年。对于这种有别于藏书印的藏书标志,人们通常认为是从欧洲逐渐向世界各地传播开来,中国和日本的藏书票是西方文化东传的结果。如今,藏书票已在我国文化界受到了普遍关注,中国藏书票的创作、收藏与使用正成为国际上最活跃的国家。因此,中国藏书票的渊源也就自然地成为人们聚焦的话题。

历史上关于藏书票的早期记载几乎是空白,所以无论中外研究藏书票的起源都无法从文字材料中确切求索,只能从传世的藏书票实物着手,如果谁打开尘封的旧书,有幸发现附在其中的藏书票的话,藏书票的历史可能就在这种不经意中,在指间被不断丰富起来了。

我国藏书票研究的开创者是叶灵凤先生。他于1933年12月发表在《现代》杂志第四卷第二期上的《藏书票之话》是中国关于藏书票的"第一篇文字",自从他当年得意地将"灵凤藏书"称之为中华"第一张"藏书票以来,人们对此已公认了半个多世纪,直到台湾的藏书票研究与收藏家吴兴文先生发现"关祖章藏书票"之后,中国藏书票的源头才开始前移。随着一些新的藏书票实物的陆续被发现,人们对中国早期藏书票的认识开始逐渐深入起来。如果要确认中国人最早使用的藏书票,目前还需要有一个不断发现的过程,这种发现不外两途,一是循欧式藏书票的形式溯源,二是按中国特色藏书标志的功能着眼。而图书馆中的藏书正是有待探秘的宝库。上世纪八十年代以来,上海、北京、天津等地的图书馆先后对馆藏图书中的藏书票进行了介绍,以文章和展览的形式公布了一批藏书票实物资料,为中国藏书票史的研究提供了重要素材。在我所见的文献实物中,有一种新形式的藏书标志,应引起我们的关注。

在中国藏书文化传统中,藏书印是一种主要的藏书标志物。这种源自唐宋盛于明清的藏书标志,从皇室、官府至民间士人,曾被广泛采用,其普及程度远超西方的藏书票。特别对于藏书家来说,钤印既是表示对藏书的所有权,也是对各类藏书的管理办法,即用不同印文针对不同的藏书以示区分,或表示藏书的版本等级,或表示藏书入藏的不同处所,或表示藏书的来源等。藏书印中的信息正是印主藏书行为的写照。对于藏书家来说,藏书管理是保证藏书拥有的基础,除藏书印有此功能外,"挂签"也是一种实用性的藏书标志。

清初常熟藏书家孙从添(1691—1767 年)在《藏书纪要》这部探讨和总结我国藏书理论与藏书管理的著作中,介绍了制作"挂签"的方法。"书上挂签,用矾纸或细绢,折一寸阔,照书长短,夹签于首册内,挂下一二寸,依书厚薄为之,上写书卷名数,角用小图章"。这种"挂签"我们习惯上称之为签条。孙从添将其作为一种藏书的编目管理方式,但它的实际使用效果却具备了藏书持有者标志的功能与形式。在此提供几条"挂签"以作讨论。

"唯自勉斋藏书记"签条的主人是唐翰题,生于 1816 年,卒年不详,字子冰,号鷦庵,别号新丰乡人,浙江嘉兴人。这位晚清藏书家聚书于道光、咸丰年间。因太平天国战乱,藏书曾散失,后又再次蓄书,所收之书以吴骞拜经楼旧藏居大部,善本尤多。曾有"新丰乡人庚申以后所聚"藏书印。本签长 23.8 厘米,宽 4.7 厘米,框高 6.8

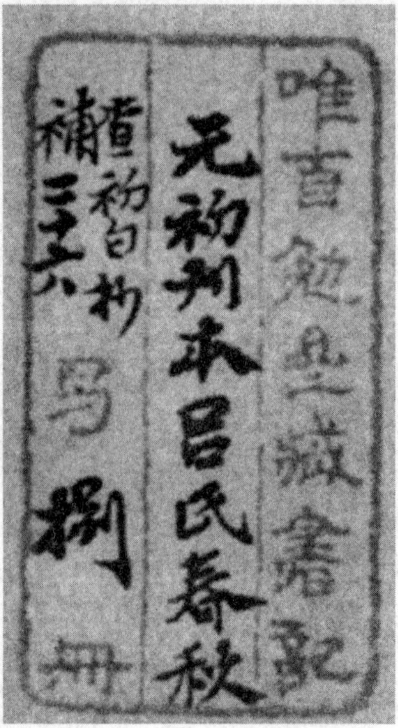

厘米，宽3.5厘米。竖排三栏，签中所记为“元初刊本《吕氏春秋》，查初白抄补，二十六卷捌册”。此签框栏与隶书文字为篆刻所制、宣纸、朱印。其形制是藏书印与抄书版格纸的结合体。隶书“唯自勉斋藏书记”具有藏书印常见的印文句式特征，明确了藏书的主人身份，相当于藏书票上的“票主”，斋名与竖排丝栏所组成的版式，保留了版格纸的痕迹。

“海日楼藏”签条。海日楼主人是清末民初的著名诗人、书法家沈曾植(1850—1922)，他一生爱书读书，是当时声望很高的大学者。步入仕途之后开始收藏碑帖、书画和书籍。其善本、名画、名帖俱见其行世的《海日楼题跋》。清亡后寓居上海，民国二年重阳之日，沈曾植在麦根路寓楼上眺望四野，有感而发，遂将寓所取名为“海日楼”。此签贴于《花间集》卷前的题跋页上，长7.9厘米，高1.9厘米，框宽6.9厘米，高1.3厘米，宣纸。此签疑是“挂签”。因破损严重而被裁切之后粘贴于书上，以作纪念。本签格式与孙从添所述“挂签”基本相同，框内左上角有一印章。签上所标内容有部类、序号与卷册。原签墨色为浅绿。

“嘉业堂藏书”签条，宣纸、版刻刷印。此为著名实业家刘承幹(1882—1963)的南浔嘉业堂藏书楼所用之“挂签”，作为民国

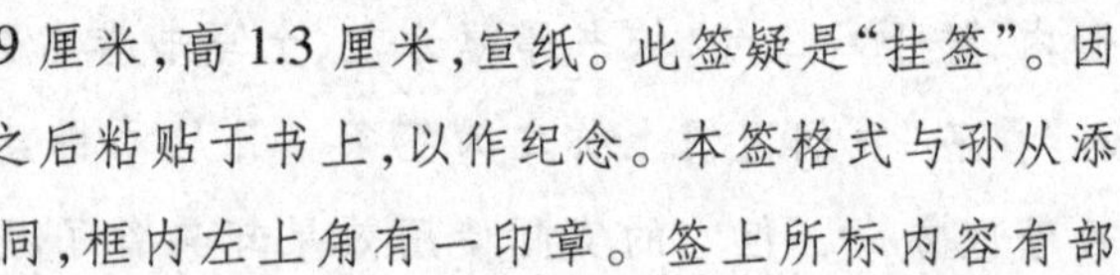

以来最大的一座私人藏书楼，自1924年建立以来，其藏书的管理还是沿用传统的方法，“挂签”仍作为主要的藏书标志之一。从“嘉业堂藏书”签条来说，它的格式内容已更加完善，部类信息和版本信息更加完整。此签长20.3厘米、宽6.5厘米，框高6.4厘米、宽5厘米。

“遐庵藏书”签条。此签以锌版印刷而成，纸长19.7厘米、宽8.9厘米，框宽6.9厘米、高5厘米，字与框线为深蓝色，纸张为道林纸。遐庵即叶恭绰(1881—1968)，广东番禺人，历任政府要职，擅长书画，藏书众多，曾在1943年将所藏地理类图书九百零六种、三千二百四十五册捐赠上海合众图书馆。叶氏藏书所用签条明了简洁，间断的框线富有装饰性。本文所附签条上的“清词已选”印还给我们传达了“票主”的活动信息。1929年，叶恭绰与朱祖谋等组织词社，与龙榆生创办《词学季刊》，当年发起编辑《全清词钞》，至1952年才完成，全书四十卷，收词人三千一百九十六家，词作八千二百六十多首，是《全清词》编辑前规模最大的清人词集。可见，“挂签”同样也可以作为我们认识藏书家事迹的载体。

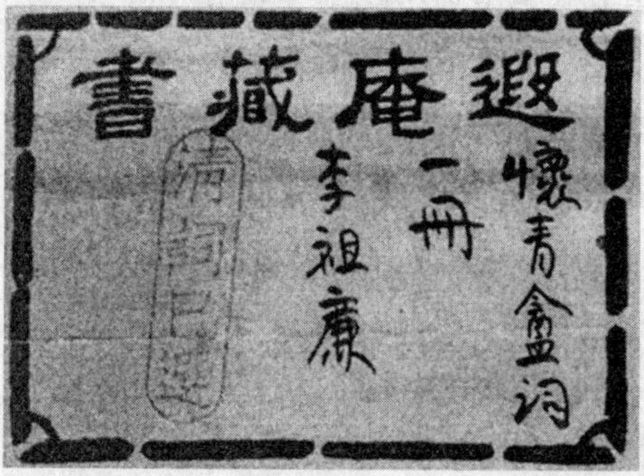

从以上例举的“挂

签”可以归纳出如下特点：一、“挂签”具有相对一致的形式，条形纸，文字框栏结构呈长方形；二、“挂签”可采用篆刻、版刻、印刷的方式进行复制，有多种颜色；三、“挂签”皆有藏书家斋名，是一种专用的藏书标志物；四、“挂签”是一种文字标识性的藏书签条，变化的框栏和框线也有艺术装饰性，有图案的“挂签”尚未见到；五、每张“挂签”均标注具体的书籍名称，是一种特指性的专用藏书标志物。所以，“挂签”的功能除了图书编目著录外，它还是一种显而易见的藏书持有者的标志，在形式上也与藏书票类似，是一种中国特色的藏书票新形式，夹在书中，与藏书印互为表里。其实，国外许多图书馆的实用藏书票也是没有图案的，或图案非常简单，票面除图书馆名称外，其馀用来标注图书的分类号和馆藏号等信息，有很多实物可作对比证明。至于“挂签”夹在书中而未粘贴其上，这正是线装书与洋装书的差异，日本学者和叶灵凤、唐弢等早已对藏书票与藏书印使用的载体因素有解释了。

孙从添的《藏书纪要》是对清初之前中国古代藏书理论与技术的系统总结，比之前人的零散论述，孙氏所述不仅全面，而且更加具体。明代藏书活动在宋元发展的基础上，随着经济与出版的繁荣，步入了中国古代藏书事业的兴盛期，藏书规模与藏书家数量均超越前朝，为孙从添的总结研究提供了丰富的理论基础与实践经验。可以说“挂签”在孙从添之前就已存在了，其渊源正是中国悠久的藏书文化。

“挂签”产生源头与中国古代藏书的“牙签”标识有关。“牙签”又称“书签”，用以标注书名和类别，源自皇家藏书。据《旧唐书·经籍志下》所载：“集贤院御书：经库皆钿白牙轴，黄缥带，红牙签；史书库钿青牙轴，缥带，绿牙签；子库皆雕紫檀轴，紫带，碧牙签；集库皆绿牙轴，朱带，白牙签，以分别之。”著名的韩愈《送诸葛觉往随州读书诗》也写道：“邺侯家多书，插架三万轴；一一悬牙签，新若手未触。”因当时图书主要是卷轴装帧，系在卷轴上的书签可作标识，便于取阅图书和管理，其材质和制作非常讲究，成为一种特殊的藏书标志。这种标识方法据梁实秋《书房》一文称，在现代学者潘光旦的清华南院书房里仍可见到此景，即在书上系上一根竹书签，上写书名。这种方法在西方历史上也曾采用过，在罗马时期的一幅线描浮雕图案上显示，书架上三层叠放的书卷多数已系上辨识用的标签。据莱诺·卡森的《藏书考》介绍，古代著名的亚历山大图书馆对入藏的图书管理“通常在书卷的某一边上会系有标签，注明作者的名字及其族群”，并注明版本、来源，如一幅卷轴内同时抄写了一部以上的作品，则不标书名(台湾新新闻文化事业股份有限公司，2003 年出版，第 59—62 页)。可见东西方藏书文化也有共同性特征。

就以上所述，我们可以说，从“牙签”到“挂签”是一脉相承的中国传统藏书标志物。如今“挂签”存世稀少，正是由于中国历史上藏书聚散无常，书厄不断，藏书家之间的藏书转承成为藏书史上的普遍现象。连绵的藏书印可以见证书籍授受的嬗递过程，成为与书俱存的书籍持有者标志，“挂签”往往因书籍易手而被更换遗弃，致使这种藏书史实物不断减少，现已所见不多，难窥全豹了。本文期望大家共同寻找和发现先人的藏书“挂签”，以便不断补充和丰富我们对此标志物的认识。

广陵藏书记

韦明铧

春节是在寒冷和阴沉的日子里度过的。带冻的雨雪与刺骨的风沙,把扬州天宁寺里的古玩商们都赶跑了。偌大的寺庙里空空荡荡,难得见到一两个人影。只有天宁寺门口的那一对石狮子,仍是精神抖擞。谁能想得到,它们从三百年前曹寅奉旨在此刊刻《全唐诗》那会儿起,就已经伫立在这儿了呢?

正月里,天气渐渐暖和起来,扬州的旧书市也便随之复苏。如果是星期天,太阳又好,那就可以在口袋里揣一点钱,悠然逛出门去。经过扬州北护城河时,会偶尔看见有人从河中捞出一把锈蚀的铜剑,不知是不是当年史可法抗清的遗物?也会在不经意间,瞥见

扬州天宁寺(旧书市场)

人家墙脚里有一块长着青苔的清代城砖，上面也许有道光或咸丰的铭文。

只要天气晴朗，天宁寺里一定人气旺盛，到处是兜售汉罐、唐镜、宋钱和民国邮票的商贩，明清旧书当然也厕身期间。山门前后，满地是书，但捡来捡去，中意的不多。或许刚要转身离去，忽见角落里有一本线装的《增广尺牍句解》，平江桃花馆主编，镇江文成堂刊于光绪二十四年(1898)。虽非珍籍，但亦是百年之物。问价多少，答十二元，还价八元，于是成交。归来检索《江苏清代刻书书坊名称索引》，见“镇江”条下只录文光阁、快志堂、善化堂，独无文成堂，心头便不觉一喜。

扬州的旧书摊虽然不少，但所卖的线装书多属医籍残籍，如《本草》、《内经》之类。昔日扬州多悬壶世家，故医籍藏量颇丰，层出不穷，取之不竭。但我对此并无太大兴趣，只得仍往前走。这时候需要的是耐心加运气。转了一圈，可能已经不抱奢望，但在临出门时惊鸿一瞥，却见一位卖紫砂茶壶的老者脚下，隐约有两本旧书。转身取来一看，却是一部《江都王氏族谱》。封面有些残缺，内容倒还完整。扉页上刻着“民国岁次丁卯年重修”，“邗东吴百川编辑”。民国丁卯为1927年，邗东犹言扬州城东。记得旅港马氏宗亲会曾经来函，称香港的马姓先人来自扬州，请求有关方面协助寻根。此后，我在扬州书摊上陆续觅得《维扬马氏族谱》三卷，竟是一套。如今见到《江都王氏族谱》两卷，又勾起了我的兴趣。原以为索价很高，一问，才二十五元，于是还价十五元，以二十元成交。半年之内，得到了扬州马、王二氏

家谱,亦奇遇也。

淘书之乐,在于意外得之。譬如购得《江都王氏族谱》后,本拟打道回府,因时间还早,便又折回大雄宝殿坡下。偶见一书,乃是《奔流》,泛黄的封面上赫然印着"1928"、"第一卷"等字样。拿来一翻,竟是七八十多年前的出版物,依然见其精神矍铄。因书中有高尔基照片、周树人译文,便试探着问价钱。此时老板正忙别的生意,有一年轻女子对我说:"五块钱。"我随口还道:"四块吧。"女子爽快地说:"拿去好了。"于是立刻掏出五元钱给她,她又找了我一元。这时老板来了,惊讶地说:"《奔流》怎么只卖四块钱?"那女子娇媚地一笑,说:"这么一点主,我就做不得么?"老板语塞,正欲再讲什么,我却趁机走开了。回家从书架上取下《鲁迅全集》一查,才知道《奔流》是鲁迅和郁达夫在上海办的刊物,1928 年 6 月创刊,1929 年 12 月停刊。我无意中得到的第一卷第一期,竟是《奔流》的创刊号!鲁迅 1928 年 3 月 14 日致章廷谦信云:"五月间,我们也许要再出一种期刊玩一下子。"这种"玩一下子"的期刊,就是《奔流》。

藏书要靠运气,自己也要有定力。在天宁寺里,曾淘得从未见过的《马可波罗》一册,乃是扬州报社藏书,不知因何流落至此。关于《马可波罗游记》的各种版本,以及介绍马可波罗之书,我已拥有数十册。史载马可波罗做过扬州总管三年,所以我对马可波罗的书见到必买。闲来摊看各种《马可波罗游记》,雅俗粗精,良莠得失,一目了然。藏书须有个性,多固然好,专更重要。

旧书摊乐趣无穷,新书店也不容冷淡。扬州新华书店最大的门市部在汶河路。傍晚时分,百无聊赖,不妨去汶河路书店消遣。书店经过整治,重新开放,但书籍的分布似乎有点乱。社会科学类图书标明在楼下,但只要看看易中天的几摞新书都码在二楼,就奇怪它们为什么不属于社会科学?新华书店的好处是新书多,而选书最便捷的办法是迅速遍览各书架,挑得十七八种新书,然后再加取舍。手捧一大摞书,最终选定的可能只有一本而已,比方《明清上海稀见文献五种》。《明清上海稀见文献五种》内含《云间人物志》、《释柯集》、《侯岐曾日记》、《淞南随笔》、《三略汇编》五种，多为稿本，向未付梓，人民文学出版社2006年6月出版。买来快读一过，有言及陶澍、盐商、江善人等等者，可广见闻。往往付完账后再回头看看，说不定又会在书丛里发现一本《湖北竹枝词》，为湖北人民出版社2007年1月版。我对竹枝词情有独钟，舍间原有《武汉竹枝词》与《汉口竹枝词校注》二种，然所收皆不及《湖北竹枝词》之丰。收集竹枝词多年，成绩并不佳。其间，以《历代竹枝词》、《历代竹枝词选》、《历代竹枝词赏析》与《中华竹枝词》六卷为综合性集子，其他地方性集子有《清代北京竹枝词》、《北京风俗杂录》、《上海洋场竹枝词》、《成都竹枝词》、《锦城旧事竹枝词》、《安徽竹枝词》、《四川竹枝词》、《江苏竹枝词》及《扬州竹枝词》等，线装本只有《扬州竹枝词》、《海陵竹枝词》数种。最近获见王利器等先生所辑《历代竹枝词》五卷本(陕西人民出版社出版)，与往日雷梦水等先生所编《中华竹枝词》六卷本(北京古籍出版社出版)并非一书，可称藏书之快事！竹枝词始于唐代刘禹锡，以元代杨维祯《西湖竹枝词》、清代董伟业《扬州竹枝词》为最盛。其中所记人物掌故、风俗变迁，资料丰赡而翔实。

扬州古籍书店素负盛名，但近年来衰落得可以，产权也已归属新华书店。它的长处，是古籍品种稳定，而且离我的居处也近。下午无事，可以一逛，以解终日伏案之倦。一楼的东侧是书画类图书，西侧是社科类图书，特设扬州地方文献专柜。如果在一楼未见中意的书，可以上二楼特价书市碰碰运气。我的印象是，特价书里往往更有好的东西。比如《民国章回小说大观》，秦和鸣主编，十六开精装一大册，中国文联出版公司2001年7月版，原价七十五元，今才三折，不可谓不便宜。此书分语怪、义侠、讲史、言情等部，叙录作品百馀种。最有价值的是详列各书章回题目，以便概览。我对民国小说有偏嗜，尤其是民初之鸳蝴派，又尤其是鸳蝴派中之扬州派。对于这一课题之认识，前几年曾有专文论之，发表于《藏书家》。但民国小说数量众多，建国后再版者寥寥，欲观全豹竟如痴人说梦，有了

《民国章回小说大观》则可稍免遗憾。最妙的是,在低价书中也会有意外的发现。《淮系人物列传》两种就是这样买到的,一是《淮系人物列传——文职·北洋海军·洋员》,一是《淮系人物列传——李鸿章家族成员·武职》,二书皆黄山书社1995年12月版,四折。近年来对湘系、淮系人物甚感兴趣,可惜资料不多。旧藏有《粤军志》,民国版,品相稍差。后购得淮军资料数种,均较单薄。淮军与扬州的关系不可小觑,去岁曾作《晚清悍将李长乐》一文,李长乐即淮系人物,今扬州东关街有其故居。其他如周馥,乃扬州小盘谷主人,列于《淮系人物列传——文职·北洋海军·洋员》之首,可见其重要。这一类书资料性强,可读性差,即使置于特价柜上亦少人问津。是为作者之耻耶?抑读者之耻耶?

在古籍书店淘到的好书,还有胡适的《章实斋年谱·齐白石年谱》。原价十三元,五折,六元五角。胡适先生的书,向来喜欢。《章实斋年谱·齐白石年谱》一书早知其名,未曾遇见。此书为安徽教育出版社1999年10月版,只印三千册,至今没有卖完,可知好书未必畅销。治人最好从治其年谱做起,这是笨方法,但舍此别无捷径。我也写过年谱,计算起来有如下六种:《陈汝衡年表》、《边寿民年谱》、《陈撰年谱》、《杨法年谱》、《李葂年谱》、《闵贞年谱》。前一种收入《扬州曲艺论文集》(江苏文艺出版社),后五种收入《风尘未归客》(上海人民出版社)。因为亲自动手做过,深知此事不易。

灯下闲检舍间所藏胡适之书,记其书名如下:《尝试集》(浙江文艺出版社);《四十自述》(中国华侨出版社);《白话文学史》(岳麓书社);《中国章回小说考证》(上海书店);《丁文江传》(海南国际新闻出版中心);《胡适口述自传》(华东师大出版社);《胡适留学日记》(岳麓书社);《胡适的日记》(中华书局);《胡适家书》(安徽人民出版社);《胡适之先生晚年谈话录》(中国友谊出版公司);《胡适随想录》(花城出版社);《胡适古典文学研究论集》(上海古籍出版社);《胡适红楼梦研究论述全编》(上海古籍出版社)。另外尚有《胡适与韦莲司》(北京大学出版社)、《师门五年记·胡适琐记》(三联书店)、《我与胡适先生》

(漓江出版社)、《胡适年谱》(中华书局)。必须说明的是,《丁文江传》原名《丁文江的传记》,这体现了胡适坚守白话文的一贯立场。海南国际新闻出版中心将书名改为《丁文江传》,是不能容忍的。

古籍书店还有一道风景,是能遇见一位年逾古稀而热情健谈的陈先生。每次见面,他会照例向你大声寒暄,介绍书讯。他曾在著名的陈恒和书林工作过。他的退休,宣告了扬州旧书业一个时代的终结。

扬州私营书店不少,常去的是先锋书店。这里很安静。一些难得的书,如《天一阁藏书史志》,可以在此觅得。《天一阁藏书史志》为上海古籍出版社 2005 年 3 月版,印数仅两千多册。内容分书楼志、藏书志、碑帖志、书画志、人物志、艺文志,将天一阁史料一网打尽。编者骆兆平,舍间有其《书城琐记》。关于藏书楼研究,寒舍还藏有《藏书纪事诗》、《中国藏书楼》、《中国藏书通史》、《中国近代藏书文化》、《现代江苏藏书研究》等。不过其中言及扬州者不多。近年来,我为《藏书家》写过《沧桑测海楼》、《寂寞丛书楼》、《遥祭文汇阁》、《何处文选楼》诸文,实在是想拾掇旧闻,以补史家之阙也。在先锋淘到的书,还有《伶人往事》、《选堂序跋集》、《续夷坚志等二种》等。《伶人往事》,章诒和先生著,湖南文艺出版社 2006 年 10 月版,内容已如书名所述,应无违碍。目录如《尽大江东去,馀情还绕——尚小云往事》、《可萌绿,亦可枯黄——言慧珠往事》、《知否,知否,应是绿肥红瘦——杨宝忠往事》、《留连,批风抹月四十年——叶盛兰往事》、《梨园一叶——叶盛长往事》、《一缕馀香在此——奚啸伯往事》、《细雨连芳草,都被他带将春去了——程砚秋往事》,均堪玩味咏叹。不意出书后颇有风闻,以致作者有《我的声明和态度》发表,也是一件书林逸事。《选堂序跋集》为中华书局 2006 年 11 月版,十六开本,作者自署,封面缀以兰花,甚为素雅。选堂即香港饶宗颐先生,于敦煌学深有造诣。昔日扬州任中敏先生在世,意见多与之相左,而今哲人萎矣。《续夷坚志等二种》为中华书局 2006 年 9 月版,除金人元好问《续夷坚志》,又有无名氏《湖海新闻夷坚续志》。三十年前流寓金陵，曾向成贤街南京图书馆借阅宋人洪迈《夷坚志》，光怪陆离，心向往之。而后回扬州，得中华书局排印本《夷坚志》。继而又得广陵书社《小说笔记大观》影印本《夷坚志》，其字甚小，读之伤目，然而有之，强于无有。此书以怪力乱神取胜，实为聊斋先声，可惜续书难得。今此书将《续夷坚志》、《湖海新闻夷坚续志》合为一册，喜之不胜。

南京五台山的先锋书店也可以去。曾在此淘得《食养拾慧录》、《蔬食斋随笔》等书，作者为故人聂凤乔先生，笔名老凤，江苏兴化人。当初撰写《扬州文化丛书》时，《扬州掌故》由我执笔，《扬州美食》拟请聂凤乔撰写。不料他只参加了一次会议，就遽归道山，因此我与他只有一面之缘。手捧故人书，不禁黯然。

有趣的倒还是天宁寺。倘若两个礼拜不去，便有一个书摊女主人招呼："上周没有来吧？我在电视上看到你的。"上周大约因为开会，未来淘书，故有此语。打过招呼，也就低头看起书来。她的好书不多，但《苏中抗日斗争》、《苏南抗日斗争史稿》等《新四军丛书》，均在此获得。《苏中抗日斗争》述及郭村、黄桥、高邮等战役，书后附录《国民党江苏省政府对内反共教材》、《日军十二军团派往苏北视察清乡实况报告》等，皆不常见，可资参考。《苏南抗日斗争史稿》的篇幅，只有《苏中抗日斗争》一半，但照片不少。这一类书，去年曾经淘得《苏中人民反扫荡清乡斗争》上下册，为《江苏档案史料丛编》之一。近代史料相对易得，而又极易为人忽视，其实应当予以特别的注意才是。

藏书的经验，各人不尽相同。但有几点，应该有人赞成：一是买书如选美，遇与不遇，皆由缘定，不可强求；二是聚书如交友，韩信点兵，多多益善，永无尽时；三是藏书如娶妻，日夜厮守，晨昏相对，虽然熟谙已极，却终难割舍。

猎书手记

李钦宝

施蛰存先生在他的《买旧书》一文中,引用其乡贤姚鹓雏诗句“暇日轩眉哦大句,冷摊负手对残书”,以况忙里偷闲,驻足旧书摊之风味。我有幸与施先生同好,喜欢抽空跑跑书店,转转书摊。不指望淘得什么孤本奇椠,若能气定神闲的盘桓逗留一番,消磨上几个时辰,便可获得无上的惬意和满足。只是随着城区旧街巷的拆迁和改造,这样的去处在青岛已经愈加难寻了。难怪曾经精雕细刻地爱赞过青岛的闻一多,对此地的文化终究是不满的:“我们这青岛,凡属自然的都好,属于人事的种种趣味,缺憾太多。”缺乏书事之趣,大概也算是其中的“缺憾”之一罢。不过,有此癖好,寻寻觅觅,逡巡既久,虽然未能发现英国伦敦的Charing Cross Road、日本东京神田的神保町,也未曾见过北京的潘家园、上海的文庙那样的阵势,倒也找到了几处有特色的书坊和摊铺,聊胜于无,不妨一顾。

首先是市北区昌乐路的文化市场旧书摊,逢周末成市,数百个摊位设在道路两旁,长有上百米,摩肩接踵,人声鼎沸,蔚为壮观,堪称岛城书贾书人交流集会的盛事。书市始兴于文化市场西墙外曹县路河畔。前几年,我一度习惯周末来这里猎书,风雨无阻,着实坚持了一阵子,但始终是精神上的满足多过现实的斩获。只是配齐了几年的文献书目出版社影印的《小说月报》,还有作为一套十六册铅印本《三国演义》“搭头”所得的光绪嘉业堂版《武林藏书录》,品相极佳,还被前手藏家精心地覆以湖蓝绸布装裱的硬壳封面,装订极为考究,丝毫未损及原书。另外,由于缺乏经验,捡漏购得《马骀画宝》之一《美人百态画谱》(线装上下二册,1926年初版),回头又被自己草率地转让给了别人,而当时一起出售的《马骀画宝》之《仙佛图像画谱》(同上,上下二册)虽然品相良好,贱仅锱铢,竟被自己视为草芥,弃之不顾,至今思之仍然深以为憾,悔之莫及。河畔书市后由于人数日众,拥堵道路,疏于筹管,有关部门遂将其迁至文化市场院内现址。划出专区,搭建书棚,分割摊位,俨然成了正规的交易市场,虽然好看多了,买书卖书不再有风雨之虞,但中意的书却更少了,每次去都是那几位不变的摊主对着几本不变的旧书,令人兴趣索然。

从市场里转出来,经过几家出售书画、刻石的铺面,照例可踱进旁边的大唐书社勾留片刻。店里主营文化类书籍,这在青岛已并不多见。老板姓唐,一位退休的大学教授,待人热忱,谈吐儒雅。偶尔从这里选购几册书话、收藏类书,主人也能尽量多给一些折扣,让人感念。店面不大,进门左手摆着一架旧书,多为店主四处搜求所得,还有一些代售的藏书,残编零册,默默固守着一隅旧文化的阵脚,仿佛见证着旧书业的式微和消亡。大唐现在开了同名的网上书店,据说生意还很不错,有时候比实体店里都卖的要好,真为他们感到欣慰。

出大唐书社,如果时候尚早,右行不远,乘2路车,中山路下车,附近还有两家书店可转。一个是沧口路上的汉京书店,经营书目较大唐书社更为专古,品种更丰富,高大的书架倚墙而设,顶天立地,店中间也有几架子,摆的主要是文化历史艺术类。门口堆放着一些收购来的旧课本和馆藏零本旧书,多不足观。店内充溢着沉郁的书香,这或许是青岛经营学术类图书最为权威的店面了,也是近年来我光顾次数最多的一家。穿过胶州路,步行十分钟,与汉京相对的是学苑书店的高密路分店,铺子十几坪见方,三面墙架,中间支撑的平板上摆着刚到的新书,另外半间收银之外兼售些摆件物什。学苑总店设在东部的泉州路,店面更大一些,格局近似。店内悬挂着几幅藏族牧区的艺术照片,播放着舒缓轻柔的背景音乐,墙边摆着两张仿古的太师椅、茶几,转累了可以歇脚。音乐书香萦绕一起,令人流连忘返。在这里你可以理解英国诗人劳里·利(Laurie Lee)为什么会说出能在哈查德书店(Hatchard's,伦敦 Piccadilly 街上的一家著名书店,早年习惯在外面摆设给顾客候坐的长凳。拜伦、王尔德、萧伯纳以及毛姆都曾在此购书。)心脏病发去世,将是他最喜欢的死亡方式的话了。往里走,店内拐角处有两架归国人员寄售的外文旧书和一些原版小说。我曾经购得几部贴有藏书票的英文毛边小说和随笔，还有十几册上个世纪四、五十年代的英文《读者文摘》，部分还带有护封，略微泛黄的皮装封面，古雅的烫金书名，鲜艳如新的插图，第一次见到的三边页缘刷金的精美装帧，顿时爱不释手。

学苑附近就是青岛最大的新华书城，虽然经营的书籍数量众多，门类齐全，但一则没有折扣，二则殿大人杂，让人体味沉思的空间太过逼仄，不到万不得已，像我这么挑剔的顾客是不会去的。

栈桥火车站附近还有一家阿尔发图书超市(原来的新时代)，占据肯德基顶上的两层店面，经营门类较为庞杂，折扣类图书也多，因为离家最近的缘故，下班后常绕道去一转。在这里以三折低价购得三联出版的王世襄《自珍集：俪松居长物志》(铜版纸，精装大开本)，至今仍算是我的得意之收获。

时下兴起来的互联网交易，倒是为买书又增加了一条重要渠道。应运而生的"孔夫子旧书网"就是这样一家网上书店。虚拟的空间容纳了无数的店铺，展售着林林总总的各类图书，还有书影看，既有价值不菲的古籍善本，也有论捆兜售的二手书刊，明清木版线装新文学现当代新旧书都能见到。碰上喜欢的，也偶尔网购几册，几年下来，竟到手了不少可聊以自慰的书。如著名的"SUNG PO LIBRARY(松坡图书馆)"散出来的钤有紫色花边"志摩遗书"椭圆形印章的徐志摩旧藏，草绿色书衣精装毛边本《LATE LYRICS AND EARLIER》(1922年伦敦出版，内有"I WAS NOT HE"等几首情诗带铅笔批注)；曾被著名红学家俞平伯先生和著名藏书家阿英先生收藏，并有阿英大量毛笔眉批的光绪版《七家试帖辑注汇钞》(原函八册)；吴祖光新凤霞夫妇旧藏线装《美术丛书》(一函四册)；陆侃如冯沅君夫妇旧藏《续世说》(丛书集成本三册，带眉批题注)；著名学者谭正璧旧藏《广阳杂记》、《啸亭杂录》、《听雨轩笔记》；香港藏书大家黄俊东旧藏《伟大人物的少年时代》。还有明万历大开本《雍录》三卷二册。夜阑人静，品茗添香，展读这些辛苦搜求来的心爱书籍和沾有名人手泽的册页，不啻是一种莫大的精神享受。借用叶灵凤先生的话："摊开了每一册书，我不仅能忘记去了我自己，而且更能获得了我自己。"

潘家园的传说之古籍做伪

卓 洛

随着收藏热的升温,古籍版本的收藏也日见火爆,拍卖会风起,价格一路攀升,藏书、贩书的队伍也日益壮大。据说,藏书是收藏的最高境界,一进藏书之家,但见书架满室,牙签满架,琳琅满目,芸香飘渺,透着那么有学问,透着那么的高雅。就是做古书贩子,也因"谈笑皆鸿儒往来无白丁"而显得比别的古董贩子高出一等。

收藏古籍,追求的是学术研究价值、历史文物价值和艺术欣赏价值;收藏古籍,还要考虑收藏者的兴趣喜好,其综合反映,就是经济价值,多少钱买的?能卖多少钱?与价值相伴的有一个词,叫"捡漏",就是说赚了便宜,以相对较少的代价,换到了价值高的东西。收藏的人都想要"捡漏",只是"捡漏"还有个兄弟,名字叫"打眼",它们总是一起出没,形影不离,见过"捡漏"的,也一定见过"打眼"。"打眼"又分两种,一种是买贵了,一种是买假了。买贵了不要紧,随着价格日涨,总有解套的一天,买假了就比较难办,不光经济上受损失,说出去面子上也不好看。

在古代艺术品中,说到做伪,想到的都是书画、瓷器,古籍做伪的情况并不多见。造成这种情况的原因有很多,首先,书画瓷器的价格比古籍高的多,拍卖会上,常常是一张古画或是一件古瓷器就能卖出一整场古籍的价钱来。其次,古籍做伪相对技术要复杂一些,做为古籍主要印刷方法的雕版印刷,已经成为历史,熟练的雕版、印刷、装订工匠本身就如同宋刊元镌。一部古籍,少则一册,多至数册、十数册、几十册乃至成百上千册。而一册书又是由数十叶至一二百叶组成，其做假的浩繁程度，不是一张画或是一件瓷器所能比的。再者，古籍做伪成本较高，现在雕刻一叶书版，能看的过去的，就要一两千元，旧纸更是难求，连八十年代生产的宣纸都已是天价了。不过，千难万难，也挡不住攫取暴利的贪心。

《西夏文佛经扉画》

报国寺大殿前的御笔碑下，老桂从一个山西书贩那儿买到了一张《西夏文佛经扉画》，一周后，老桂又从他手中买了四张，“这可是传说中的西夏文呀”，老桂沉浸在狂喜之中。故事到这儿完了就是皆大欢喜，可老桂又接到那人的电话，说还有一些，问要不要？老桂有些含糊：“怎么这么多？还都一样？会不会是假的？”那人说：“东西是在老家发现的，在保定乡下的农家院里，修房时从墙里刨出一个密封的大缸，打开看，满满一缸都是这种佛像画，字也不认的，有的都烂了。拿去糊墙不好看，就拿给孩子玩，糟蹋了不少。直到有次来了个收古董的一百块钱买了一张，这才知道能卖钱。陆续拿出去卖了些，价钱从一百涨到现在的六七百一张，你那几张四百一张还是便宜的。东西是什么，我也不知道，但肯定是真的老东西，绝对不假，某某拍卖公司的某经理看过，某某书店的某师傅看过，韩国某某大学某某研究院的某某某教授看过，著名藏书状元某某也看过，都说东西好，至少是明初的。”老桂听的热血沸腾：“你还有多少？我全要了。”俩人一番讨价还价，老桂买下了书贩手里全部剩馀的《西夏文佛经扉画》，又请书贩吃了全聚德的烤鸭子。其后就是老桂辗转于国图、北大、拍卖公司和中国书店，大家看后都微笑着说：“东西太稀见，看不好。”

有文称：“西夏灭亡后，西夏文仍继续使用……明初曾刻印西夏文经卷，保定出土的两座刻有西夏文的石幢，建于明弘治十五年(1502)。表明西夏文至少使用了四五百年。”故事不是胡编的，要有出处，要经得起推敲。编一个好的故事，本身就是造假的一部分，而且是很重要的一部分。

《豆娘临改七芗百美图谱》

老桂虽然年纪大了，但思想一点也不落伍，能做到与时俱进，在传统的书店、拍卖会、地摊买书的同时，在新兴的网络上，也常能见到老桂买书的身影。网络购书虽然有风险，虽然有买了书卖家反悔又不卖的，虽然有寄了钱左右等不来书的，虽然有书寄来却发现与图片描述不一样的，但老桂也在网上买到过好书。一日，网上拍卖的某店家隆重推出一册五色套印的版画书，书的牌记和序文都是篆字，老桂一个也不认得，经卖家点拨翻译，书名是《豆娘临改七芗百美图谱》，书中古代美人飘飘欲仙，红黄蓝绿黑五色斑斓，书是印在旧书纸的反面，“莫非这就是传说中的‘册子纸’?”老桂越发觉得神秘，一夜激战，老桂高价拍得，老桂很开心。书寄来了，老桂搬出《篆文字典》、各家书目及家藏的所有工具书，认真查对。书前的牌记上有甲申年号，老桂推出甲申有可能是1884、1944年，印书的纸是中华书局版的《古今图书集成》，是1934年印的，所以这个《豆娘临改七芗百美图谱》只能是1944年的，书虽是民国的，年代不是很久远，但肯定是老东西，老桂更加开心。遍查各家书目，老桂没有见到这个《豆娘临改七芗百美图谱》，老桂想起有位高人曾对他说过：“不见著录的就很可能是孤本”，老桂十分的开心。半年

后，老桂在潘家园遇到了那个卖佛经扉画给他的山西人，也在卖一册《豆娘临改七芗百美图谱》，不同的是，这一册只是红蓝两色套印，纸也是普通的宣纸，牌记改为“光绪乙酉新镌”，“怎么又成1885年了？”老桂又一次搞不懂了。

常见有丝网印刷的《太平天国文书》和计算机复制的《花营锦阵》，因为是照像制版，所以能够做到分毫不差，但往往是在纸上露出了马脚。由此而来的是糊窗户的迁安纸成了乾隆高丽纸，手工的山西皮纸成了白麻纸，还有这种旧书翻面的“册子纸”。能舍得使旧纸，也算是下本了。

《御制耕织图》

何安是大藏书家，家中藏书无数，光《针灸大成》就有三十五个版本，去某第一藏书家家里看书后，何安很不屑：“就他那点书，敢称第一？那我是第几？”何安在潘家园看见常卖书给他的河南书贩，望着书贩的大包，何安问：“带什么好书了吗？”书贩又使眼色又打手势把何安拉到一边：“小声点，别叫旁人看见，我专门给你留的。”从包里拿出了一个方册，封面是破旧的明黄色团龙绫子，厚厚的一大本，边角磨的浑圆。打开，泛黄的纸上，穿蓑衣的老者赶着耕牛，带着孩子的妇女在纺线，四周围有着一圈圈的水渍：“《御制耕织图》，书是不能再好的好书，也不瞒你，缺一页，耕是全的，织少一张，第十六张。”说着书贩翻书给何安看：“就缺这一页，买的时候我可老美了，以为要发大财了，谁知是个缺页的，你说可惜不可惜。”面对着何安怜悯的表情，书贩带着哭腔：“你给个本吧，我三千五买的。”何安买了《御制耕织图》，一同还买了永乐内府本的《御注金刚经》、有版画的明版套印《西厢记》、四库全书本的《离骚经》、还有《李明仲营造法式》、《释迦如来应化事迹全谱》、《红楼梦图咏》、《钦定王恽承华事略补图》，满满的一大包。

新印古籍，使之化身千万，本是件功德无量的事，不幸被人拿去染纸做旧用来骗人。做旧的手段有磨角、做虫眼、火烧、太阳晒、水泡、生霉等。染纸的原料有栀子、橡壳、栗壳熬水、糖色(如同做红烧肉)、茶水,赭石、藤黄二色合并,还有酱油。

《本草备要》和《论语集注》

又是一个明媚的周六早晨，何安与河南书贩又不期而遇在潘家园。在一番眼色手势之后,仍旧是找了一个旮旯,打开了硕大的背包,一摞古书呈现在了何安的眼前。书贩举起一套《本草备要》,书牌子上印有“崇祯甲戌年秋新镌”、“大唐真人孙思邈撰”、“杭州益友堂藏板”,书皮上印有“东林书院藏书凭证、书名、类目、编次、皇明崇祯年月”,有毛笔在编次下填写的“西十五排”,在年月下填有“辛巳、五”,歪盖一个“子”字楷书阳文印，另有正盖一枚篆书阳文印,上书“古吴东林书院”。何安看着东林书院,脑子里想着顾宪成、高攀龙，嘴里不觉念出了：“风声雨声读书声声声入耳……”书贩边夸何安有学问，边又举起另一套书《论语集注》，这次书牌子上印的是“万历十七年秋新镌”、“悉遵正韵点画无讹”、“範氏天一阁藏板”，书皮上印着写着“桐溪书院藏书凭证、书名、类项、排

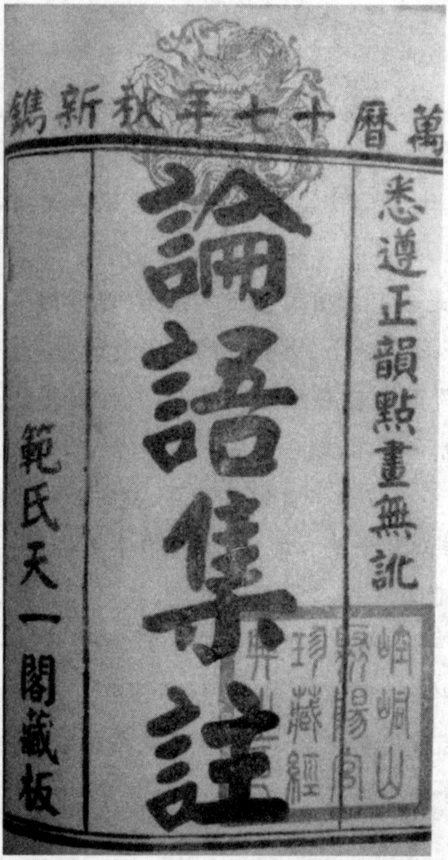

号:东三十五排、皇明万历庚申年二月上旬”,歪盖的是“经”字印,正盖的是“桐城桐溪书院”印,书中还有一颗藏章“崆峒山聚阳官珍藏经典之印”。“天一阁刻书呀! ”不容何安多想,书贩又举起了第三套书,何安一部部的看下去,每部书都有亮点,所以何安就都买了。

增加的扉页牌记,完全悉遵传统格式无讹,怕你弄不懂版本,出版时间、作者、出版者罗列清晰,捎带着还造了些“帮手”,印歪盖是要显示盖印时的随意,不过,天一阁“範”氏就是太随意了。

《咸淳临安志》

说到古籍鉴定,肖备是当仁不让的高手,在潘家园和报国寺,常有人拿着古书恭敬的走上前来:“肖老师,您给看看,这是什么版本?”说到眼力,肖备总是很谦虚:“哪里哪里,我不是专业的,看版本我真的不在行,我的强项是打枪,三十米内,我可以甩枪打断电话线,我当侦察兵那会儿……”肖备一说起来就没完没了了。肖备的谦虚是有道理的,肖备“打过眼”。在潘家园,肖备看到一套《咸淳临安志》,道光间汪氏振绮堂刻本,一函十二册,纸白墨黑,干净漂亮。《咸淳临安志》是个大部头,有多少卷肖备也记不清,本想打个电话,叫朋友帮着查一下卷数,可四周这一个“肖老师”、那一个“肖老师”的叫着,肖备还真拉不下脸来打这个求助电话,何况还有几个如狼的书贩环肆左右,书一放下就会被抢去,买不到了。肖备拿着书看了看目录,五十一卷,后面还有“咸淳临安志目录终”,再看末册,最后还有跋,翻起来看书根,首册有“凡十二”,末册有“十二止”,怎么看都没毛病。书买了,肖备总觉得心神不定,赶紧回家查书,《咸淳临安志》是一百卷,“可这书没毛病呀?难到是个节本?”怀着疑问肖备又翻开了书:目录的边栏描润过,末叶跋的纸张与前边纸张的老化程度不同,书根上的字墨色发浮,问题一个个显现出来,肖备拿书的手一颤,目录中有着“咸淳临安志目录终”的那一叶,版框内的部分齐齐的掉了下来。

因为中国古籍特有的印刷装帧形式，产生出古籍装订修补这门精妙神奇的技术，传说中良工修补的书页，很难被人看出来，“自非向明举之，略不觉补”。“玄”字挖掉了一点，明本就成了宋版，“玄”字补上了一点，时间就过了康熙。只是此一项技术要求极高，不是一般人能掌握的，挖改可以说是古籍做伪的最高境界了。

《太上三元大忏》

肖备依旧每周行走在潘家园和报国寺，笑脸相迎着无数讨教的面孔。“肖老师，您给看看这印怎么样？”带有乾隆五玺的《唐类函》，“五福五代堂古稀天子宝”蹭了肖备一手鲜红。“肖老师，这种三卷本是不是很稀见？”秀野草堂的《温飞卿诗集笺注》，每册的版心和卷端、卷末模糊的印章下，歪歪扭扭的写着“上、中、下”。“肖老师，这是不是名人批校、藏书？”丹黄满卷，盖着“丕烈”、“荛夫”藏印的《老子道德经》，牌记是“渭南严氏缩刻于成都”。拍卖会的预展上，肖备手捧着一册《太上三元大忏》，正在仔细端详“福缘局泥板印行”的牌记，何安走过来说：“这书好啊，泥活字的。我有一部《监本书经》，每页版心都印着‘汲古阁仝板’，还有郑板桥的藏书印。”

伪造藏章印记、名人题跋批校，最难的是印色、墨色不够老，发亮发浮，烟丝，细土，日晒，都不能做到尽善尽美。“福缘局泥板印行”虽没能做到与原书墨色一致，好赖也有六七分的相似。

批校本的鉴赏与收藏

——古书版本知识

林　夕

批校本概说

读者读书时，有时候会对书里说的话表示一些个人的看法，一般是随手写在天头地脚或者书前卷后的空白之中，改正文字的叫作“校”，评论内容的叫作“批”，诠释文意的叫作“注”，这就是校本、批本或批注本的由来。

校　校是古代学者读书的要务，有条件的都是边读边校，有些人以校书为业，有些人则以校书为乐。他们校勘过的书流传下来，就是我们今天所见的古代名家学子的大量校本。校勘古书文字时有不同的方法，在校勘学中有种种名称。概括起来讲，参考别人的意见或别处的文本校勘，可以叫做参校；根据个人的见解校勘，可以叫做意校。

批　批，又叫评。校书这件事能看懂书就能胜任，批就不然，不仅要看懂，而且要跟作者拆个三招两式，好坏是非，要说出道理来。要是用洪亮吉的尺子衡量，批书多少要有些考订家的水平。历史上以校书知名的人代代都有所闻，而以批点出名的就不多，留下来的批点本有水平的也不多见。

批语一般写在天地空白中，写在行间的叫夹批。批语就是读书笔记，内容比较自由，大多是读书心得，有时夹有注释或校语，而且往往有圈点，警句加圈，败笔画杠或者打叉。

批校本种种

版本对校 校勘书籍是一门学问,有几种不同的工作方法。最常见的情况是,同一部书有甲乙两个本子,拿甲本为主,把乙本不同之处注在甲本上,这就是所谓版本校。甲本叫作底本,乙本可以叫作据校本或参校本。

然而我们不能不指出,“校”字在这里有歧义。现在一般把“校”理解为“校勘”,经过某人校勘的本子就叫某人校本,例如毛斧季校本就是经过毛斧季校勘的本子。然而前人是把乙本叫作校本,还有一些习惯用法,尤其需要注意。例如,乙本是宋本时,用它校过的本子叫作“校宋本”,甚至还可以说底本上有校宋本。在这里“校”的意思近乎“校录”,而不是“校勘”。

江标在《黄丕烈年谱》中所说的“校宋旧钞本《东京梦华录》”,就是据宋本校过的旧抄《东京梦华录》。同样的例子是,金凤翔以宋余仁仲本校过的汲古阁本,题为“校建安余仁仲万卷堂本”;以岳刻本校完汲古阁本,说是“校毕岳刻”。在王大隆编的《思适斋书跋》中,《校勘舆地广记札记》二卷著录为“校士礼居刻本”,士礼居刻本是底本;《国语》二十一卷著录为“校宋本”,宋本(实是影宋本)却是据校本,而不是底本。《老学庵笔记》十卷著录为“校影宋本”,底本是《稗海》本,录有毛斧季据影宋本所作的校语。初读前人论著时,对这些说法经常感到迷惑,学者也有误解的情况。

死校活校 版本对校发现二者有异同时,有两种主要处理方式:一是一律注出,力求传达据校本的原貌,点画不失,这叫作死校;二是胜于底本或可供参考者注出,否则不注,这属于活校。死校是版本校的第一道工序,发现据校本文字有所不同,才谈得上在甲乙二本中取甲还是取乙。看不出不同,也就不存在比较。死校如实反映据校本的原貌,给读者提供了更多的思考馀地,也可以免除校者武断的失误。活校是版本校的第二道工序,要求校者拿出自己的学识和见解,对是非得失作出判断。

古人没有复印手段,要想保留古本的面貌,影写费时费工,最简便的方法就是采用死校,把古本的面貌描述在底本上,这就是清初汲古阁毛氏弟兄倡导的方法。毛表据宋陳宅书籍铺刻本校汲古阁刻《丁卯集》时,特别说明:“今一点一画俱为改正,非予敢妄为改窜,亦聊存汉代衣冠之意。恐识者见而笑余之愚也,故拈出识之。”

清张绍仁校《汉魏丛书·韩诗外传》题记说:“古人有死校之法,瑜瑕并列,不加持择。盖恐学识不到,或指瑜为瑕指瑕为瑜耳。”毛斧季勤于校书,对校勘之学深有体会。汲古阁原刻本《中吴纪闻》龚明之序有“同舍亦多文人行,揭德振華,咸有可紀”云云,黄俞邰认为“文人”应作“丈人”,毛斧季则怀疑“行”下漏一字。后借到叶氏菉竹堂抄本,果然如其所说,“行”下有“士”字。他曾抄李焘《续资治通鉴长编》,有“诏晝出人尽哂之”,冯武说“诏”应是“诰”之误。毛斧季反复思索,发现应该是“诏書一出人尽哂之”,“書一”二字连写误成“晝”字。他慨叹道:“校书以缺疑为第一要义,不可妄加涂乙,吾子孙其善佩之哉!”

一批到底　校一部书需要相当的时间,如果不能坚持下去,很容易半途而废。往年得到秦更年旧藏的《东山词》,秦氏曾据鲍氏知不足斋抄本校,用朱笔勾勒行款,记录异文。可惜只校了几叶就住笔了,使人对鲍本向往不已。

批点花费的时间更多,更不容易完工。如果一部书从头批点到尾,书林习惯特称“一批到底”,揄扬它的难能可贵。王大隆先生说:“尝谓读书态度之真诚者,虽长编巨帙,必攻治到底,不半途而废。故余每遇此类书,即近人或习见者,为爱惜读者精神,必收贮之。”

过录传抄　由批校者亲笔书写的批校本,特称手校本或手批本,“手”在这里是亲手的意思。有价值的校语和批语,人们就会把它们抄录在别的本子上,这叫作“传录”,也叫“过录”。有时候会一传再传,繁衍出几代传录本。清代以来有许多学者以校书或评点闻名,像毛扆、何焯、黄丕烈、顾千里等,他们的批校本,友朋经常借去传录。

后人看不到原本，就据初传本转录。如今广为流传的大都是传录本，他们手校手批的本子则归入一级善本之列。

学者的批校本往往不止一本，而且与时俱进，即使是同一部手校本，不同时期也有不同的内容。传录本的批校一般只停留在一个时期，不同的传录本的批校就会有多有少，并不相同。何焯评点本《文选》流传很广，评语刊入《义门读书记》，又附入乾隆叶氏海绿轩刻本《文选》，前者简而后者详，王大隆先生认为二者有初评后评的关系。刊本之外，还有很多学者相互传抄的过录本，文字互有不同，大都难以追溯其源头，有的评语真假难辨。过录者不一定署名，留下姓名的也不见得详其生平。

如果一部书有几个学者的批校本，后人递相转录，传本歧出，有时候就会相互混淆。唐代著名诗人李商隐的诗集，清代有很多学者批校，然而名家手批本多已不传，如今所见则是辗转传抄的过录本。传录过程难免失真，不仅文字难以尽合，各家评语也夹缠不清。清同治刻沈厚塽所辑朱彝尊、何焯、纪昀三家评本，跟其他传录本相较，多有出入。民国时期著名藏家秦更年曾得一部过录钱良择、冯武二家评本，发现沈氏所收朱彝尊批点皆为钱氏之说。秦氏因疑沈氏所据批本不真，必是书贾妄题朱氏之名。往年得一部汇评本，传录极精，朱墨满紙，一笔不懈，黄绫为衣，颇为矜贵，录有多家批点，朱、钱二家批点与沈辑不同，较之近年出版的李诗集解本也有异同。

批校本的鉴赏

批校之可贵　不同版本对校时，不管是死校还是活校，校语中都会保留据校本的内容。如果据校本后来散佚无存，那么人们想看它的内容时，校语中透露的信息就一字千金。王安石选辑的《唐百家诗选》按人编排本，到清初宋刻仅存残本，宋荦补以抄本刻成全书二十卷。嘉庆时佞宋名人黄丕烈仅得到宋刻残本卷一至卷十一，计十一卷。黄本后归汪士钟艺芸书舍，汪氏藏书散出后，前九卷归潘氏滂喜斋,今藏上海图书馆。后二卷久已不知下落,万幸嘉庆年间有人据黄本校宋荦刻本。如今只能从校语中窥见此二卷宋本面貌——详见黄永年、陈枫校点本《唐百家诗选》(辽宁教育出版社出版)。

明末毛氏汲古阁刻唐陆龟蒙编的《松陵集》讹误较多,毛扆据宋刻本细勘,"凡有异同,校入行间",连异体字也不放过。他又据宋本修版校改自家的刻本,自认为校修很精。但是顾千里以他的校本复核后发现,宋本用字古雅之处"卷内皆未经更正,仅藉校得见而已"。按:宋本今已失传,所知仅存一个影宋抄本,这个校本为宋刻留下一颗种子。

明毛晋刻的《宋名家词》所据版本往往不佳,其子毛扆作了很多校改。像柳永的《乐章集》,原本榛芜丛生,竟至不可卒读。毛扆不仅据宋本和抄本一一校改,而且补录原本所缺的"续添曲子"一卷。毛扆当年所见的本子大多不复存世,若非有此校本,其精善之处早已随之泯灭。

前人读书时,随笔写下的校语和批语中,除了单纯死校以外,都包含有他们的见解和心得。有些可能已经收入著作中公之于世,有些则沉埋在校语中未见天日。没有发表的固然是极为重要的资料,即使已经发表,流传的校本也可能跟印本不同,都值得治学之士认真研究。

何焯一生评点过大量古书,《义门读书记》所收的只是一部分。顾千里校勘的古书有一百多种,许多校语散在群书未曾刊布。他对《说文》下过很多工夫,如今我们在顾校《说文》中可以看到许多校语,如果全部收集起来,也可以成《说文》一家之学。事实上,前人一些治学札记就是辑录自他们的批校本,如今散在各书中的大量批校,实际上可以看作书稿,都是宝贵的精神财富,不可漠视。

批校者有时在书中随笔记下当时的自然状况或社会活动,哪怕是三言两语,时至今日,说不定就是求之不得的重要史料。而且批校比较随便,不像正式出版那样矜持,有时冲口而出,反映出人的品性和心态。顾千里在一些校本中曾对当时学者大加讥弹,他评孙志祖的《文选考异》,有“全不晓字”、“胡说之极”之类的话。他看到钱坫所撰《说文解字斠诠凡例》不识毛扆其人,不仅打了大叉子,而且说“开口便错”,又说“粗心浮气,以致如此可笑”。千里恃才傲物,目无余子的神情表露无遗。宋张炎撰《山中白云词》有《踏莎行》词,题为“郊行,值游女以花掷水,余得之,戏作此解”。清末岭南著名学者陈澧批道:“何作此恶少行径?”经师庄严,妙语成趣,令人忍俊不禁。

批校之失误　校本也有失误,不可不知。黄丕烈笃守死校之道,他认为别人的校本不忠实,不料他早年所校的《韩诗外传》,事后再看也有模糊不明之处,不禁惋惜据校之元刻本已不可再得,叹道:“余素不信校本,今自校者且难信之!”其实从他的题识中就可以看到,他自己的校本经他人补校后,常常发现有若干漏校之处。所谓死校,要求不漏不失,并非易事。

意校受学识所限,更容易出现偏差。黄丕烈在《麈史》跋中说:“古书必以刻本为善,一经校勘,即失本来面目,虽属闻人动笔亦有一失。”我们不妨举个例子。宋柳永《乐章集》中《八六子》“如花貌”一首,第二句宋本原作“当本便约”,后人把“当本”校为“当来”,从《彊村丛书》和《全宋词》以来,一直到今天,习非成是,都沿用“当来”。今按:“当本”是当初或本来的意思,校者以为“本”和“来”字形似而误,不知它是当时的习用语。像这种校语不仅无助于校勘,反而使人目迷五色,误入歧途。

至于批语,受个人见解所限,所论未必公允。批者学殖日进,一时兴到之言,也未必就是他的定论。这些情况也需要注意,这里不再多说。

批校本的鉴定

比起刻本来,给批校本鉴别定性尤为困难。一部批校本入手,首先要看批校者是何人:批校者有署名的要看是否确属他所为,没有署名的要尽可能确定批校出何人之手。其次要看它是原本还是过录本,如果是过录本要尽可能确定是何人所录。这两道工序所依靠的直接佐证,不外乎批校的笔迹和内容,有关的文献记载则是间接的臂助。

辨认笔迹需要多看前人的墨迹,近年出版了很多名家墨迹影印本,特别是上海图书馆和台湾中央图书馆都编纂了有关的图录,辑有许多名家批校题跋墨迹可供参证,值得认真浏览,提高识别能力。审阅批校的内容有助于从批校的风格和水平方面对批校的价值作出判断,进而辨识出何人之手。这需要具备相当的古文献知识,有志于此道,就要在这些方面下功夫。这里只能举几个例子,看看鉴定批校本应该注意哪些问题。

我们看一个典型的例子。冰雪山房校印本所谓《仿宋批校本韦苏州全集》石印影项刻本,有宣统辛亥精校石印字样,书中有"平江黄氏"印,天头有"嘉庆甲戌夏五上澣平江黄丕烈读",并有圈点批语。按:笔迹与黄异,有经验的人一眼就看出不是黄的亲笔。内容是泛论辞章,不是黄的校书风格,可以断其为嫁名作伪。检秦更年的《婴盦题跋》,称批点出杨文溥之手。

有些批校本有批校者署名落款,甚至还钤有印章。如果其人声名不显,甚或默默无闻,难得有人赏识,造假的可能性不大。相反,如果是名人,就要仔细辨认。往年听琉璃厂老师傅说,以前有人专门收藏批校本,店家投其所好,就雇人整天在古书上写批点,冒充名家,以售高价。辨认这种批校本的真伪,需要一定的功力。

依靠笔迹鉴定批校本是原本还是过录本,有时候是难题。清初何焯评点本就是个典型的例子,他的评点门人竞相传写,后人复予过录,有的录本笔迹酷似何氏,流传至今,鱼目可以混珠。遇到何焯评本,不能不慎之又慎,王大隆先生的《蛾术轩箧存善本书录》对何焯评本《李长吉诗集》就有记述。

往年得冯汝玠传录王筠校钮树玉撰《说文新附考》,所据为王筠校钮氏原刻本,时藏东方文化图书馆。冯氏题记说:"卷中王氏校正皆王所写，与许氏古韵阁所刊王氏《说文新附考校正》颇有异同。”冯氏是近代著名学者，所说应该可靠。后来看到王献唐先生的《双行精舍书跋辑存续编》，说王氏批本旧藏黄县赵东甫家，固然有售归北平东方文化图书委员会之说，但是听说卖出的是过录本。王筠批校本的流传经过也许还有内情。

如果有幸在内容中看出端倪，就为辨识批校来历提供了最有力的证据。近年见到一部清刻《白石道人诗词》，有墨笔评点，没有署名，据说是郑文焯校本。此本字迹与郑氏绝异，可以断定非出郑氏之手。翻阅中看到一则批语说，由白石词旁注字谱而知其工尺，由工尺而知其律吕，由律吕而知其宫商，由宫商而转为今之工尺云云。往年曾研究词乐，熟悉有关文献，一看就认出这是陈澧《声律通考》说的话。后来证实，确为陈澧的批语。

对批校本作出准确的鉴定不是易事，即使通人名家，也有失手的时候，这里不妨举一个典型的例子。张元济所撰《涵芬楼烬馀书录》载有《楚辞榷》八卷，全书有王引之评点，“蝇头细楷，丹黄殆遍”，这个本子也曾著录于姜亮夫先生的《楚辞书目》。王大隆《蛾术轩箧存善本书录》有过录本，王先生发现批语只论文章，不涉音韵训诂，不是王氏治学的路数。书末有长篇跋语，落款道光十五年八月王引之识于秦邮云云。根据墓志铭，王引之卒于道光十四年十一月，不可能于次年作跋，所谓王引之评点断然为伪作。而当年张元济恰恰以此伪本字迹为证，断定原无署名的两部书也为王引之评点，结果一误再误。王先生眼光极为犀利，明察秋毫，令人折服，然而功亏一篑，仍有一间未达：因为《蛾术轩箧存善本书录》所录伪本的两段评语和《涵芬楼烬馀书录》所录的王氏长跋，都是全文抄自朱熹的《楚辞辩证》，伪署王氏款识。张、王二先生失之眉睫，未能洞察。

我们可以推断，所谓王引之的评点实际是抄朱熹的《楚辞辩证》。张元济只看了署名，没有注意内容，信以为真。王大隆发现内容跟署名不合拍，进一步审核出年代龃龉。我们看到评语似曾相识，记起它们出自前人现成的著作。这个例子说明，仅看署名落款靠不住，最终帮助我们作出正确判断的是内容。风格不同,年代不合,甚至能找到评语的出处,步步深入,断其为伪。

批校本的收藏

前辈学者十分看重批校本,秦更年说叶德辉跟他说过,名抄名校其宝贵过于宋元椠本。这话可能过分一些,但是秦氏深服此说,珍视这一类书。王大隆见到名家批校本,可买则买,不可买则躬自传录。他的《蛾术轩箧存善本书录》著录了大量的批校本,经过他赏识和品评,许多书如明珠出土,光彩焕然。鉴赏是收藏的前提,对批校本的价值没有足够的认识,收藏就失去了方向和信心。让我们对批校本的有关因素作一些简单的说明,看看它们怎样影响着批校本的价值观。

对批校本的着眼点之一是文物性。批校出于显宦闻人之手,即使内容平平,物以人重,批校者的名气足以带来可观的人气。如果是书画名家,那就简直可以看作法书名帖,更非凡品。这一类书,注重的是人,书倒不一定在乎。

清初以来颇多以校勘享誉的学者和名人,他们的校本或以精湛学识见长,或以参校版本矜贵,都应该是众目所瞩的佳本,着眼点在于文献价值。赏识前者需要具备相当的学术修养,像戴震、段玉裁、高邮王氏父子等乾嘉朴学家对古书的许多校勘成果,都基于他们掌握的语言学知识和对古代典籍的融会贯通,浅学者难以蠡测。

版本校的长处就比较明显,它们所据的参校本版本如何可以查阅有关的资料。像上文说到的一些校本,只要我们翻翻有关的书目,不难发现校者所见的本子有些人间已经绝迹,那些校语等之雪泥鸿爪,读书人都知道它们可贵。如果据校本完好保存至今,校本的文献价值就大打折扣, 因为认真的学者还是要亲自看看原书才放心,而不会因人成事,依赖前人的校语作学问。一般地说,凡是能够得到善本作参校的都有相当的来头,不是藏书家就是名人。如果是意校,就要掂掂他的斤两,看看水平如何。

前人的批校本往往不止一部,除了传录本外,批校者自己在不同时间批校的内容也会有所不同。要在其间分别甲乙,还需要一些知人论世的功夫。这里可以举个例子,清末民初学者曹元忠曾致力校勘《梅苑》,开始只据常见的词选《乐府雅词》、《花庵词选》、《花草粹编》等作参校,文献价值不高。曹氏后来见到几个善本作了大量增訂,价值迴出其上。像这样后来居上的校本,应该以最后校定本为上。

我们不能不指出,由于主客观条件的限制,目前市场对批校本的价值认识不足。主要问题是对批校者系何人并无所知,遇到有学之士却不能识别,这种情况在近年拍卖会上屡有所见。清代以来大大小小的读书人不计其数,想对他们了如指掌不是咄嗟可办的事情。目前有各种检索名人字号斋室的工具书可以帮忙,互联网更是有力的臂助。平时读书多留点心,也很有必要。

其次,遇到名家校本不能明辨,有署名的不能确认,无署名的不知来历。辨认笔迹确实有些难处,即使是通人,也不敢保证永远目光如炬,法眼一瞥,物无遁情。不过名人的墨迹资料并不难得,找来比一比,大多都能解决。不知名的比较困难,没有署名则有无从下手之苦。这些除了依靠积累经验以外,建议从批校内容和字迹入手,有内容,有见地,字迹有功力,都可以帮助我们作出价值判断——只是这也要求我们自身有一定水平。

有时候我们会得到一个批校本,久久不知其来历,忽然一天读书发现了线索:哎呀,原来是他!不知手之舞之,足之蹈之也。往年曾得到罗振玉刻本《也是园书目》,有大量朱墨校笔,字迹眼熟,一时却辨认不出是何人的手笔。一天偶然翻看往年所得的叶德辉的墨迹,与校本字迹宛然如一,悬疑多日的心结涣然冰释。再考叶氏的行迹,与校本所记一一相符,可以确认无疑。常跟批校本打交道,也有不少的乐趣,权充芹曝,献诸同好。

漫谈丛书零本的收藏

辛德勇

收藏中国古籍，重视单刻而忽视丛书零本，这是一般的规则，也是藏书人比较容易把握的尺度。人们之所以遵循这样的规则，主要是因为严格地说，与完整的成套丛书相对应，其中某一部零种，只能算是残书，而残缺不全自然就缺乏足够的收藏价值。若干年前，北京琉璃厂初办古籍书市的时候，很多清代常见丛书的零种，包括康熙时期刊刻比较精良的《通志堂经解》、《西河合集》等，都以一两块钱一册的价格成堆地抛售，就是基于这样的道理。另外，丛书零种往往常见易得，物以稀为贵，入藏愈加容易，收藏价值便随之愈为下降。

然而，由于自宋代以来，相继刊刻过大量丛书，其中每一部书的刊印情况，各不相同，难免会有一些比较独特的地方，使得某些丛书零种，具有较高收藏价值；只是由于丛书数量庞大、内含书籍种类繁多，通常在收藏时很不容易把握。

在丛书零种中，值得普遍关注、也最容易收藏的种类，是丛书汇印之前某一零种的初印本。由于一部丛书当中要包含有很多种书籍，在大多数情况下，很难在短时间内集中刻印成书，所以，每一刚刚剞劂峻事的初印本，往往与最终的汇印本，在文字内容上会有所不同：或者是后来增添有序跋等附件，或者是作者对初印本又做有文字改订；即使文字内容略无差异，最初单行印本的字痕、墨色乃至纸张，一般都会明显优于后来的汇印本，这本身就具有值得收藏的独特价值。

在谢国桢先生的《江浙访书记》中，收有一篇《谈鲍氏〈知不足斋丛书〉刻本》的文章，谈到鲍氏刊刻的三十集巾箱本《知不足斋丛书》，随刻随印，“其刊印至三十集时，初刊诸集，字迹已经模糊，且有触清廷忌讳者改订之处，已失其真”，故“初印单行本，字迹清晰犹可保存其本来面目，甚可贵也”。谢国桢先生还谈到，他在上个世纪五十年代，曾经从友人处得到“初印本初二集八厚册毛边纸印本，版心小而天地头宽大，字迹开朗而纸墨精洁”，此书后来随同先生瓜蒂庵所有藏书一道，捐赠中国社会科学院历史研究所图书馆，多年前我在那里供职时，每每得以摩挲赏鉴，确实堪称佳品，寻常汇印丛书本与之绝然不可同日而语。又如我所见邵章旧藏《顨轩孔氏所著书》当中的《公羊春秋经传通义》，虽然在内封面上的书名下面镌有“第一种”字样，知原本即是作为《顨轩孔氏所著书》首种书籍上梓，但此本开卷可见墨色黑亮如漆，字字刀锋清晰爽利，显然是书版刻成后最初的印本。是书卷首开列有丛书篇目“顨轩孔氏所著书凡六十卷”一页，为后来汇印本所少见；又后来的汇印本卷首载有阮元所撰序言，则为此本所无，知刷印此本时阮氏序文当尚未雕版。像这样的印本，不仅不宜再以丛书零种视之，甚至比普通的单刻本还更值得珍重。

与此有些类似的是，还有一些丛书，虽然全套丛书大体同时刻成，但其中有个别种类，先后印本差别很大。对于这类丛书，若是无法得到较早的成套丛书，能够得到其中别具特色的零种，也很值得庆幸。譬如汇刻清初学术宗师顾炎武著述的《亭林遗书》，其中的《亭林文集》，顾氏门人潘耒在刻书时，误将亭林先生抄自文献通考的一段文字，以《读隋书》为题，收入文集当中，书版刻成后刷印无几，潘耒即发现这一疏误，立即做了替换，因而这种带有《读隋书》的《亭林文集》，便极为罕见，即使遇到零本，也一定不能放过。

收藏这类丛书汇印之前的单行印本，或是丛书初印时某一具有特色的零种，都需要积累一定的经验，甚至对各种丛书的刊印过程，还要具有一定了解，但也有一些丛书中的单本，几乎不需要任何预备知识，就能够很容易地辨识出它是较早的单行印本。这一般包括两种情况。一种是梓行者在书上留有很明显的标识。如杨守敬在日本刊刻的《古逸丛书》，其每一种在东瀛印制的初印本，都是用日本美浓纸或是国人称作“日本皮纸”的和纸刷印，并且在卷前护页上钤有“星吾校字监栞督印记”朱文方印，在内封面书名下面的“古逸丛书之△△”字样下又钤有楷书“单行本”朱色木记，只要智力没有太严重的缺陷，展卷便可清楚知晓。另一种情况是因书版尚未雕镌剔削完毕而留有较多墨丁或是讹字、残字的试印样本。这种校字用样本，根本不用考虑它究竟是丛书零本，还是单行刻本，收藏的价值都完全一样。

如果一定要在丛书与单刻二者之间做出区别对待的话，反倒是某些形式或内容比较特别的丛书、或者是规模比较庞大的丛书，由于在文化史上或是文献学史上影响特别重大，它的试印零本，有时会具有独特的价值。比如，我曾见过一部武英殿聚珍版《山谷诗注》的试印样本，卷中讹字累累，已由司职校勘的官员校出，并钤盖粘贴改订后的正字。这是研究《武英殿聚珍版丛书》活字印本制作工艺程序的绝佳实物，可遇而不可求，比时下古籍市场上大受追捧的什么开化纸印本、连史纸印本乃至钤盖宫中御玺的印本，都要珍贵很多，极有收藏价值。又如清代曾分别于康熙和嘉庆年间两度刻印《道藏辑要》，这是道教典籍汇刻史上的重大事件，也是中国古代出版印刷史上值得重视的大事，而传世印本都非常稀少，现在比较常见的只是光绪年间的重刊本。我曾见到过一部嘉庆刻本《道藏辑要》的零种《金丹大要》(元朝人陈致虚著)，虽然连这一零种本身也不完整，颇有残缺，但却是书版尚未修整完毕的试印校对样本，朱墨夹杂，留有很多校字，而且边框还没有剔削修整，自然是反映《道藏辑要》版刻历史的重要文物。

事实上，还有很多丛书，主事者起初并不一定制订有汇刻成丛书的计划，或者虽有一大致设想，也没有同时刻印成书，是一部一部陆续印行很长一段时间之后，才由刻书主人或是他的后人，用原有版本汇印成为丛书。在这种情况下，早先的单行印本，本来独立成书，根本就算不上丛书零种；而它的书品，也会更加优胜于汇印丛书本。

在这一方面，例如清人凌曙撰著的《春秋繁露注》，今通行书目著录的最早刻本，为《蜚云阁凌氏丛书》本。我曾经见到过一部已故中国社会科学院历史研究所研究员袁行云旧藏本，据内封面题署的时间，知应刊刻于嘉庆二十年，又据内封面上所镌“蜚云阁藏版”字样，知即凌氏家刻原本，所谓《蜚云阁凌氏丛书》本，与之应属同一书版。又检核《中国丛书综录》著录的《蜚云阁凌氏丛书》，知丛书内刊刻最晚的一种《礼论略钞》，梓行于道光六年，已较这部《春秋繁露注》书版的刊刻要晚十一年。实际上所谓《蜚云阁凌氏丛书》，乃是在凌曙身后，始由他的儿子凌镛倩请阮元作序，印行于世。

1988年时，袁行云在这部《春秋繁露注》的书函上写有题记云：“清乾嘉间，《公羊》之学，允称显学。然不读董仲舒《春秋繁露》，不能传《公羊》；不熟《公羊》者亦不能读《繁露》。江都凌曙晓楼，好学穷经，尤精《公羊》，所注《繁露》诸篇，皆能通究本末，世称善本。此嘉庆间初刻本，极为罕觏，藏于箧中二十馀年，今始展读也。”翻检一下《中国丛书综录》著录的收藏情况，可以看出《蜚云阁凌氏丛书》并不算少见，所以，袁行云所说“极为罕觏”的“初刻本”，实际上应当是指汇印成丛书之前的初印单行本。这部初印本自然不能带有阮元撰写的序言，另外还有吴鼒、邓立诚等人的四通尺牍，也是后来汇印丛书时方始附入，所以同样不见于这部单行印本。

或许有人要问：这样的初印单行本，内容既反而不如后来汇入丛书者完善，又有什么值得珍重收藏？转贩旧书者则切不可自作聪明乱动歪脑筋，撤掉后印本新增附的内容来冒充初印。这首先是因为如袁行云所讲，初印单行本罕见难得，而罕见与否，乃是决定一部书是否具有收藏价值的重要因素之一。这种罕见初印本的收藏价值，更主要地是体现在字迹清晰，墨色浓重，与后来丛书印本之漫漶浅淡相对比,差异显著;用旧书店里惯用的术语来讲,就是“印工”好,书品上佳,拿后印本怎么做手脚,也是无法伪充。这部《春秋繁露注》虽然只是很普通的方体字,但字迹谨饬不苟,每卷篇末镌有“金陵洪万盈锓”题名,自有淳厚的艺术韵味,耐人把玩。

在一些丛书当中,有部分零种,会由于某些特殊的变故,没有能够随同整部丛书相始终持续印行,从而使得印本稀少,成为藏书家竞相罗致的珍本。例如前人论述版刻时经常提到的《连筠簃丛书》本桂馥《说文解字义证》,因书版在山东为捻军徒众所毁,印本传世鲜少,清末民初时书肆上的售价几与宋版相侔。又如清康熙时著名学者浙江萧山人毛奇龄撰著的《四书改错》一书,起初本来刊入《西河合集》,据云后因书中攻击诘难朱熹《四书章句集注》的观点和言语,过于骇世惊俗,开篇即谓“《四书》无一不错”,甚至每每间杂有侮辱谩骂的词语,毛氏听从友人劝告,不得不自行焚毁书版,于是,印本流传绝少,举世罕见,即其存亡,似亦未可测知。嘉庆十六年有一翻刻,亦印行无多,现在也已经成为难得一见的善本。民国时编纂《续修四库全书总目提要》,由酷嗜收藏四库未收书籍珍奇版本的学者伦明来执笔为这部《四书改错》撰写提要,而伦氏所依据的版本,也只是嘉庆翻刻,可见《西河合集》丛书原本,久已无从寻觅。

提及《四书改错》,在这里还要附带说明一下与此密切相关的另一部文献。毛西河此书,举世非议,而朱熹之安徽同乡士人似乎更为愤怒。嘉庆翻刻本一出,即有徽州婺源人戴大昌,撰著《驳四书改错》二十卷,专事驳难(这不禁令人联想到徽州绩溪人胡适之先生在评判清代《水经注》赵、戴公案时为其乡前辈戴震百般回护辨白的情形,而当年遭到安徽人戴震剽窃的赵一清,恰巧也是一位浙江人)。戴氏此书杀青于嘉庆二十年,刻印于道光二年,内封面题“补馀堂藏本”,刻印都算不上精良。惟此《驳四书改错》刷印无多,检《贩书偶记》正、续编俱未见著录,可知旧时在书肆上即绝少流传,《清史稿·艺文志》失收此书,或许就是这一缘故;时至今日,自然已经成为可遇而不可求的善本。不过,有意思的是,就在这样一片讨伐声中,嘉庆时一代重臣名儒阮元,撰述《毛西河检讨全集后序》一文(见阮氏《揅经室二集》卷七),竟特地提及毛氏于"《三礼》、《四书》,所辨正尤博",不知其意旨何在,实在耐人寻味。

类似的情况，还有清代江苏常熟藏书家顾湘在道光二十年前后刊印的《小石山房丛书》。这套丛书书版刻成没有多久,即遭遇洪、杨兵燹,战乱中毁失约十之一二,其子崇福、康福于同治年间修补书版后,始重新印行。检《中国丛书综录》,知国内各图书馆公藏所著录者,即此同治修补印本,而此本较道光原版究竟有何异同,因初印原本未尝现身于当世,竟一直无人能够做出说明。我曾有幸在京中某书肆上见到过一部《小石山房丛书》残本,因遭受过严重水浸,渍痕深重,霉斑累累,并且褶皱不平。如此破败面相,自然殊少有人眷顾。可是,我略一翻检,却看到此书天头地脚宽展开阔,字迹点划清爽,墨色鲜明,个别页码的栏线,还存有修整未毕的痕迹,显然是难得一遇的初印佳本。复又仔细点检所收书籍子目,知晓虽属不全零本,却较后来的同治修补印本,多出来有《明大臣同姓名考》和《复初录》两种著述。这两种书,应当即是版片损毁于太平军之役,至同治时未曾再行补刊;甚至有可能在遍地战火之后,连以前刷出的印本都无处寻觅,顾氏收藏的原书更找不到踪影,已经没有底本可供雕版了。

《明大臣同姓名考》,为明人王世贞所撰。不过,实际上它只是王氏《皇明奇事述》当中的"大臣姓名同"这一篇章,而《皇明奇事述》原本收录于王世贞自著《弇山堂别集》。我怀疑是有人从中截取抄录此篇,用作阅读明代史事的辅助工具,后来辗转单行流布,顾湘得之而未暇稽考,因书名冷僻将其视作罕秘著述,刻入《小石山房丛书》。这篇《明大臣同姓名考》虽然没有多大文献价值,但个别字句,仍有可以订正《弇山堂别集》传本的地方。更为重要的是,藉此可以看到世人从未知晓的《小石山房丛书》本来的面目,作为一种收藏品来说,仅仅这一点就已经相当重要。

《复初录》题黄道周著。黄道周是明末殉国忠臣，也是一代硕学名儒，著述丰富。可是，这部题作《复初录》的著述，却很久以来一直没有见到传本。对于图书收藏者来说，这种大名人撰述的不经见秘籍，最为动人心魄。不过，收藏古籍，头脑也一定要清楚。像黄道周这样著名的天下第一流人物，著述一经出手，随即风行于世；加之石斋先生的书法技艺亦享有大名，甚至连片纸只字，都被人们竞相收藏，实际上，现在一般不大容易遇到其尚且不为人知的著作。

此书篇幅单薄，全文尚不足五页，但内容却是关乎拯治世道民心的人生基本准则。卷首有作者自序曰："吾之为此，非得已也。将以讲明学问，提撕心术；述前人之格言，警斯世之流波耳。"书中分列"正学"、"齐家"、"处事"三条，复于此三条下统共举述九目，一一罗列为人处世需要遵循的轨辙。作者于篇末跋语中，谓此等条目"皆先儒所说实实切近要着，无非要人认定孔孟之学，以求为程朱之徒而已"。读此可知，所说都是文人士大夫修身齐家治国平天下的重大关节。黄道周聚徒传道，远近闻名，《复初录》一书假若确属石斋先生著述，他在讲学中便不能不谈及这些做人做事的根柢。可是，检读黄氏受业弟子庄起俦著《黄忠端公年谱》，文中并未提及乃师有这样一种著述；再者记述黄道周理学见解主张的《榕坛问业》一书，也同样没有述及这些内容，无乃咄咄怪事。

不过，刻印《小石山房丛书》的顾湘是有名的藏书家，而不是贩卖旧书的商贾，没有必要去伪造古籍。在顾湘之前的清代康熙年间，有一位名叫彭定求的学者，倒确实是讲过黄道周著有这部书籍，事见彭氏门人罗有高《尊闻居士集》卷六《奉政大夫翰林院侍讲赠光禄大夫吏部右侍郎加一级彭公行状》："(彭定求) 得漳浦黄子《复初录》于文昌宫。大旨主于严敬怠、别诚伪、辨义利；明进退之节，善刚柔之用，谨语默之宜。公感其言，遂自号'复初学人'。赋《归兴诗》七章以见志。"根据罗有高叙述的情况，彭定求得到的这部《复初录》与道光印《小石山房丛书》本内容完全相同，亦号称黄道周所著，二者肯定是同一部书籍。彭氏尝师事汤斌，以理学家见称，身后入《清史稿·儒林传》。史称其学兼朱、陆,识兼顿渐,训育门生,首重"无遽求高远而略近庸",与此《复初录》"以敬入手"的修习路径正相契合。惟彭定求文昌宫得书的说法,颇为蹊跷,俨若神仙传授(彭定求与道教有很密切的关联,相传清人最初在康熙年间刊刻《道藏辑要》,就是由他发起编定),使人不能不由这不明不白的来路而对此书的真实作者提出疑问。按照一般的情理来推断,我以为《复初录》一书,最有可能就是出自彭定求之手,乃是彭氏为申说自己的知行原则而托名伪造。

虽然彭定求在历史上的名望地位远不如黄道周尊崇,但并不会因此而减低这部《复初录》的价值。作为一种文化现象,彭定求何以要借重黄道周之口来表述自己的主张,这本身就具有很重要的研究价值。清末民初的大藏书家缪荃孙,在所著《云自在龛随笔》卷四当中曾评议说:"《小石山房丛书》所收无异书,止《顾虞东文集》、《明诗综》、《晓梦楼随笔》尚可阅。"这只能是依据同治印本《小石山房丛书》做出的判语,倘若当年艺风老人能够有幸看到道光原本,一定会对《复初录》这样的奇本秘籍赞赏有加。

还有一些丛书,因部帙过于庞大,大多数人根本无法成套收藏,而其中某些种类,又具有比较重要的价值,遇到合适的零种,自然值得收下。譬如明末至清初陆续刊印的历史上首部方册本佛教经藏《径山藏》,里面收录有不少当时中国僧侣的著述,有些还涉及到反清复明的人物或是思想,具有重要史料价值,而这些著述大多又别无刊本,仅见于此,即使收到零本,也很不容易。我在书肆上见到过《径山藏》中一两种明末僧侣的语录,卷首俱钤有"孙华卿章"篆书朱文图记,知曾经过孙华卿之手。这位孙姓人士名殿荣,华卿是他的字,与撰著《贩书偶记》的孙殿起(字耀卿)应是同门兄弟,民国时也在旧京开设书肆。据说孙殿荣每当收到得意善本的时候,便喜欢在卷首钤盖此印,可见像这样的零本,一向很受藏书家重视。

收藏丛书零本,在外在形式上最普通、最没有特色的一种类型,是某些丛书印本流传稀少,而内容又比较重要,或是刊刻精美,具有很高艺术价值,全套丛书既难得一见,遇有零种也算差强人意。如前述清人鲍廷博校刊的《知不足斋丛书》,除了通行的巾箱小本之外,同时还另刻有一种大本,收书种类不多,版刻之精良却远胜过小本;惟刷印数量至为鲜少,甚至连当时究竟刻印有哪些种书籍,现在都不大容易数算清楚,其中随便任何一种零本,也就都很值得藏弆。多年前我在京城书肆曾有幸见到过其中一两种书籍,只可惜当时嫌价高没有收存;不过,假若现在有书上架出售或是上市拍卖,恐怕就更不敢问津了。郑振铎先生曾记述说,他在书肆上遇见清人张云璈《简松草堂全集》零种《腊味小稿》而竟为他人捷足先得,于是便“颇为怅怅”(《西谛题跋》),就是因为《简松草堂全集》殊少传本。又如清嘉庆时黄丕烈代人刊刻的《四妇人集》,印制精雅,尽善至美,即使有谁单独出售其中某一零本,也是众人高价争夺的对象。

从目录学角度讲,更有价值的丛书零本,是整部丛书流传稀少到久已沉埋不显的程度,得一二零种,即可使之出世再生。以前我撰文介绍过一部寒斋收藏的《诗板臆论》,虽然只是一部很普通的民国铅印本,但却印有“《莳薰精舍丛著》之二”字样,知为丛书零本,而这部《莳薰精舍丛著》就极为罕见,不见于《中国丛书综录》以及《中国丛书广录》等常用丛书目录著录。

民国时期印行的这类偏僻的铅排丛书,比较庞杂混乱,不见于普通书目著录,或许还算不上有多么稀罕,但此前王朝时期雕版印制的名人名著丛书而又不见于著录,就值得大为珍奇了。这一类丛书,五、六年前我曾在京中某书肆见到过一部清代中期广东番禺著名学者陈澧撰著的《切韵考》,书册前后衬有万年红纸,版式装帧都是很普通的清后期广州刻书风格,其貌不扬,讲究的藏书家,通常绝对不会驻足留意。可是,一般人或许注意不到的是,在这部书卷端首行的下面,刻有“钟山别业丛书之■”的字样,这《钟山别业丛书》一名,乃从未见诸著录。

所谓“钟山别业”,本是陈澧的斋号,缘于其先世系由金陵迁至番禺(见清金武祥《粟香随笔》之二笔卷五)。因此,这应当是一部汇刊陈澧本人著述的丛书。可是,汇刻陈澧的学术著述,我们通常所见本来另有专门的丛书,这就是咸丰至光绪年间陆续刊刻的《番禺陈氏东塾丛书》,其中也包括有这部《切韵考》在内,系校刻于光绪八年。比较此《钟山别业丛书》本与《番禺陈氏东塾丛书》本,知《钟山别业丛书》本应刊刻在先,《番禺陈氏东塾丛书》本另外又增添有很多新的内容。虽然作为一般研究用的读本,是以晚刻的《番禺陈氏东塾丛书》本为佳;但《切韵考》一书阐发隋陆法言《切韵》的音韵体系,堪称发千古之隐微,是清代研究古音韵的重要著述,若是以陈澧的古音韵学研究作为专门的探讨对象,《钟山别业丛书》则是极为难得的史料,犹如一部早期稿本,可以通过对比与《番禺陈氏东塾丛书》本的差异,从中看出陈氏学术观点的形成完善过程。再者,若就丛书本身的研究而言,这部零本,则向我们提供了陈澧著述丛书的前后变迁过程。

这部《切韵考》上镌刻的《钟山别业丛书》序号,尚且空缺墨丁待添,说明当时还没有编定前后次序,现在我们更无从知晓在这一《钟山别业丛书》名下总共刊刻有几种陈澧的著述。本来像这样的奇秘书籍,能够遇到一种已经是很大的福气,孰知近日在中国书店年初大众收藏拍卖的目录上, 竟然重又见到一册陈澧研究古代乐律的《声律通考》,为《钟山别业丛书》零种,而后来亦同样重新刻入《番禺陈氏东塾丛书》。查看中国书店的拍卖网页,知此本行款版式与前此所见《切韵考》完全相同,卷端亦同样镌有“钟山别业丛书之■”字样,二者自属同时刊刻。虽然全书十卷,此本只存有前五卷,是一部残本,但如上文所述,这并不影响它的收藏价值。

收藏这种具有独特意义的丛书,不仅不必在意是不是“离群索居”的零种,甚至也不必计较这一零种是不是首尾完整无缺。受损远古雕塑所谓残缺之美,或许只是人类出于无可奈何的自我安慰,但这种看似残缺的古籍, 其收藏价值确实不在寻常丛书的成套全本之下。收藏丛书零本,比找寻单刻善本古籍更需要细心捉摸,从容品味鉴赏。

西方汉学史和中西关系史的重要收藏

韩 琦

近二十年来,明清中外关系史逐渐引起了学者的广泛关注。这段历史不仅包括西方宗教、科学、文化在中国的流传,也包括中国文化在欧洲的传播,这是一个互动、互相影响的时期。从大航海时代以来,许多传教士、商人、外交官来华,撰写了大量书信、游记和报告,这些著作是了解欧洲和中国关系的重要资料。

关于中西关系的书目,首先不能不提法国学者高迪爱(Henri Cordier,1849–1925)。他于十九世纪六十年代到上海,不久被任命为亚洲学会北华分会(亚洲文会)名誉图书馆员,开始编纂目录。亚洲学会图书馆包括一千三百种书,大部分涉及东方,特别是中国,还包括英国伦敦会传教士伟烈亚力(Alexander Wylie,1815–1887)的个人收藏。1872年,该目录出版①。后来,他继续书目的编纂,1878–1885年陆续出版了*Bibliotheca Sinica*一书,1904–1908年又出版了增订版,1922–24年出版补编和索引,书凡五大卷,涵盖了中国历史、文化、宗教、科技等领域,成为研究中西关系,特别是欧洲人讨论中国问题的一部权威的目录学著作,有功学术甚巨。此外,曾任泰晤士报记者、在北京居住长达二十年的澳大利亚人莫理循(George Ernest Morrison,1862–1920)也收藏了大量有关中国的西文著作,其藏书1917年被日本三菱财团购得,现成为东京东洋文库的重要收藏②。英国、法国等世界著名的图书馆以及欧美一些大学图书馆都也有重要收藏，但并没有出版专题目录。1987年，John Lust编纂出版了伦敦大学亚非学院的西文中西关系书目[③]，此书收录了一千二百八十三种书，按主题分类，主要包括地理、游记、历史、国际关系、经济、国际贸易、中国社会、儒家经典、教育、宗教、语言、文学、艺术和建筑、科学等大类，可喜的是，这些藏书已全部做成胶片，给学者提供了很大方便。

就中国而言，国家图书馆、上海图书馆收藏最富，北京大学图书馆、中国科学院图书馆也有不少西文珍本。国家图书馆主要包括了原北堂图书馆的藏书，也包括一些私人，如德国外交官穆麟德(Paul Georg von Möllendorf, 1848-1901)的收藏。上海图书馆的收藏，其主体主要是十九世纪下半叶至二十世纪上半叶原徐家汇藏书楼以及原亚洲文会图书馆的藏书。国家图书馆和上海图书馆都出版了西文珍本书目，但并非有关中西关系的专题目录[④]。二十馀年来，我主要从事中西关系史的研究，有机会走访和查阅了英国、法国、日本、美国以及国内主要图书馆的丰富藏书，为拙著《中国科学技术的西传及其影响》提供了文献基础。

数年前，经艾思仁(Sören Edgren)先生的介绍，在北京得以认识冯德保(Christer von der Burg)和罗闻达(Björn Löwendahl)先生，蒙罗先生出示他和冯先生所藏的中西关系目录初稿，对其收罗之丰，语言之多，涉及面之广，时间跨度之长，不禁惊讶万分，这一收藏无疑是私人藏书的翘楚，即使与世界上一些著名大图书馆相比也并不逊色。2006年夏到德国开会，冯德保先生邀我顺道访问瑞典，深情厚意，至为铭感。冯先生不仅亲自驾车，陪我参观了斯德哥尔摩的博物馆、档案馆，还到乌普萨拉参观著名植物学家林奈的故居，特别是有缘参观了他们的重要收藏，两天之内得以翻阅数十种十七-十八世纪西方有关中国的书籍，其中许多是我以前想见而无缘得见的，真是大饱眼福。

自从和罗先生相识，我们几乎每年都会见面，每次来京，他都把目录的增订稿送给我，并告以新近觅得的珍稀善本，言谈之中，喜悦之情溢于言表，我也为他的藏书日增倍感高兴。这一中西关系的专题收藏，有大量非常稀见的善本，其重要价值自不待言。经过多年的反复修改，书目即将付梓，翻阅这一书目，不禁对他们俩人二十年来致力于中西关系著作的收藏，感到由衷的敬佩。现仅据目录及亲眼所见，对这一藏书略作介绍。

目录主要列出了千馀种西文有关中国及其周边国家的著作，时间起止 1477–1877 年间近四百年间出版的著作，内容涉及宗教、历史、风俗、科技、地理等多方面内容，不仅包括欧洲出版的有关著作，也包括一些在美国出版的书籍，以及十八世纪末、十九世纪初在亚洲(印度、东南亚、澳门、香港、上海及其他沿海城市)出版的西文印刷品，这些著作主要是一些字典类的著作，由新教传教士所编纂。

此藏书中最为重要的是传教士的著作，尤其是耶稣会士的重要著作，如利玛窦 (Matteo Ricci,1552–1610)、曾德昭(Alvaro Semedo,1585–1658)、卜弥格 (Michael Boym,1612–1659)、卫匡国(Martino Martini,1614–1661)、汤若望(Johann Adam Schall von Bell, 1592–1666)、安文思 (Gabriel de Magalhaes,1610–1677)、殷铎泽(Prospero Intorcetta,1625 –1696)、闵明我 (Domingo Fernandez Navarrete,1618–1686)、聂仲迁(Adrien Greslon,1618–1696)、鲁日满(François de Rougemont,1624–1676)、柏应理 (Philippe Couplet, 1623–1693)、卫方济 (François Noël,1651–1729)、白晋(Joachim Bouvet,1656–1730)、李明 (Louis Le Comte,1655–1728)、冯秉正(Joseph Marie Anne de Moyriac de Mailla,1669–1748) 等人的著作，几乎是网罗殆尽。有的著作甚至收罗了各种欧洲文字的版本，应有尽有，实属难得。此外，还包括了一批早期汉学家，如弥勒(A.Müller, 1630–1694)、傅尔蒙(Etienne Fourmont,1683–1745)、弗莱雷(Nicolas Fréret, 1688–1749)、贝耶(T.S. Bayer,1694–1738)等人的著作；以及欧洲思想家，如莱布尼兹 (G.W.Leibniz,1646–1716)、孟德斯鸠(Montesquieu,1689–1755)、伏尔泰(Voltaire,1694–1778)、马勒伯朗

士(Nicolas Malebranche,1638-1715)等人的作品。众多与中国礼仪之争相关的文献也是该藏书的一个特色,这包括教廷特使多罗、嘉乐来华的书籍,以及耶稣会士、多明我会会士、巴黎外方传教会传教士有关礼仪之争的相关争论。不仅如此,还有不少著作涉及中西科学交流,如南怀仁(Ferdinand Verbiest,1623-1688)的《欧洲天文学》、卜弥格的中国医学,以及安多(Antoine Thomas,1644-1709)的《数学概要》和其他天文学著作,还有中国园林、建筑、植物等多方面的著作,都是难得的珍本。十九世纪汉学家、外交家、旅行家和商人撰写的有关中国的书籍,更是齐全。手执这部书目,可以清晰了解自马可波罗至李希霍芬时代四百年来的中西关系,欧洲的中国观,中国文化对欧洲的影响,以及欧美汉学发展的历史。这批藏书是二十多年来费心收集的,若没有广博的学识,对西方书籍史和中西关系的深入了解,和坚持不懈的努力,是不可能有此规模的。

此目录有两个显著的特点:一、按印刷和出版年代顺序编排,体现了有关中国的知识在欧洲传播的历史进程。按年代编纂的目录,具有独特性,对了解某个特定时期的欧洲的中国观大有帮助,这和高迪爱的书目按分类编排不同。二、采用解题目录,大大方便读者作进一步研究。罗先生根据已有的文献,精心考证,并参考公私藏书,对版本进行认真比勘、研究,对同一著作的不同版本信息、内容,作出详细说明。书中还有参考文献,收录学者的相关研究,方便学者作进一步的研究,因此这一目录也可作为研究导引,具有极高的学术价值。书后附有人名索引,便于读者查阅。清代学者王鸣盛曾说:"目录之学,学中第一紧要事。必从此问途,方能得其门而入。"⑤这一目录无疑也将为研究中西关系史提供很好的研究门径。当今治中西关系之学者,若能获此珍贵目录,一定会欣慰不已。

瑞典和中国早在十七、十八世纪就有了很多交往。著名植物学家林奈的学生曾在乾隆末年到广州一带进行植物考察,林奈本人也对中国植物非常感兴趣。二十世纪还出现了像斯文赫定这样的探险家,像高本汉这样享誉国际的汉学家。早在小学时代,我就通过舅父张秀民先生得知瑞典有一位艾思仁先生,不仅喜好中国书,而且对中国印刷史有独到的研究。后来又认识冯德保和罗闻达先生,冯先生收藏了大量珍贵的明清版画和古籍珍本,很多藏品国内已经失传,故弥足珍贵,他和罗先生的收藏,一中一西,可称双璧。他们虽兴趣各异,但从不同方面表明了他们对中国文化的爱好,这也是中瑞文化交流史上的一段佳话。此书出版有功于学术界,当可预期。如此收藏将来能够广为流通,为学者所参考,则甚幸也。

罗闻达编:《从西文印本书籍看中西关系、中国观、文化影响和汉学发展 (1477-1877)》(Björn Löwendahl, *Sino-Western Relations, Conceptions of China, Cultural Influences and the Development of Sinology Disclosed in Western Printed Books 1477-1877: The Catalogue of the Löwendahl-von der Burg Collection.* Hua Hin, The Elephant Pres, 2008)

注:

①Henri Cordier, *A Catalogue of the Library of the North-China Branch of the Royal Asiatic Society* (including the Library of Alex. Wylie, Esq.).

②*Catalogue of the Asiatic Library of Dr.G.E.Morrison, now a part of the Oriental Library,* Tokyo, Japan, Tokyo, Toyo Bunko, 1924.

③ John Lust, *Western Books on China published up to 1850.* London, 1987.

④顾犇:《中国国家图书馆外文善本书目》(*Catalog of Rare Books in Foreign Languages in the National Library of China*), 北京图书馆出版社, 2001。上海图书馆编:《上海图书馆西文珍本书目》(*Shanghai Library Catalog of Western Rare Books*), 上海社会科学院出版社, 1992。

⑤王鸣盛:《十七史商榷》卷一。

编后记

本辑《藏书家》编讫，又是春暖花开时节。《藏书家》限于编辑力量，仍每年只能出版两辑，名符其实的“春华秋实”，但仍积极争取每年的春华美丽、秋实丰硕。迄今已出版十四辑的《藏书家》，除继续保持从创刊以来一直热心支持本丛刊的老作者的专栏文章外，也注意推出新作者，扩大触角，增加信息量，使本丛刊能与时俱进，留下书文化的时代风貌。拿本辑来讲，老作者中，黄裳先生《来燕榭书跋》、涂宗涛先生《苹楼藏书琐谈》继续连载发挥品牌栏目效应，来新夏先生的《我与〈书目答问〉》能体现出老一辈学者锲而不舍、水滴石穿的治学精神，可垂范后世；其他许多作者也从许多新角度探讨书文化在中国的传承和发展的历史，如少林寺的古本佛经、太湖上的书船、向不为传统藏家重视的油印本及中国早期藏书中的“书挂”现象等，皆走进我们的视野，扩大了读者的眼界；本辑还增加十位新作者，他们的文章也都各有新意。但稍显不足的是，本辑仍远重近轻，谈“新善本”、忆新文坛书事的文章仍然偏少，虽然不是编者有意厚古薄今，却也应今后努力去改进。

在本辑出样时，适在文化部网页上看到经国务院批准颁布的首批《国家珍贵古籍名录》，我们既欢欣又感慨。中国是一个有着悠久历史和灿烂文化的文明古国，流传至今的古籍善本是民族优秀传统思想文化的结晶和宝贵遗产，在太平盛世、国力日强的今天，政府能在公藏的古籍中先遴选出国家级的珍贵善本，公之于世，并拨专款保护，确是令国人感到欢欣鼓舞的幸事，虽然首批国家级名录中就有明末闵、凌套印本、清初殿本等，让我们稍感意外。但相比仅四十多年前，中国传统古籍被当作“封建文化”、“大毒草”而惨遭扫除，民间藏书者收藏的古籍几乎都难逃被抄没、焚毁的厄运，真有天壤之别，使我们感慨不已。当然，我们期盼着有第二、三批……珍贵古籍名录颁布。

另外，我们还由此联想到近代的一些出版物，特别是民国间用新闻纸印刷的书籍、报刊，尽管时间不足百年，但也历经沧桑和劫难，除公藏之外，民间存者日见稀少，除过去重远轻近的传统观念影响这些书报收藏保护外，新闻纸印刷品的不经久易老化也是它们难以长期保存的重要原因，而这些幸存的民国出版物同样是历史的见证，同样有很高的文化和文献价值。因此我们也期盼政府文化部门能在保护古籍的同时，把抢救和保护民国间书籍报刊摆上议事日程，将来也能公布保护条例和名录。因为这些都是许多《藏书家》作者、读者和编者共同关注的事情，所以也成了编者在本辑编讫后想跟着说的话题。

附记：本辑即将付印之际，惊悉中国著名现代文学作家、学者、教授贾植芳先生于4月24日与世长辞，适本辑刊有韦泱先生《书里人生亦怆然——贾植芳旧著谈往录》，尽管由于刊出已迟而先生未能目睹，但仍可作为我们对已渐行渐远的贾植芳先生的哀思和悼念吧。